电子商务物流企业经营管理与发展研究

杨文平　田维艳　周燕飞　著

東北林業大學出版社
Northeast Forestry University Press
·哈尔滨·

图书在版编目（CIP）数据

电子商务物流企业经营管理与发展研究/杨文平,田维艳,周燕飞著.--哈尔滨:东北林业大学出版社,2024.5

ISBN 978-7-5674-3581-0

Ⅰ.①电… Ⅱ.①杨… ②田… ③周… Ⅲ.①电子商务-物流管理-研究Ⅳ.①F713.365.1

中国国家版本馆CIP数据核字(2024)第110489号

责任编辑: 姚大彬

封面设计: 郭　婷

出版发行: 东北林业大学出版社

（哈尔滨市香坊区哈平六道街6号　邮编：150040）

印　　装: 北京四海锦诚印刷技术有限公司

开　　本: 787 mm × 1092 mm　1 / 16

印　　张: 10 .25

字　　数: 241千字

版　　次: 2025年1月第1版

印　　次: 2025年1月第1次印刷

书　　号: ISBN 978-7-5674-3581-0

定　　价: 48.00元

前　言

电子商务物流企业经营管理与发展是当今数字时代商业运营中至关重要的一环。随着电子商务的快速发展，物流企业扮演着连接商品和消费者之间的桥梁角色，其经营管理与发展对于整个电子商务生态系统的健康运转至关重要。随着物流技术的不断创新，企业需要借助信息技术来优化管理流程，提高效率和服务质量。例如，实施物流大数据分析可以帮助企业更好地了解市场需求和预测供应链变化，从而及时调整运营策略。此外，智能化仓储管理系统和配送路线规划系统的运用也能够提升企业的运作效率，降低成本。

随着全球环境问题日益突出，企业社会责任意识不断增强。因此，物流企业应当在经营管理中考虑减少碳排放和资源浪费。采用清洁能源车辆、优化车辆运输路线、推广包装物回收利用等举措，不仅有助于企业树立良好的企业形象，还能够降低环境污染，实现可持续发展。在电子商务的供应链中，各个环节之间相互依存、相互影响。因此，物流企业需要与供应商、承运商等合作伙伴建立良好的合作关系，共同优化供应链流程，提高整体运作效率。同时，物流企业还应不断提升自身的服务水平，提供更加便捷、高效的配送服务，以满足消费者日益增长的需求。

本书系统深入地探讨了电子商务物流企业的经营管理与发展，共分为七章。首先，第一章介绍了电子商务物流企业的概述，包括定义、历程、组织结构和现状分析。其后，第二章至第四章依次探讨了电子商务物流企业的管理机制、供应链管理以及信息技术应用。这些章节涵盖了组织管理、人力资源、质量管理、供应链设计与优化、信息系统建设等关键方面。接着，第五章重点关注了电子商务物流企业的市场开拓与营销策略，包括市场分析、品牌建设、营销渠道拓展等内容。随后，第六章聚焦于风险管理与创新发展，强调风险识别评估、创新管理与业务拓展等关键环节。最后，第七章涵盖了电子商务物流企业的国际化经营，包括国际市场选择、跨境物流供应链管理和国际贸易合规等内容。

作者在写作本书的过程中，借鉴了许多前辈的研究成果，在此表示衷心的感谢。由于本书需要探究的层面比较深，作者对一些相关问题的研究不透彻，加之写作时间仓促，书中难免存在一定的不妥和疏漏之处，恳请前辈、同行以及广大读者斧正。

年　　月

目　录

第一章　电子商务物流企业概述

第一节　电子商务物流企业的定义与范畴

一、电子商务物流企业的定义

过去的物流大多指商品离厂后的包装、储存、装卸、运输，而如今提出物流系统化理念。具体而言，就是将物流向采购端和生产端延展并赋予新的含义，首先始于采购端，再经过生产端，最后进入销售端，同时，也要经过包装、运输、装卸搬运、储存、流通加工、配送等过程到达客户手中，最后是回收物流。在现代物流的基础上，电子商务物流开始发展。电商物流也被称为在线物流，是基于 IT 产业，致力大幅提升物流业发展的新型商务模式。通过网络平台，流通企业能被大部分市面上内有需求的厂商、销售企业和消费者联系到，可以国内甚至在全球延伸其公司业务；另一方面，贸易企业也可以更方便快捷地找到性价比最划算的物流企业为其服务；物流作为电子商务的重要组成部分是实现电子商务的保证，由电子商务流程可知，离开了物流，电子商务过程就不完整了，电子商务行业业务流程图如图 1-1 所示。

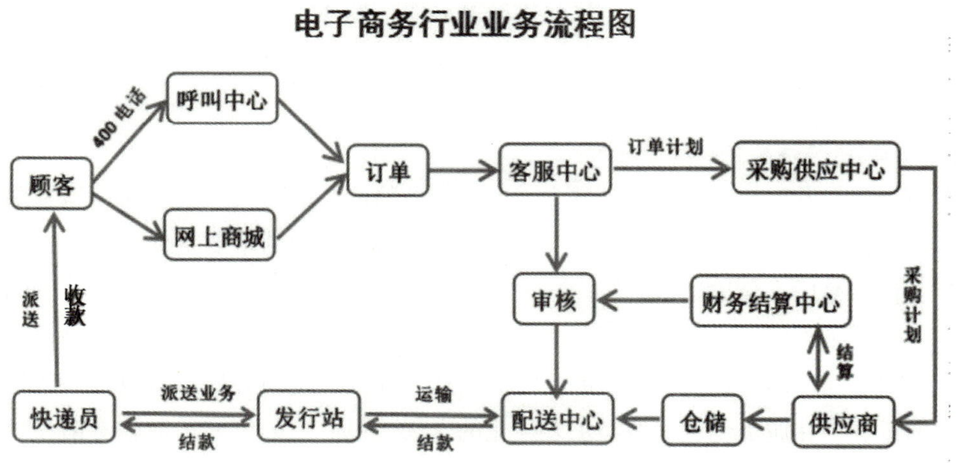

图 1-1　电子商务行业业务流程图

二、电子商务物流企业的范畴

（一）货物仓储与管理

电子商务物流企业在当今数字化时代扮演着举足轻重的角色，它们不仅提供仓库设施和库存管理服务，还在电子商务生态系统中扮演着重要的支撑角色。这些企业通过提供一系列物流解决方案，使得商品从供应商到消费者之间的流通更加高效、快速。电子商务物流企业提供的仓库设施和库存管理服务是电子商务运营不可或缺的一部分。这些企业通常拥有现代化的仓储设施，配备先进的仓储管理系统。通过这些系统，它们能够实现对商品的收货、存储、拣货和包装等各个环节的精细管理。例如，当消费者下单购买商品时，电子商务物流企业可以迅速从仓库中拣选出相应商品，并进行包装和发货，以满足客户的需求。电子商务物流企业还在电子商务供应链中发挥着重要作用。它们不仅服务于传统的 B2C（企业对消费者）模式，还为 B2B（企业对企业）、C2C（消费者对消费者）等多种交易模式提供物流支持。通过建立高效的供应链网络，这些企业能够实现商品的快速配送和物流运作的精密协调，从而为电子商务生态系统的顺畅运转提供了保障。

随着电子商务的持续发展，跨境电商也成为了一个蓬勃发展的领域。电子商务物流企业在跨境电商中扮演着连接全球市场的桥梁角色。它们通过建立国际物流渠道和合作伙伴关系，为跨境电商提供全球化的物流解决方案，使得商品能够快速、安全地从国家之间流通，促进了全球贸易的繁荣发展。电子商务物流企业还致力于不断创新和优化物流技术。随着人工智能、大数据分析、物联网等技术的发展，电子商务物流企业正在逐步实现智能化、自动化的物流运作。例如，通过物联网技术，它们可以实时监控仓库内的库存情况，及时调配货物；通过人工智能算法，它们可以优化路线规划，提高配送效率。这些技术的应用不仅提升了物流运作的效率，还降低了成本，为电子商务企业创造了更大的竞争优势。电子商务物流企业在现代商业环境中扮演着不可替代的角色。它们通过提供仓库设施和库存管理服务，连接全球市场，优化供应链运作，推动了电子商务的持续发展。随着技术的不断进步和创新，相信电子商务物流企业将继续发挥着重要的作用，并为全球商业带来更多的机遇和挑战。

（二）配送与运输

在当今蓬勃发展的电子商务领域中，电子商务物流企业不仅负责仓库设施和库存管理服务，还承担了将商品从仓库或供应商处运送到消费者手中的重要责任。这一过程涉及诸多环节，包括最后一公里配送、国内或国际运输等，电子商务物流企业通过精密的物流网络和先进的技术手段，为商品的顺利送达提供了坚实保障。最后一公里配送是电子商务物流中至关重要的一环。这个环节指的是将商品从仓库或配送中心最后一段距离送达至消费者手中的过程。在城市化、消费需求多样化的今天，最后一公里配送面临着诸多挑战，包括交通拥堵、配送效率等。电子商务物流企业通过建立智能化的配送网络、采用多种配送方式（如快递、同城配送、自提等），不断优化配送路线和时效性，以确保商品能够及时、安全地送达给消费者，提升用户体验和满意度。国内或国际运输是电子商务物流企业另一个重要的业务范畴。

随着电子商务全球化的趋势不断加强，跨境电商成为了一个日益重要的市场。电子商务物流企业通过与国内外的运输合作伙伴建立紧密联系，提供全球范围内的运输服务。这包括海运、空运、陆运等多种方式，以满足不同商品、不同地区之间的运输需求。通过优化运输路线、降低运输成本，电子商务物流企业为跨境电商的发展提供了强有力的支持，促进了国际贸易的繁荣发展。电子商务物流企业还致力于提供个性化、定制化的物流解决方案。在面对消费者不断增长的个性化需求时，传统的一刀切的物流模式已经无法满足市场需求。电子商务物流企业通过引入智能化、数据驱动的物流技术，为客户提供定制化的物流服务。例如，通过大数据分析，它们可以预测客户的需求，优化库存管理；通过人工智能技术，它们可以实现智能化的配送规划，提高配送效率。这些定制化的物流解决方案不仅提升了物流运作的效率，还增强了企业在市场竞争中的竞争力。电子商务物流企业在将商品从仓库或供应商处运送到消费者手中的过程中扮演着至关重要的角色。通过最后一公里配送、国内或国际运输等环节的精密组织和高效运作，它们保障了商品能够安全、及时地送达给消费者，促进了电子商务行业的持续发展。随着技术的不断创新和市场的不断变化，相信电子商务物流企业将继续发挥着重要的作用，并为电子商务行业带来更多的发展机遇。

（三）跨境电商物流

跨境电商的崛起为全球贸易注入了新的活力，而电子商务物流企业则在这个领域中扮演着至关重要的角色。这些企业专门为跨境电商提供物流服务，包括跨境货物清关、国际运输、目的地配送等，为跨境电商的发展提供了坚实支撑。跨境货物清关是跨境电商物流中不可或缺的一环。由于涉及不同国家或地区的海关规定和税收政策，跨境货物的清关过程较为复杂。电子商务物流企业通过建立专业的清关团队和流程，为客户提供一站式的清关服务。他们熟悉各国海关规定，协助客户完成报关手续，确保货物能够顺利通过海关，快速进入目的地国家或地区，为跨境电商的正常运作提供了保障。国际运输是跨境电商物流中的关键环节之一。电子商务物流企业通过与国际运输公司建立合作关系，为客户提供多样化的运输选择，包括海运、空运、陆运等多种方式。他们根据客户的需求和货物的特性，选择最合适的运输方式和路线，以确保货物能够安全、快速地运抵目的地。在运输过程中，他们还提供实时跟踪和监控服务，确保客户可以随时了解货物的运输状态，为客户提供更加可靠的物流服务。

目的地配送是跨境电商物流中的最后一环，也是客户体验的关键因素之一。电子商务物流企业通过建立稳定的配送网络和合作伙伴关系，在目的地国家或地区提供高效、便捷的配送服务。他们利用先进的配送技术和智能化的路线规划，优化配送路线，提高配送效率，以确保货物能够及时送达给客户。在配送过程中，他们还提供灵活的配送方式，如门到门配送、自提点配送等，以满足客户不同的需求，提升客户的满意度和忠诚度。除了跨境货物清关、国际运输和目的地配送外，电子商务物流企业还为跨境电商提供一系列增值服务，如库存管理、订单处理、售后服务等。通过这些服务，他们帮助跨境电商降低物流成本、提高运营效率，增强竞争力，促进了跨境电商的健康发展。电子商务物流企业在为跨境电商提供物流服务的过程中发挥着不可替代的作用。他们通过专业的清关服务、多样化的运输选择和高效的配送网络，为跨境电商的发展提供了坚实支撑，推动了全球贸易的繁荣发展。随着电子商务行业的持续发展和跨境电商市场的不断扩大，相信电子商务物流企业将继续发挥着重要的作用，并为全球贸易带来更多的机遇和挑战。

第二节　电子商务物流企业的发展历程

一、起步阶段（1990 年）

（一）传统的物流

在互联网的初期阶段，电子商务和物流行业都处于起步阶段。企业主要依靠传统的物流方式来满足电子商务的需求，物流业主要以传统的快递、货运等形式存在。然而，随着互联网技术的不断发展和普及，电子商务和物流行业迅速融合和发展，诞生了一批专门为电子商务服务的物流企业，推动了电子商务和物流行业的双轮驱动，开启了全新的商业模式和市场格局。在互联网初期，电子商务的发展受到了物流配送的限制。传统的物流服务主要以线下为主，依赖于人工操作和纸质文档，整个物流流程效率低下、成本高昂、信息不透明。对于电子商务企业而言，物流配送是最后一公里的关键环节，直接影响到客户的满意度和忠诚度。因此，为了解决物流配送的问题，电子商务企业不得不与传统物流企业合作，但由于传统物流企业的体制、技术和管理水平有限，无法完全满足电子商务的快速发展需求。然而，随着互联网技术的进步和电子商务市场的蓬勃发展，电子商务物流企业应运而生。这些企业将互联网技术与物流业务相结合，推出了一系列创新的物流服务和解决方案，逐渐改变了传统物流的格局和模式。首先，它们建立了基于互联网的物流信息系统，实现了物流流程的数字化和智能化。通过订单管理系统、库存管理系统、运输追踪系统等技术支持，客户可以实时了解订单状态、库存情况、运输进度等信息，提升了物流流程的透明度和效率。电子商务物流企业利用互联网技术和大数据分析，优化了物流运营和配送模式。通过智能化的路线规划、运输优化算法等技术手段，它们降低了物流成本，提高了配送效率。同时，它们还引入了更加灵活和多样化的配送方式，如同城配送、定时配送、自提点配送等，满足了客户不同的需求和偏好。

（二）建立客服与售后团队

电子商务物流企业还注重服务质量和客户体验的提升。通过建立专业的客服团队和售后服务体系，它们为客户提供及时、周到的售前咨询和售后支持，解决了客户在物流配送过程中可能遇到的问题和疑虑，提升了客户的满意度和忠诚度。随着电子商务物流企业的不断发展和壮大，它们逐渐成为了电子商务生态系统中不可或缺的一部分。它们通过优质的物流服务和技术支持，为电子商务企业提供了强大的后勤支持，推动了电子商务行业的健康发展。同时，它们还促进了物流业的转型升级和创新发展，推动了物流行业的不断进步和提升。电子商务物流企业的发展历程是电子商务和物流行业相互融合、相互促进的过程。它们利用互联网技术和创新模式，改变了传统物流的格局和模式，推动了物流行业向数字化、智能化、服务化方向发展，为电子商务的快速发展提供了强有力的支撑。随着电子商务和物流行业的不断发展和变革，相信电子商务物流企业将继续发挥着重要的作用，并为行业的持续发展注入新的活力和动力。

二、物流信息化阶段（2000 年初）

（一）数字化和智能化

在互联网初期阶段，电子商务和物流行业都处于起步阶段，企业主要依靠传统的物流方式来满足电子商务的需求，物流业主要以传统的快递、货运等形式存在。然而，随着互联网技术的不断发展和普及，以及电子商务的迅速崛起，物流信息化逐渐成为主流趋势，物流企业开始采用物流信息系统，提高运输、仓储、配送等环节的效率和管理水平。在早期阶段，电子商务和物流业存在着较大的不匹配。传统的物流模式难以满足电子商务的快速发展和日益增长的市场需求。由于信息不对称、流程不透明等问题，物流配送效率低下，配送时间不稳定，给电子商务的发展带来了挑战。然而，随着互联网的普及和技术的进步，电子商务物流逐渐迈入了新的发展阶段。随着互联网技术的不断发展和应用，电子商务物流企业开始积极探索物流信息化的路径。它们引入物流信息系统，通过建立仓储管理系统、订单管理系统、运输追踪系统等，实现了物流流程的数字化和智能化。这些系统不仅提高了物流运作的效率，还增强了企业的管理能力和竞争力。同时，物流企业还利用互联网技术构建了线上线下融合的物流服务体系，通过建立电子商务平台和物流配送网络的紧密连接，实现了订单接收、处理、配送等环节的无缝衔接，为客户提供了更加便捷和高效的物流服务。

（二）跨境电商

电子商务物流企业通过引入国际物流配送网络和清关服务，为跨境电商提供了全球化的物流解决方案，促进了全球贸易的繁荣发展。同时，它们利用互联网技术建立了国际物流信息平台，实现了全球范围内货物的实时跟踪和监控，为客户提供了更加可靠和安全的国际物流服务。在物流信息化的进程中，电子商务物流企业还不断引入新的技术手段，如物联网、大数据分析、人工智能等，实现了物流运作的智能化和自动化。通过物联网技术，它们可以实现对仓库内货物的实时监测和管理；通过大数据分析，它们可以预测市场需求和货物流动趋势，优化库存管理和配送计划；通过人工智能技术，它们可以实现智能化的路线规划和配送调度，提高物流运作的效率和灵活性。随着时间的推移，电子商务物流企业在物流信息化方面取得了长足的进步，为电子商务行业的持续发展和全球贸易的繁荣作出了积极的贡献。然而，随着技术的不断更新和市场竞争的加剧，电子商务物流企业仍然面临着诸多挑战和机遇。它们需要不断创新，加强技术研发，提升服务水平，以适应不断变化的市场需求，实现持续健康发展。

三、电商兴起阶段（2000 年中期至晚期）

随着电子商务的蓬勃发展，一些电商巨头开始意识到物流环节对于电商业务的重要性。为了提升物流效率和服务质量，它们开始建立自己的物流体系，实现了对物流环节的控制和优化。其中，亚马逊是一个典型的例子，它建立了完善的物流网络，包括仓储中心、配送中心和配送车队等，实现了全程自营的物流服务，提高了配送速度和服务水平。另外，阿里巴巴也建立了菜鸟网络，通过整合各方资源，构建了覆盖全国的物流网络，提供了从仓储、配送到售后等一系列物流服务，为电商企业提供了全方位的物流解决方案。随着电商物流行业的不断发展，物流企业和电商企业之间展开了合作与竞争。一方面，物流企业通过不断创新和优化，提供了更加高效、便捷的物流服务，为电商企业的发展提供了有力支持。另一方面，电商巨头的崛起也促使传统物流企业加大技术投入和服务升级，提升自身的竞争力。这种合作与竞争的格局推动了电商物流行业的快速发展和壮大。未来，随着电子商务的持续发展和物流技术的不断创新，电商物流行业将迎来更加广阔的发展空间。物流企业和电商企业将继续加强合作，共同推动电商物流行业的发展，为消费者提供更加便捷、高效的购物体验。同时，随着人工智能、大数据、物联网等新技术的应用，电商物流行业将迎来更加智能化、数字化的发展趋势，为未来物流行业的发展开辟新的道路。

四、智能化与数字化发展阶段（2010 年至今）

随着物流技术的不断进步，物流企业在电子商务物流领域加大了对物流智能化、数字化的投入。引入物联网、大数据、人工智能等先进技术，优化物流网络、提升配送效率和服务质量成为了行业的主要趋势。这些技术的应用使得物流企业能够实现物流全程可视化和智能化管理，从而提升了物流服务的水平和竞争力。在电子商务物流企业的发展历程中，物流智能化和数字化的进步是不可忽视的。最初阶段，物流企业主要依靠人工操作和传统的物流管理方式，面临着信息不对称、流程不透明等问题。随着互联网技术的普及和应用，以及电子商务的迅速发展，物流企业开始意识到物流智能化的重要性，并开始加大对物流技术的投入。物流企业通过引入物联网技术，实现了对仓库、运输车辆等物流设施的实时监测和管理。通过在物流设备上安装传感器和智能设备，可以实现对货物运输、温湿度、运输路线等数据的实时采集和传输，从而实现物流全程可视化和实时监控。这不仅提高了物流运作的透明度和效率，还提升了货物的安全性和可靠性。同时，物流企业还利用大数据技术进行物流数据的收集、分析和挖掘。通过分析历史订单数据、客户需求数据等，可以实现对物流需求的预测和优化。物流企业可以根据大数据分析的结果，调整仓储布局、优化配送路线，提高物流效率和服务水平。此外，大数据分析还可以帮助物流企业优化供应链管理、降低成本，提高竞争力。

人工智能技术的应用也为电子商务物流带来了新的发展机遇。物流企业可以利用人工智能算法对物流数据进行深度学习和分析，实现智能化的物流规划和调度。通过人工智能技术，物流企业可以实现智能仓储管理、智能配送调度等，提高配送效率和服务质量。例如，利用人工智能算法进行配送路线优化，可以实现快速、高效的配送，提升客户满意度。除了引入先进技术，物流企业还通过建设智能仓储、智能配送系统等方式，实现了物流全程可视化和智能化管理。智能仓储系统通过自动化设备和智能机器人实现了货物的自动分类、存储和提取，提高了仓储效率和准确性。智能配送系统通过智能调度算法和实时路况监控，优化配送路线和配送时间，提高了配送效率和准确率。这些智能化的物流设施和系统不仅提升了物流运作的效率，还降低了人力成本，为电子商务物流企业的发展带来了新的机遇和挑战。随着物流技术的不断进步，物流企业在电子商务物流领域实现了智能化、数字化的转型。引入物联网、大数据、人工智能等先进技术，优化物流网络、提升配送效率和服务质量，推动了电子商务物流行业的发展。未来，随着技术的不断创新和应用，电子商务物流企业将迎来更加广阔的发展空间，为电子商务的持续发展和全球贸易的繁荣做出更大的贡献。

五、绿色可持续发展阶段

（一）低碳的物流体系

随着社会对环保和可持续发展的重视，物流企业正在逐步转向绿色、低碳的发展方向。这一趋势不仅受到环保法规和政策的推动，也是物流行业自身责任意识的体现。为了降低物流对环境的影响，物流企业积极采取措施，通过优化运输路线、提升能源利用效率等方式，致力于构建环保、低碳的物流体系。物流企业在运输环节着手降低碳排放。通过优化运输路线、采用节能环保的交通工具（如电动车、混合动力车）、推广共享物流等措施，物流企业能够减少运输过程中的碳排放量。同时，采用智能物流系统和大数据分析，可以实现更加精准的路线规划和配送调度，避免空驶和拥堵，降低能源消耗和排放。物流企业在仓储环节也积极推动绿色发展。建设智能化、节能环保的仓储设施，采用节能环保的设备和技术，实现仓储过程的智能化管理和节能减排。例如，利用智能物联网技术实现对仓库内温湿度、光照等环境参数的监测和控制，节约能源消耗；采用智能化的仓储设备和自动化的仓储系统，提高仓储效率，减少人力和能源浪费。

（二）环保材料的使用

物流企业还在包装环节加大了对环保材料和可再生材料的使用。选择可降解的包装材料，减少一次性包装的使用，提倡包装的回收和再利用，降低包装对环境的影响。同时，通过优化包装设计和包装方式，减少包装的体积和重量，降低运输过程中的能源消耗和碳排放。电子商务物流企业在这一环保和可持续发展的大环境下也积极响应，纷纷加入到绿色物流的行列。在过去的发展历程中，电子商务物流企业更多地关注于提高配送效率、优化服务体验等方面。然而，随着环保意识的普及和政策的倡导，电子商务物流企业也开始将绿色环保纳入发展战略之中。电子商务物流企业通过引入物联网、大数据、人工智能等先进技术，实现了物流全程的可视化和智能化管理。通过智能化的配送路线规划和调度，优化配送效率，减少行驶里程和能源消耗；通过大数据分析和预测，优化仓储管理和库存调配，降低能源浪费和资源浪费；通过物联网技术实现对车辆、设备、货物等的实时监控和管理，提高资源利用效率，减少环境污染。电子商务物流企业的发展历程表明了电商和物流的深度融合，推动了物流行业的转型升级和服务水平的提升，为现代商业模式的发展和消费者体验的改善作出了重要贡献。

第三节　电子商务物流企业的组织结构与运营模式

一、电子商务物流企业的组织结构

（一）运营部门

1. 物流管理部门

在电子商务物流企业中，物流运营管理是至关重要的一环。它涵盖了物流网络规划、仓储管理、运输调度和配送等诸多方面，直接影响着物流运作的效率和服务质量。为了有效地开展物流运营管理工作，电子商务物流企业需要建立完善的组织结构，并配置专业化的人员和系统来实施管理任务。物流网络规划是物流运营管理的首要任务之一。电子商务物流企业需要根据市场需求、供应链情况和运输距离等因素，设计合理的物流网络布局。这包括确定仓库和配送中心的位置、数量和规模，以及建立运输路线和配送区域等。在组织结构中，通常会设立物流规划部门或团队，负责制定物流网络规划方案，并与其他部门协调配合，确保物流网络的顺畅运作。仓储管理是物流运营管理的重要组成部分。电子商务物流企业通常会拥有多个仓库和配送中心，用于存储和分拣商品。仓储管理涉及货物的入库、出库、存储、装卸、库存盘点等各个环节。在组织结构中，会设立专门的仓储管理部门或团队，负责仓库的日常运营和管理，包括货物的接收、上架、拣选、包装等工作。运输调度是确保物流运作顺利进行的关键环节。电子商务物流企业通常会拥有自有的运输车队或与运输公司建立合作关系，用于货物的长途运输和最后一公里配送。运输调度涉及车辆的调度安排、路线规划、运输时效的监控等工作。在组织结构中，会设立运输调度部门或团队，负责协调运输资源，安排货物的运输和配送任务，确保货物能够按时送达目的地。配送是物流运营管理的关键环节之一。配送工作涉及货物的最后一公里送达，直接关系到客户的满意度和体验。在电子商务物流企业的组织结构中，通常会设立配送管理部门或团队，负责安排配送人员和车辆，制定配送路线和时间表，确保货物能够准时、安全地送达给客户。在电子商务物流企业的组织结构中，物流运营管理往往作为一个独立的部门存在，下设物流规划、仓储管理、运输调度和配送管理等多个职能部门或团队。这些部门之间密切合作，共同协调物流运作，确保货物能够顺利地从供应商处运送到消费者手中。同时，物流运营管理部门通常与其他部门如供应链管理、销售和客户服务等部门紧密配合，共同推动企业物流运营的持续优化和提升。

2. 供应链管理部门

在电子商务物流企业中，供应链管理是至关重要的一项工作。它涵盖了供应链的整体规划和管理，包括供应商管理、库存管理和采购管理等多个方面。通过有效的供应链管理，企业可以实现物流运作的高效性、灵活性和可持续性，提升客户满意度和竞争力。供应链管理需要进行供应商管理。电子商务物流企业通常会与多个供应商建立合作关系，包括商品供应商、运输服务供应商等。供应商管理涉及供应商的筛选、评估、合作协议的签订等工作。在组织结构中，通常会设立供应链管理部门或团队，负责与供应商的沟通和协商，确保供应链的稳定运作。库存管理是供应链管理的重要组成部分。电子商务物流企业通常会拥有多个仓库和配送中心，用于存储和管理商品。库存管理涉及库存的进出、库存水平的监控、库存周转率的优化等工作。在组织结构中，会设立专门的库存管理部门或团队，负责仓库的日常运营和管理，确保库存能够满足市场需求，同时又能够控制库存成本。采购管理也是供应链管理的重要环节。采购管理涉及从供应商处采购所需的物资和服务，以满足企业生产和运营的需求。在电子商务物流企业的组织结构中，通常会设立采购管理部门或团队，负责制定采购计划、与供应商谈判、签订采购合同等工作，以确保企业能够获得优质的物资和服务，并且以最优的成本进行采购。在电子商务物流企业的组织结构中，供应链管理往往作为一个独立的部门存在，下设供应商管理、库存管理和采购管理等多个职能部门或团队。这些部门之间密切合作，共同协调供应链的各个环节，确保供应链能够高效、稳定地运作。同时，供应链管理部门也会与其他部门如销售、生产和物流等部门紧密配合，共同推动企业的运营活动，实现供应链的协同优化。供应链管理在电子商务物流企业中起着至关重要的作用。通过科学有效的供应链管理，企业可以实现物流运作的高效性和灵活性，提升企业的竞争力和市场地位。因此，电子商务物流企业需要建立完善的组织结构，并配置专业化的人员和系统，来实施供应链管理工作，以确保企业的持续发展和成功运营。

3. 质量管理部门

在电子商务物流企业中，开发和维护物流信息系统、电商平台以及与物流相关的技术系统是至关重要的职能之一。这些系统的开发和维护直接影响着物流效率和服务质量，对于企业的运营和发展具有重要意义。为了有效地开展这项工作，电子商务物流企业需要建立完善的组织结构，并配置专业化的人员和资源来实施技术系统的开发和维护任务。企业通常会设立技术部门或信息技术部门，负责开发和维护物流信息系统、电商平台以及与物流相关的技术系统。这个部门由技术专家、软件工程师、系统管理员等专业人员组成，他们具有丰富的技术经验和专业知识，能够独立完成系统开发和维护工作。技术部门负责开发和维护物流信息系统。这些系统包括订单管理系统、库存管理系统、运输追踪系统等，用于实现物流流程的数字化和智能化。技术部门会根据企业的实际需求和市场趋势，制定系统开发计划，并与其他部门紧密合作，确保系统的顺利实施和运行。技术部门负责开发和维护电商平台。电子商务平台是企业与客户进行交互和交易的重要渠道，它涵盖了网站、移动应用程序等多个方面。技术部门会不断优化电商平台的功能和性能，提升用户体验和交易效率，以满足客户日益增长的需求。

（二）技术部门

1. 信息技术部门

信息技术部门负责开发和维护与物流相关的其他技术系统，如物联网技术、大数据分析系统、人工智能技术等。这些技术系统可以帮助企业实现物流运作的智能化和自动化，提升物流效率和服务质量。在电子商务物流企业的组织结构中，技术部门通常处于高管层的直接领导下，与其他部门形成良好的协作关系。技术部门会与运营部门、销售部门、客户服务部门等各个部门紧密合作，共同推动技术系统的开发和应用。同时，技术部门还会与外部合作伙伴如供应商、技术服务提供商等保持密切联系，获取最新的技术信息和资源，保持企业在技术领域的竞争优势。信息技术部门在电子商务物流企业中扮演着至关重要的角色。通过开发和维护物流信息系统、电商平台以及与物流相关的技术系统，技术部门可以提高物流效率和服务质量，促进企业的持续发展和竞争优势。因此，电子商务物流企业需要高度重视技术部门的建设和管理，为其提供必要的支持和资源，以推动技术创新和应用，实现企业的长期发展目标。

2. 数据分析部门

在电子商务物流企业中，负责收集、分析和利用大数据的职能部门扮演着至关重要的角色。这些部门的存在和有效运作可以帮助企业优化物流运营和服务，提升用户体验和满意度。为了有效地开展这项工作，电子商务物流企业需要建立完善的组织结构，并配置专业化的人员和资源来进行大数据的收集、分析和应用。企业通常会设立数据分析部门或数据科学团队，负责收集、分析和利用大数据。这个部门由数据科学家、数据分析师、业务分析师等专业人员组成，他们具有丰富的数据分析经验和技术知识，能够有效地处理和利用各种类型的数据。数据分析部门负责收集和整理物流运营过程中产生的大量数据。这些数据包括订单信息、运输数据、库存数据、客户反馈等各个方面的信息。数据分析部门会利用先进的数据采集技术和工具，实时地收集和存储这些数据，以确保数据的完整性和准确性。数据分析部门负责对收集到的数据进行深入分析和挖掘。他们会运用数据挖掘、机器学习、人工智能等技术手段，从海量数据中发现隐藏的规律和趋势，为企业的决策提供数据支持和参考。通过对数据的分析，可以帮助企业发现潜在的问题和机会，及时调整和优化物流运营策略。

数据分析部门还负责利用分析结果为企业的物流运营和服务提供改进建议。他们会根据数据分析的结果，制定具体的改进计划和策略，优化物流运作流程，提升服务质量和效率。同时，他们还会定期监测和评估改进效果，及时调整和优化改进措施，确保持续改进和提升。同时，数据分析部门还会与外部合作伙伴如数据供应商、科技公司等保持密切联系，共同探索数据分析领域的前沿技术和应用案例。数据分析部门在电子商务物流企业中扮演着至关重要的角色。通过收集、分析和利用大数据，数据分析部门可以帮助企业优化物流运营和服务，提升用户体验和满意度，从而促进企业的持续发展和竞争优势。

（三）市场营销部门

1. 市场策划部门

在电子商务物流企业中，负责制定营销策略和计划的部门扮演着至关重要的角色。这个部门的存在和有效运作可以帮助企业推动品牌建设和市场推广，提升企业的知名度和竞争力。为了有效地开展这项工作，电子商务物流企业需要建立完善的组织结构，并配置专业化的人员和资源来制定和执行营销策略和计划。企业通常会设立市场营销部门或营销策划部门，负责制定营销策略和计划。这个部门由市场营销专家、品牌策划师、市场调研分析师等专业人员组成，他们具有丰富的市场营销经验和专业知识，能够制定出符合企业发展需求和市场趋势的营销策略和计划。营销部门负责进行市场分析和调研，了解行业动态和竞争对手情况，发现市场机会和挑战。他们会对目标市场进行细致的分析，探索客户需求和行为特点，为制定营销策略提供数据支持和依据。

营销部门负责制定和执行营销策略和计划。他们会根据市场分析的结果，确定目标市场和受众群体，明确品牌定位和推广策略，制定营销计划和执行方案。同时，他们还会选择合适的营销渠道和工具，如广告、促销活动、社交媒体等，进行品牌推广和宣传。营销部门还负责监测和评估营销活动的效果，及时调整和优化营销策略和计划。他们会收集和分析营销数据，了解市场反馈和用户反馈，评估营销活动的影响和效果，为下一阶段的营销工作提供参考和指导。在电子商务物流企业的组织结构中，营销部门通常处于高管层的直接领导下，与其他部门形成良好的协作关系。营销部门会与销售部门、产品部门、客户服务部门等各个部门紧密合作，共同推动营销工作的开展和执行。同时，营销部门还会与外部合作伙伴如广告代理公司、媒体公司等保持密切联系，共同推动品牌建设和市场推广工作的开展。营销部门在电子商务物流企业中扮演着至关重要的角色。通过制定营销策略和计划，营销部门可以帮助企业推动品牌建设和市场推广，提升企业的知名度和竞争力，促进销售业绩的增长和市场份额的提升。持和资源，以实现企业的长期发展目标。

2. 客户服务部门

在电子商务物流企业中，负责处理客户的咨询、投诉和售后服务的部门扮演着至关重要的角色。这个部门的存在和有效运作可以帮助企业维护客户关系，提高客户满意度，增强客户忠诚度，从而促进企业的持续发展。为了有效地开展这项工作，电子商务物流企业需要建立完善的组织结构，并配置专业化的人员和资源来处理客户的咨询、投诉和售后服务。企业通常会设立客户服务部门或客户关系管理部门，负责处理客户的咨询、投诉和售后服务。这个部门由客户服务专员、售后服务代表、客户关系经理等专业人员组成，他们具有良好的沟通技巧和服务意识，能够及时有效地解决客户问题，维护良好的客户关系。客户服务部门负责接听客户的咨询电话、处理客户的邮件和在线消息，解答客户的疑问和提供相关信息。他们会根据客户的需求和问题，提供个性化的服务和解决方案，确保客户得到及时满意的回复和解决。

客户服务部门负责处理客户的投诉和纠纷。他们会认真听取客户的意见和反馈，积极协调各个部门的资源，解决客户的问题和投诉，保护企业的声誉和形象。在处理投诉过程中，客户服务部门会注重客户体验和满意度，努力实现问题的快速解决和客户的满意度提升。客户服务部门还负责进行售后服务和客户关怀工作。他们会跟踪客户的订单和配送情况，及时与客户联系，确认订单状态和满意度，提供售后服务和支持。同时，他们还会定期与客户进行沟通和互动，了解客户的需求和意见，建立良好的客户关系，促进客户忠诚度和再购买率的提升。在电子商务物流企业的组织结构中，客户服务部门通常处于高管层的直接领导下，与其他部门形成良好的协作关系。客户服务部门会与销售部门、物流运营部门、技术支持部门等各个部门紧密合作，共同推动客户服务工作的开展和提升。同时，客户服务部门还会与外部合作伙伴如物流服务提供商、客户服务外包公司等保持密切联系，共同为客户提供优质的服务和支持。客户服务部门在电子商务物流企业中扮演着至关重要的角色。通过处理客户的咨询、投诉和售后服务，客户服务部门可以帮助企业维护良好的客户关系，提高客户满意度和忠诚度，增强企业的市场竞争力和持续发展能力。

二、电子商务物流企业的运营模式

（一）自建物流模式

1. 提高物流服务灵活性

随着电子商务行业的迅速发展，物流配送网络的建立变得至关重要。在这个领域中，企业自行建立物流配送网络已成为一种常见的运营模式。这种模式涵盖了从仓储、运输到配送等各个环节，企业通过自主管理和运营物流资产和人员，从而更好地控制物流服务的质量和效率。这种自建物流网络的运营模式，像亚马逊的自建物流网络一样，具有许多优势和特点。自建物流网络能够提高物流服务的灵活性和响应速度。企业可以根据自身的业务需求和市场变化，灵活调整物流网络的布局和运作方式，以适应不断变化的市场需求。相比于依赖第三方物流服务商，自建物流网络可以更加快速地响应客户需求，实现及时配送和服务。自建物流网络可以降低物流成本并提高运营效率。企业自行管理和运营物流资产和人员，可以有效控制成本，并优化物流流程，提高运输效率和配送效率。通过自建物流网络，企业可以实现更加精细化的物流管理，减少资源浪费，提高运营效益。

2. 提升物流服务的质量和可靠性

企业可以根据自身的标准和要求，制定严格的物流操作流程和服务标准，确保物流服务的质量和可靠性。通过自建物流网络，企业可以更好地控制物流环节，减少物流中断和延误，提升客户满意度和品牌声誉。自建物流网络还可以帮助企业实现品牌价值和竞争优势。通过建立自有物流品牌，企业可以提升品牌认知度和影响力，增强市场竞争力。自建物流网络也可以成为企业的核心竞争优势之一，为企业持续发展提供有力支撑。亚马逊是一个成功运用自建物流网络模式的典型案例。亚马逊通过建立自有的物流配送网络，如亚马逊物流（Amazon Logistics），不仅能够更好地控制配送速度和服务质量，还能够灵活应对季节性高峰和促销活动带来的物流挑战。亚马逊的自建物流网络模式成为了其业务成功的重要支撑，为其成为全球领先的电商平台之一提供了坚实基础。企业自建物流配送网络是一种能够提高物流服务质量和效率，降低成本，增强竞争优势的运营模式。通过自主管理和运营物流资产和人员，企业可以更好地控制物流环节，实现物流服务的精细化管理和优化，为企业的持续发展和竞争壮大提供有力支撑。

（二）第三方物流模式

在电子商务领域，委托第三方物流企业负责物流配送服务是一种常见的运营模式。这种模式涵盖了从订单拣货、包装到配送等各个环节，企业可以根据实际需求选择合适的物流服务提供商，并灵活调整物流网络和服务范围。例如，淘宝商家通常会选择顺丰、圆通等知名的第三方物流公司进行配送。这种委托第三方物流企业的运营模式具有许多优势和特点。委托第三方物流企业可以降低企业的物流成本和风险。第三方物流企业通常拥有丰富的物流资源和经验，可以实现规模化运作，降低物流成本。同时，企业委托第三方物流企业进行物流配送服务，可以减少物流管理和运营方面的工作量，降低企业的运营风险。委托第三方物流企业可以提高物流服务的专业性和效率。第三方物流企业通常拥有先进的物流设备和技术，以及专业的物流人员和团队，可以提供高效、快速的物流配送服务。企业可以通过委托第三方物流企业，充分利用其专业优势，提升物流服务的质量和效率。委托第三方物流企业可以扩大物流服务的覆盖范围和灵活性。第三方物流企业通常具有广泛的物流网络和服务范围，可以覆盖更广泛的地域和客户群体。企业可以根据实际需求选择合适的物流服务提供商，灵活调整物流网络和服务范围，以满足不同地区和不同客户的物流需求。委托第三方物流企业还可以帮助企业实现快速扩张和业务拓展。随着电子商务行业的迅速发展，企业需要不断扩大业务规模和市场份额。委托第三方物流企业可以帮助企业快速建立物流配送网络，实现业务的快速扩张和覆盖。委托第三方物流企业负责物流配送服务是一种有效的运营模式，具有降低成本、提高效率、扩大服务范围和促进业务拓展等多种优势。企业可以根据自身的实际情况和需求，选择合适的第三方物流企业进行合作，以实现物流服务的优化和提升，从而促进企业的持续发展和竞争壮大。

（三）物流平台模式

提供物流平台服务已经成为电子商务物流领域的重要运营模式。这种模式旨在为商家和客户提供物流信息化、智能化的解决方案，通过技术手段整合物流资源，提供订单管理、运输跟踪、仓储管理等服务，帮助企业降低物流成本、提高效率。一个典型的例子是京东物流为商家提供的物流服务平台。这些平台通常拥有先进的信息技术和物流管理系统，能够实现对各个物流环节的全面管理和监控。通过这些平台，商家可以方便地进行订单管理、货物跟踪、库存管理等操作，从而提高了物流的透明度和可控性。物流平台服务为商家和客户提供了智能化的物流解决方案。通过数据分析、人工智能等技术手段，这些平台能够对物流运营进行精细化管理和优化。例如，根据订单量和货物种类的变化，自动调整物流配送路线和运输方式，提高了物流效率和服务质量。

物流平台服务通过技术手段降低了物流成本。由于平台的规模化运作和信息化管理，物流企业可以更有效地利用物流资源，优化物流流程，从而降低了物流成本。同时，商家通过平台可以灵活选择物流服务和付费方式，根据实际需求进行定制化，降低了物流运营的投入成本。物流平台服务还能够提升物流服务的品质和用户体验。这些平台通常提供了多样化的物流服务和配送选项，能够满足不同商家和客户的需求。通过及时准确的信息反馈和智能化的配送管理，提高了客户的满意度和忠诚度。对于企业来说，物流平台服务也是一种有效的商业模式。通过建立物流平台，企业可以实现多方共赢的局面。一方面，企业可以通过平台向商家和客户提供收费服务，获得收入。另一方面，企业还可以通过平台为自身的电子商务业务提供更加高效的物流解决方案，提升了企业的竞争力和市场地位。物流平台服务作为一种先进的电子商务物流运营模式，具有诸多优势。通过整合物流资源、提供信息化、智能化的解决方案，降低物流成本、提高效率，提升物流服务的品质和用户体验，物流平台服务已经成为电子商务物流领域的重要发展方向之一。

第四节　电子商务物流企业的现状与趋势分析

一、电子商务物流企业的现状

在电子商务的快速发展的背景，近年我国电子商务物流行业逐步兴盛，规模逐渐扩大，我国电子商务物流行业已上升到新的高度，是一股推动国民经济发展的新动力。当今的电子商务物流迅速发展得益于以下几个原因。

（一）现代企业的多元发展

随着电子商务的蓬勃发展，传统物流企业不得不调整经营模式，逐步拓展业务范围，以适应市场的变化和电子商务行业的需求。这种趋势导致了传统物流企业与电子商务企业之间的交流、渗透和融合速度加快，也催生了大量知名的电商物流企业，如京东物流、苏宁物流等。电商物流企业正在成为电子商务行业的重要支柱和竞争优势。这些企业以其丰富的物流经验和先进的技术手段，为电子商务企业提供了全面的物流解决方案和服务。从包装、运输、储存到配送等各个环节，电商物流企业都能够提供高效、可靠的服务，为电子商务企业的发展提供了有力支撑。电商物流企业正逐步拓展业务范围，从单一的物流服务向生产、流通等领域拓展。这些企业不仅提供传统的物流服务，还涉足跨境物流、供应链管理、仓储管理等更加复杂的领域。通过建立完善的物流网络和服务体系，电商物流企业能够为客户提供更加全面和多样化的服务，实现业务的多元化发展。

电商物流企业与电子商务企业之间的交流、渗透和融合速度加快。随着电子商务行业的不断发展，电商物流企业与电子商务企业之间的合作关系日益紧密，彼此之间的交流和互动也日益频繁。电商物流企业通过与电子商务企业的合作，不断优化物流服务和流程，提升服务水平和用户体验，促进了双方的共同发展。电商物流企业还在不断提升自身的技术和服务水平，以应对电子商务行业的发展和变化。他们不仅在物流配送领域引入了先进的技术手段，如物联网、大数据、人工智能等，还不断创新物流服务模式，提高服务的质量和效率。通过不断创新和改进，电商物流企业能够更好地满足客户需求，保持竞争优势。在电商物流企业的竞争中，一些知名的企业如京东物流、苏宁物流等已经成为行业的领军者。这些企业凭借其强大的物流实力和技术优势，不断壮大自身规模，扩大市场份额，成为电子商务行业的重要组成部分。同时，它们也不断拓展业务领域，加强与电子商务企业的合作，促进了电子商务物流行业的健康发展。电商物流企业在电子商务行业的发展中发挥着重要作用。通过提供全面的物流解决方案和服务，不断拓展业务范围，加强与电子商务企业的合作，电商物流企业正在成为电子商务行业的重要支柱和竞争优势。随着电子商务行业的持续发展，电商物流企业将继续发挥重要作用，推动行业的健康发展和持续壮大。

（二）客户需求的不断细分

随着物流市场的不断完善和客户需求的不断变化，电子商务物流企业面临着越来越多的挑战和机遇。客户需求在空间和时间上的细分，以及对于特殊服务的需求，推动了电子商务物流企业不断创新，提供更加多样化和个性化的服务。在空间上，客户需求越来越细分到了不同的地域范围。除了传统的同城配送和跨省配送，客户对于全国范围和跨境范围的物流服务需求也在不断增加。这意味着电子商务物流企业需要建立更加广泛的物流网络，覆盖更多的地区，以满足客户不同地域的配送需求。在时间上，客户对于配送时间的要求也越来越高。除了传统的次日达和次日递服务，客户还对于限时达、当日达、当日递等更加快速的配送服务有着不断增长的需求。这对于物流企业提出了更高的要求，需要提高配送效率和速度，以满足客户对于时间的紧迫性需求。除了空间和时间上的细分需求，客户对于物流服务的个性化要求也在不断增加。为了满足不同客户的特殊需求，市场上提供了预约取送、网订取送、货柜自提、上门退换货等多种创造了更多附加价值的服务。这些个性化服务为客户提供了更加便捷和灵活的物流体验，增强了客户的满意度和忠诚度。面对这些变化，电子商务物流企业需要不断创新，提供更加多样化和个性化的物流服务，以满足客户不断增长的需求。企业需要建立更加完善的物流网络，覆盖更广泛的地域范围，实现同城、异省、全国、跨境等多样化的配送服务。企业需要提高配送效率和速度，引入先进的技术手段和物流设备，实现限时达、当日达等快速配送服务。同时，企业还需要根据客户的特殊需求，提供预约取送、上门退换货等个性化服务，增强客户的满意度和忠诚度。在电子商务物流企业的竞争中，那些能够快速适应市场变化，满足客户多样化需求的企业将会脱颖而出，赢得更多市场份额和客户信赖。因此，电子商务物流企业需要不断提升自身的服务水平和创新能力，以应对不断变化的市场需求，实现持续发展和壮大。

（三）信息技术的广泛应用

在电商环境下，物流行业的信息化、集成化和智能化发展迅速，以应对日益增长的物流需求和复杂的市场环境。各种先进技术的广泛应用，如条形码技术、无线射频识别技术、自动分拣技术、货物跟踪技术、全球定位技术、电子数据交换、移动支付技术等，已经在电子商务物流企业中得到了广泛应用，大大提高了物流行业的服务效率和准确性。条形码技术是电子商务物流中广泛应用的一种技术手段。通过为每个货物或包裹贴上独特的条形码，物流企业可以实现对货物的快速识别和追踪。这样可以大大提高仓储、分拣和配送的效率，减少人为错误和物流延误，提升了物流服务的准确性和可靠性。无线射频识别技术（RFID）也在电子商务物流中得到了广泛应用。RFID 技术通过在货物上植入芯片，实现对货物的远程识别和跟踪。相比于条形码技术，RFID 技术具有更高的识别速度和精度，可以实现对大批量货物的快速识别和管理，进一步提高了物流效率和准确性。自动分拣技术是电子商务物流中的重要技术之一。通过自动化设备和系统，可以实现对货物的自动分拣和分类，减少人力成本和分拣错误，提高了分拣效率和准确性。这种技术在快递和仓储领域得到了广泛应用，为物流企业节省了大量人力资源和时间成本。货物跟踪技术、全球定位技术和电子数据交换技术也对电子商务物流的发展起到了重要作用。通过 GPS 等定位技术和电子数据交换系统，物流企业可以实时掌握货物的位置和运输状态，及时调整物流计划和配送路线，保证货物的安全和及时送达。移动支付技术的广泛应用也为电子商务物流提供了便利。通过手机支付、移动钱包等支付方式，客户可以方便快捷地完成货款支付，加快了交易速度，提高了客户体验。电子商务物流企业在信息化、集成化和智能化方面取得了显著进展，各种先进技术的广泛应用大大提高了物流行业的服务效率和准确性。随着技术的不断进步和创新，电子商务物流将继续迎来更加灵活、高效和智能的发展，为电子商务行业的持续繁荣和发展提供有力支撑。

二、电子商务物流企业的趋势分析

（一）多种物流模式并存

十余年来，电商经济的蓬勃发展带动了物流行业的迅速增长。各个电商平台在考虑物流模式时，通常从资金、管理、品牌效应等多个方面进行权衡和选择。然而，无论选择何种物流模式，都不可能独占市场。这一现象是由中国独特的人口和地域因素所决定的。中国人口众多、幅员辽阔，物流市场巨大，给各种类型的物流企业提供了一定的生存空间。在电子商务兴起的背景下，不同的物流模式呈现出多样化和并存的趋势。首先，一些电商平台选择自建物流网络，通过投资建设仓储、配送中心等设施，掌握物流环节的主导权。这种模式可以提高配送效率、保证服务质量，同时也增强了电商企业的品牌影响力。一些电商平台采用第三方物流服务，委托专业物流企业负责配送等环节。这种模式可以节省资金投入和管理成本，提高灵活性和效率，尤其适合一些中小电商企业。还有一些电商平台选择物流平台服务，即通过外部物流服务提供商的平台，提供物流信息化、智能化的解决方案。这种模式可以充分利用第三方物流企业的资源和技术优势，为电商企业提供更加高效、便捷的物流服务。然而，值得注意的是，中国的物流市场巨大且竞争激烈，没有哪一种物流模式能够独享市场。多种物流模式的并存是未来的趋势，这不仅促进了物流行业的健康发展，也为电子商务行业的持续繁荣提供了有力支撑。随着电子商务的不断发展和普及，物流行业也将继续迎来新的机遇和挑战。未来，随着技术的不断进步和创新，物流服务将变得更加智能化、高效化，满足消费者日益增长的个性化需求。同时，随着消费者对于物流服务质量和速度的要求不断提高，物流企业也将不断优化物流网络和服务流程，提高配送效率和服务水平。电子商务物流企业面临着多样化的发展路径和机遇。在多种物流模式并存的情况下，电商企业需要根据自身的情况和需求选择适合的物流合作模式，以实现更好的物流服务和用户体验。同时，物流企业也需要不断创新和优化，提高服务水平和竞争力，把握未来物流行业的发展机遇。

（二）自营物流、物流联盟两强并立

电子商务的蓬勃发展对物流行业产生了巨大的依赖性，电子商务越发达，物流的重要性就越凸显。随着电子商务平台的竞争日益激烈，物流服务成为企业竞争的关键因素之一。在这样的竞争环境中，想要立于不败之地，企业必须突出重围，打造自己的品牌亮点，并提供优质的物流服务。在产品同质化的情况下，物流服务成为了电商企业的重要竞争策略，因为“得物流者得天下”，物流模式的选择已经成为电子商务企业生存和发展中不可忽视的关键因素。兼顾成本效益的前提下，电商企业通常会首选自营物流或物流联盟。自营物流意味着企业拥有自己的物流网络和配送团队，能够更好地掌控物流环节，提高服务水平和品牌形象。而物流联盟则是多家电商企业联合成立的物流合作组织，通过共享物流资源和服务，降低成本，提高效率，实现互利共赢。只有在现金流等因素的压力影响之下，电商企业才会考虑使用第三方配送服务。第三方配送服务通常由专业物流企业提供，能够提供高效、快速的配送服务，但相对而言成本较高。因此，只有在企业面临资金紧张等压力时，才会选择使用第三方配送服务。未来的电商物流模式必然会是自营物流和物流联盟两强并立的局面。自营物流能够让企业更好地掌控物流环节，提供更加优质的物流服务，提升品牌形象和竞争力。而物流联盟则能够通过合作共享物流资源和服务，降低成本，提高效率，实现多方共赢。这种双管齐下的物流模式，能够满足电商企业在不同发展阶段的需求，为其提供更好的发展空间和竞争优势。随着电子商务的不断发展和普及，物流服务的重要性愈发凸显。未来的电商物流模式将呈现自营物流和物流联盟两强并立的趋势，在兼顾成本效益的前提下，企业将根据自身情况和需求选择合适的物流模式，以提供优质的物流服务，提升竞争力，实现持续发展。

（三）不断创新，适时转变电子商务物流模式

在现代社会，市场竞争的激烈程度前所未有。电子商务企业要在这个充满挑战的环境中生存和发展，就必须不断创新，不断调整变换，以适应市场的需求变化。选择合适的物

流模式对于电子商务企业至关重要，因为物流是连接企业和客户之间的桥梁，直接影响到了客户的购物体验和企业的竞争力。创新是企业的永恒生命力。在市场瞬息万变的情况下，企业只有不断创新，才能在激烈的竞争中立于不败之地。对于电子商务企业来说，选择物流模式也必须遵循这一规律。类比为驾驶员驾驶汽车，只有不断转动方向盘，才能确保汽车行驶在正确的跑道上。一旦停止转动方向盘，后果将不堪设想。同样地，电子商务企业在选择物流模式时，也需要不断调整和创新，以确保企业始终站在市场的前沿。在市场竞争中，创新的力量能够赋予企业持续发展的动力。通过不断创新，电子商务企业可以及时抓住市场的新机遇，迅速调整自身战略和模式，提供更加符合客户需求的物流服务，从而赢得客户的青睐，保持竞争优势。随着市场的不断发展和变化，客户的需求也在不断变化。作为企业的物流服务必须与时俱进，适应市场需求的变化。通过持续的创新，电子商务企业可以不断优化物流模式，提高服务水平和效率，满足客户的多样化需求，从而在市场竞争中独占鳌头。电子商务物流企业必须在千变万化的市场中不断创新，适时调整，激发内生动力，以适应市场需求的变化。只有这样，才能在激烈的市场竞争中生存并获得成功。创新不仅是一种生存的手段，更是企业持续发展的关键。

（四）我国电子商务物流发展趋势

1. 电商物流需求将保持中高速增长

近年来，电商物流业态方兴未艾，加之我国城镇化、现代化水平提高，使消费增长带动了对物流需求的增长。电子商务在经济社会中不断渗透率，与之对应的电商物流需求将会保持良好发展势头。同时，电商交易平台的完善，如淘宝、京东，不断入驻的商家使得消费主体和消费产品愈加丰富已完全超过消费者身边的实体资源种类，网络购物面向各种年龄段消费群体，操作简单易懂，足不出户就能达到消费者要求，对未来的物流需求将有增无减。

2. 电商物流服务质量将继续提升

产业结构和消费结构升级将全面推动电商物流提升服务质量。随着网购的普及，企业平台愈发注重客户的反馈信息，“好评，中评，差评，追评”在电商交易中屡见不鲜，不仅给予了其他消费者一定的参考价值，也使得不良商家被淘汰出局，物流也采取了相应的评价模式、迟达赔付模式和退货保障模式以满足市场需求，电商物流必须增强服务质量、服务效率和服务品类，增强其供应链整合力。

3. 跨境电商物流将进一步发展

随着“一带一路”战略计划的实施，世界上最大跨度、最具发展潜力的经济合作带逐渐形成。各国着手实现优势互补、资源整合，扩大各国经贸合作，这为跨境电商的发展提供了绝佳的机会，跨境电商物流有望凭借全球化、网络化、方便快捷等优势，成为国内外贸发展新焦点，从而起到贸易畅通、资金融通、民心相通的重要作用。

第二章　电子商务物流企业管理机制

第一节　电子商务物流企业的管理理论与实践

一、电子商务物流企业的管理理论

随着物流市场的不断壮大，物流企业的数量不断增加，然而市场的快速发展，使得物流企业管理发展滞后，导致物流企业管理模式没有形成。物流是电子商务的一部分，也是重要组成部分，电子商务为物流提供了一个好的平台和机遇，在电子商务环境下的物流企业管理更加顺畅，有利于管理模式建立。在物流管理中，物流、资金流、信息流作为重要的三要素，在整个物流运作过程中，都起着至关重要的作用，三流合一，形成流动一致性，有利于提高物流效率，为客户提供更为满意的服务。如何利用好电子商务这个平台，实现物流企业内部管理与外部管理的高效性，是要考虑的重点内容。

（一）电子商务环境下物流企业管理模式种类

1. 自建物流管理模式

所谓自建物流管理模式，又称为“自营物流配送模式”。从原材料到加工，再到配送都是由物流企业自己独立完成，这种模式有利于形成自上而下的管理策略，对内部的把控力度较强，而且在电子商务的支持下，企业内部信息更快速流动，能够提高货物流动的速度。但是也存在弊端，就是需要企业具有一定的规模，并且前期需要较多的成本投入。

2. 契约物流管理模式

契约物流管理模式，又称为“第三方物流配送模式”，是指企业只进行生产和销售流程，而对于末端派送，采用的是第三方物流，通过与第三方物流企业签订协议的方式进行合作，从而减少公司成本投入。一般情况下，企业规模不断扩大后，会自建物流配送模式，其他小规模的企业会采用第三方物流配送的方式。第三方物流企业进行专业的配送活动，有利于提高物流运输的效率，而且能够减少电子商务企业的压力，分散成本，提高整体效益。

3. 第四方物流联盟

第四方物流联盟是在第三方物流配送模式的基础上形成的，只是为物流企业提供服务的第四方公司，通过提供技术支持、经营理念、合同管理等内容，给物流企业带来帮助，从而提高物流运作的效率。我国物流产业兴起比较晚，物流企业的管理理念还没有形成，缺少现代化的思维模式，通过第四方服务企业进行管理，能够提高企业管理的效率，有利于企业进行现代化的发展，这也是电子商务环境下，物流企业的一种新型发展模式。

（二）电子商务环境下物流企业管理模式存在问题

1. 缺少高素质人才

现如今，我国物流行业内人员素质水平参差不齐，现在电子商务物流行业内高层次、具有创新性的复合性技术人才更是少之又少。工作人员现如今仍使用较为传统的管理模式，无法跟时代接轨不断提高创新管理模式，其中阻碍物流企业发展的主要原因是缺少专业人才的储备。如今我国电子商务发展缺乏创新性，物流技术体系建设不健全。因此需要相应的高技术人才，通过理论和实践相结合的方式不断拓展物流管理模式，如今企业内部人才管理体系不完善，物流企业培训水平较低下，管理模式缺乏创新性，企业整体缺乏先进的管理人才和高素质人才，可以说是中国物流企业面临的主要问题。现如今在我国电子商务物流企业的发展中，即使政策较为完善，软件设备较为全面，但缺乏高素质专业人才是不可行的，可以说人才是企业发展的核心。对此，我们了解到企业缺乏专业素质人才原因可能是由于物流行业内福利体系不够完善和物流专业人才构建不合理。因此，国家和政府应高度重视，不断加强人才建设。

2. 基础设施落后

如今我国物流迅速发展，但是整体的物流体系建设仍然不全面，主要原因在于我国物流管理方式有待创新。由于我国物流行业起步较晚，行业发展时间较短，整体设备设施具有局限性，主要表现在物流运送、仓储、服务等过程中，基础设施的落后给我国物流行业发展带来弊端。除此之外，在电子商务运营模式下，互联网平台使得信息流动性更强，这也对物流行业提出了更高要求，因此不断推广先进基础设施的应用，对我国物流企业管理模式的构建具有重要作用。不断推广使用先进设备，才能够满足电子商务的发展，能够为整个物流企业带来实质性收益。

3. 物流企业管理技术水平低

我国物流业总体发展水平还比较粗放，物流企业技术水平偏低，信息化自动化技术尚未得到广泛应用。物流基础设施的规划建设缺乏统筹，铁路、公路、空运等各种运输方式的互通性、配套性不够，彼此之间难以实现有效衔接，铁路运输、公路运输、水路运输的各自优势没有得到充分发挥。电子商务物流产业集中度不高，市场竞争秩序不够规范，市场竞争激烈。省市之间、区域之间的物流规划建设缺乏协同，物流基地、物流园区、物流中心的信息化现代化程度不高，物流信息共享力度不够，物流信息不联通、标准不衔接。部分国际运输通道不畅，一些重要的国际化战略性运输通道和重要节点尚未完全打通，难以满足现代物流发展的要求。

（三）电子商务环境下创新物流企业管理模式的主要措施

1. 加强对现代物流管理人才的培养

高端物流管理人才是现在物流企业进一步创新发展的最重要的因素之一，因此，在电子商务快速发展的情况下，物流企业一定要快速培养出一批高素质、高水平的物流管理的专业人员。各级政府必须要提高对物流管理专业人员的重视程度，持续从中国的所有高等院校内引入物流管理的专业人才，让社会上的各种组织机构都可以大力支持物流专业管理人才的培养。高等院校是物流行业工作人员产生的主要地点，学校必须紧密联系当前市场上的各种改变以及社会各界对物流行业专业人员的需求量，进一步增加学校内的物流管理相关专业，进而推动现代物流行业的管理的持续创新和发展。

2. 电子商务企业自建物流体系

在电子商务发展过程中，企业内部物流服务是否能够占据主导地位，与物流服务是否能够自我建立物流体系息息相关。只有自建物流体系才能够充分发挥其物流服务的核心功能，因此加强物流体系自建是电子商务企业实现物流运行模式的关键所在。随着我国科学技术和互联网技术的发展，现如今一些大型企业，如家具家电、制造业、服装行业等在经营电子商务平台的同时，不断整合自身资源，建立新型物流配送体系，以此来迎合自身行业的发展。通过物流体系建设，还能够不断吸引外来资源，加强自身物流网络体系的建设。

3. 构建共同配送模式

要想加强物流企业管理模式的发展，可以通过共同建立服务网络，实现共同配送，来促进管理模式的发展。如今电子商务行业不断发展，市场活跃着各形各色的物流企业，但是在当前情况下这些物流企业缺乏自身独立发展能力。例如物流企业投资成本较大，但物流网络建设较局限，无法实现多地区配送。由于物流体系服务区域的局限性，使得企业发展范围较小，经济收益较低。因此通过构建共同配送的模式来扩大各企业物流范围，为提供更广泛的服务空间，满足客户的需求，是一种新型物流管理模式。除此之外，共同构建物流配送模式，还应该考虑企业成本问题。企业通过多家公司合作的方式进行物流配送，使得运载车辆装载率不断提高，以此来降低企业运营成本，提高企业整体的收益。基于此共同配送模式提出的整车就符合这一观念，应该加强推进。

二、电子商务物流企业的管理实践

（一）战略规划与业务发展

1. 制定明确的战略规划

电子商务物流企业需要明确自己的业务发展方向，确定是专注于特定领域还是提供多元化的物流服务。确定市场定位：根据企业的实际情况和资源优势，确定市场定位，明确目标客户群体和市场定位策略。确立目标市场：通过市场调研和分析，确定目标市场，包括国内市场和跨境市场，为企业未来的发展提供方向。

2. 不断探索新的业务领域和发展机会

随着全球化的发展，跨境电商物流成为了一个巨大的发展机遇。企业可以通过拓展跨境电商物流业务，开拓海外市场，提升企业的国际化水平和竞争力。冷链物流：随着生鲜电商等行业的兴起，冷链物流成为了一个新的增长点。企业可以通过投资建设冷链物流设施，提供专业化的冷链物流服务，满足客户对于生鲜产品的需求。

3. 加强技术创新和信息化建设

通过引入先进的物流技术和信息化系统，提高物流运营效率和服务水平，增强企业的竞争力。积极探索新的科技应用，如人工智能、大数据、物联网等，为物流业务提供更加智能化和高效化的解决方案。

4. 建立有效的合作关系

与供应商、合作伙伴建立长期稳定的合作关系，共同推动物流业务的发展和提升服务水平。与电商平台、零售商等合作，共同探索新的业务模式和市场机会，实现互利共赢。

5. 强化人才培养和团队建设

培养和吸引物流行业的专业人才，提高团队的专业水平和服务能力。建立激励机制，激发员工的创新和工作热情，提高企业的核心竞争力。通过以上管理实践，电子商务物流企业可以在竞争激烈的市场中保持竞争优势，实现持续稳定的发展。不断探索新的业务领域和发展机会，加强技术创新和信息化建设，建立有效的合作关系，强化人才培养和团队建设，将是电子商务物流企业实现成功的关键。

（二）运营管理与流程优化

建立高效的物流运营体系是电子商务物流企业的关键管理实践之一。通过有效的仓储管理、订单处理、配送管理等流程，企业可以提高运营效率和服务质量，从而更好地满足市场需求，增强竞争力。仓储管理是物流运营的核心环节之一。企业需要建立现代化的仓储设施，并采用先进的仓储管理系统，实现对库存的精准管理和实时监控。通过合理的货物摆放和仓储布局，最大化地利用仓储空间，降低仓储成本，并确保货物的安全和完整性。订单处理是物流运营中至关重要的环节。企业需要建立高效的订单处理系统，实现订单的及时接收、处理和分配。通过自动化和智能化的订单处理流程，可以大大提高订单处理的速度和准确性，缩短订单周期，提高客户满意度。

配送管理是物流运营中的关键环节之一。企业需要建立健全的配送管理系统，实现对配送车辆和司机的调度和管理。通过优化配送路线和运输计划，提高配送效率，减少配送时间和成本。同时，运用信息技术和物流技术手段，可以实现对货物的实时跟踪和监控，确保货物能够及时送达，提高配送的准时率和服务质量。运用信息技术和物流技术手段是提高物流运营效率的重要途径之一。通过运用 GPS、物联网、大数据等技术，可以实现对运输路线的实时监控和优化，提高货物的运输效率和安全性。同时，通过信息技术和物流技术手段，可以实现对货物的精准跟踪和定位，提高配送的可视化和透明度，增强客户对物流服务的信任度和满意度。建立高效的物流运营体系是电子商务物流企业实现持续发展的重要举措。通过优化仓储管理、订单处理、配送管理等流程，运用信息技术和物流技术手段，可以提高运营效率和服务质量，降低物流成本，增强企业的竞争力，实现可持续发展。

（三）技术创新与数字化转型

加大对物流技术的投入是电子商务物流企业的重要管理实践之一。通过引入物联网、大数据、人工智能等先进技术，实现物流全程可视化、智能化管理，可以提高物流运营效率和服务水平，增强企业的竞争力。引入物联网技术可以实现对物流环节的实时监控和管理。通过在货物、车辆、仓库等物体上安装传感器和标签，可以实现对货物的实时追踪和监控，提高货物的安全性和可靠性。同时，物联网技术还可以实现对设备的远程监控和管理，及时发现和解决问题，提高设备的利用率和效率。大数据技术的应用可以帮助企业更好地理解和把握市场需求和趋势。通过收集、分析和利用海量的数据，可以发现隐藏在数据背后的规律和趋势，为企业决策提供数据支持和参考。同时，大数据技术还可以用于优化运输路线和配送计划，提高运输效率和服务水平。人工智能技术的应用可以实现物流全程的智能化管理。通过建立智能化的物流系统和平台，可以实现对订单管理、库存管理、运输跟踪等环节的智能化处理和管理。例如，利用人工智能技术实现对订单的自动分拣和处理，提高订单处理的效率和准确性。同时，人工智能技术还可以实现对货物的智能化跟踪和预测，及时发现和解决问题，提高配送的准时率和服务质量。推动数字化转型，建设电商物流平台也是电子商务物流企业的重要管理实践之一。通过建设电商物流平台，可以为客户提供订单管理、库存管理、运输跟踪等一站式物流服务，提升客户体验和服务水平。同时，电商物流平台还可以实现对物流过程的全程监控和管理，提高运营效率和管理水平。加大对物流技术的投入，引入物联网、大数据、人工智能等先进技术，推动数字化转型，建设电商物流平台，可以实现物流全程可视化、智能化管理，提高物流运营效率和服务水平，增强企业的竞争力。这些都是电子商务物流企业在管理实践中不可或缺的重要举措。

第二节 电子商务物流企业的组织管理

一、组织结构设计

（一）功能性结构

电子商务物流企业作为现代商业中的关键角色，其组织管理结构对于业务的运作和发展至关重要。在初创阶段或规模较小的企业中，功能性结构是一种常见的组织架构形式。这种结构按照企业的不同职能或部门来划分，例如采购部门、销售部门、运营部门等，每个部门负责特定的职责和功能。功能性结构在电子商务物流企业中具有一系列优势，但也存在一些挑战。功能性结构的优势在于明确各部门的职责和功能。在电子商务物流企业中，这意味着能够实现专业化管理，每个部门都可以专注于自己的核心职能，从而提高效率和质量。例如，采购部门负责供应链中原材料和物品的采购，销售部门负责销售渠道和客户关系的管理，运营部门负责物流和仓储等方面的运作。这种明确的职责分工有助于组织内部的协调与合作，提高整体运营效率。功能性结构有利于高效协作。由于各部门职责明确，团队成员可以更好地理解彼此的工作内容，并通过密切合作实现业务目标。在电子商务物流企业中，良好的部门协作可以确保订单的及时处理和物流的顺畅运转，从而提升客户满意度并增强市场竞争力。功能性结构也存在一些挑战，特别是在电子商务物流企业这样的行业中。其中之一是信息孤岛和沟通不畅的问题。由于各部门相对独立运作，可能会导致信息在部门之间无法流通和共享，从而形成信息孤岛。这种情况下，决策者可能缺乏全面的信息基础，难以做出准确的决策，影响企业的整体运营效果。

功能性结构可能会影响决策的协同性和快速响应能力。在电子商务物流企业这样的行业中，市场变化快速，需要及时做出反应。然而，如果各部门之间的沟通不畅，决策协同性就会受到影响，导致企业无法迅速调整策略应对市场变化，从而错失商机或面临风险。

（二）产品线或服务线结构

在电子商务物流企业中，如果业务涉及多个产品线或服务线，并且这些线路之间存在较大差异，采用产品/服务线结构可能更为合适。这种结构是根据企业的产品或服务线来划分组织结构，每条产品或服务线对应一个独立的组织部门。在这样的组织结构下，每个部门专注于管理和发展特定的产品线或服务线，以满足不同市场需求和客户群体的要求。产品/服务线结构在电子商务物流企业中的应用具有一系列优势。首先，它能够更好地实现产品或服务的专业化管理。由于每个部门专注于管理特定的产品线或服务线，可以更深入地了解该产品线或服务线的市场需求、竞争格局以及技术特点，从而更有效地制定和执行相关策略，提高产品或服务的质量和竞争力。产品/服务线结构能够提高对市场的针对性和灵活性。每个部门可以根据其所负责的产品线或服务线的特点和市场需求，灵活调整组织结构、制定营销策略和调整运营方式，以更好地适应市场变化和客户需求的变化，从而提高企业的市场竞争力。产品/服务线结构也存在一些挑战和风险，特别是在电子商务物流企业这样的行业中。其中之一是资源分散的问题。由于每条产品线或服务线都对应一个独立的组织部门，可能会导致企业的资源被分散使用，部门间存在资源争夺的情况，从而影响整体资源利用效率。产品/服务线结构可能会增加协调成本。

在电子商务物流企业中，不同产品线或服务线之间可能存在交叉合作和依赖关系，例如物流服务对不同产品线的支持。在产品/服务线结构下，需要加强各部门之间的协调和沟通，以确保各产品线或服务线之间的协作顺畅，从而避免因协调不当而影响到整体业务的运作。为了克服产品/服务线结构可能带来的挑战，在电子商务物流企业中可以采取一些措施。首先是加强跨部门的沟通和协作。可以建立跨部门的沟通机制和协作平台，促进各部门之间的信息共享和资源协作，以降低资源分散和协调成本。其次是建立跨部门的团队合作机制。可以设立跨部门的项目组或工作小组，促进部门间的合作与协调，共同解决跨部门的问题，提高企业的整体运营效率和市场竞争力。产品/服务线结构在电子商务物流企业中具有一定的优势，但也存在一些挑战。通过加强跨部门的沟通和协作，建立跨部门的团队合作机制，可以克服这些挑战，提高企业的整体运营效率和市场竞争力。

（三）地域性结构

地域性结构是根据企业所在地区或业务覆盖范围来划分组织结构的，每个地域对应一个独立的组织部门。在电子商务物流企业中，如果企业的业务跨越多个地区或国家，那么采用地域性结构可能更为适合。这种结构能够更好地适应不同地区的市场需求和法律法规，提高服务的定制化和本地化水平，但也可能导致管理复杂度增加和资源重复利用程度降低。对于电子商务物流企业而言，要根据企业的特点和发展阶段选择最合适的组织形式。在初创阶段或规模较小的企业可以采用功能性结构，以明确各部门的职责和功能；而随着企业规模的扩大和业务的多元化，可以考虑采用产品/服务线结构或地域性结构，以更好地实现资源整合和市场适应能力。重要的是，无论采用哪种组织结构，都应该注重部门间的协作和信息共享，提高决策的灵活性和快速响应能力，以推动企业的持续发展。

二、流程管理与标准化

（一）设立规范的业务流程和操作标准

电子商务物流企业应该建立起一套完善的业务流程和操作标准，以确保各个环节的顺利进行，并且在不同情况下能够作出合理的决策。这些业务流程和操作标准应该覆盖从订单接收、仓储管理、运输配送到售后服务等各个环节，确保每个环节都能够按照规定的程序和标准进行操作。例如，建立订单处理的流程，包括订单接收、审核、分配、处理和发货等环节；建立仓储管理的标准，包括货物入库、出库、库存盘点和管理等操作规范。通过规范的业务流程和操作标准，可以提高运营效率，降低错误率，提升服务质量。

（二）运用信息技术和物流技术手段

信息技术和物流技术的应用可以有效地优化运输路线、提高货物跟踪能力，从而降低物流成本和配送时间。通过信息技术的应用，可以建立起物流信息系统，实现对物流运作的全程监控和管理。例如，建立订单管理系统、库存管理系统、运输追踪系统等，实现对订单、库存和运输的实时监控和管理。运用物流技术手段，可以优化运输路线和配送计划，提高运输效率。例如，利用智能算法和大数据分析技术，优化配送路线，减少运输时间和成本。同时，通过引入物流设备和工具，提高货物的跟踪能力，实现对货物的实时监控和定位，提高配送的准时率和服务质量。设立规范的业务流程和操作标准，运用信息技术和物流技术手段，可以有效地提高电子商务物流企业的组织管理水平，提高运营效率和服务质量，从而增强企业的竞争力和持续发展能力。这些都是电子商务物流企业在组织管理方面的重要举措，对于企业的长期发展具有重要意义。

三、风险管理与合规监管

（一）建立风险管理体系

风险管理是企业管理的重要组成部分，也是保障企业可持续发展的关键。电子商务物流企业应该建立起一套完善的风险管理体系，包括风险识别、评估、监控和应对等各个环节。首先，通过对内外部环境进行全面分析，识别潜在的风险因素，包括市场风险、技术风险、供应链风险、竞争风险等。其次，对已识别的风险进行评估，确定其可能带来的影响程度和发生概率，以便制定相应的应对策略。然后，建立风险监控机制，定期跟踪和评估各项风险的变化情况，及时调整应对措施，确保风险的有效控制。最后，制定相应的风险管理计划和预案，明确各个部门和人员的责任和任务，以应对各类风险事件的发生。

（二）加强合规监管

合规监管是企业履行社会责任、保障合法经营的重要保障。电子商务物流企业应该严格遵守相关法律法规和行业标准，规范企业的经营行为，保障企业的合法权益和社会责任。首先，企业应该建立起一套完善的合规管理制度和流程，包括法律法规的梳理和解读、合规培训和教育、合规审查和监督等。其次，加强对各项法律法规和行业标准的监测和研究，及时了解和掌握相关政策和法规的变化，确保企业的经营行为符合法律法规的要求。然后，建立合规监管机制，明确各个部门和人员的合规责任和任务，定期开展合规审查和自查，及时发现和纠正违规行为。最后，加强与监管部门和行业协会的沟通和合作，建立起良好的合作关系，共同维护行业的良好秩序和发展环境。建立风险管理体系和加强合规监管是电子商务物流企业在组织管理中的重要举措。通过识别、评估各类风险，并制定相应的应对措施，可以有效地降低风险对企业的影响，保障企业的合法经营和可持续发展。同时，遵守相关法律法规和行业标准，也是企业履行社会责任、保障合法经营的重要保障，是企业持续发展的基础。因此，电子商务物流企业应该高度重视风险管理和合规监管，不断完善相关制度和机制，提升企业的风险应对能力和合规管理水平。

第三节　电子商务物流企业的人力资源管理

一、当前电子商务企业中人力资源管理的重要性

电子商务行业在我国飞速发展，电子商务以线上交易为主，极大地方便了人们的交易需求。电子商务的优势让传统行业认识到其重要性，并且积极向电子商务行业转变，同时在电子商务行业的推动下又不断产生新型企业。但是无论哪种电子商务企业，其人力资源管理都存在诸多问题，严重影响了电子商务企业员工的工作效率和质量。电子商务企业与传统企业的经营模式完全不同，相比之下电子商务企业的产业结构更为简单，一个简单的电子商务企业只需要采购、设计、运营、销售、仓储等几个部门，不像传统企业需要大量

部门才能维持正常运转。而且电子商务企业内部存在的几个部门中只有销售和仓储部门需要较多的员工数量，像采购、设计、运营部门并不需要太多员工，由于电子商务企业对员工的需求都比传统企业要少，所以当前中小型电子商务企业特别多。电子商务企业成立比较简单，所以其内部对人力资源管理工作不够重视，企业内部没有专业的人力资源管理部门，通常都是由企业老板负责人力资源管理工作。随着电子商务行业经济体量不断增大，企业老板自身已经无法满足企业对人力资源管理的需求。当今时代，电子商务企业的部门精简、人员数量少，但是其销售额却不低，企业经济效益不断提升的同时却忽略了员工薪资福利的提升。

很多电子商务企业在销售量提升之后急于扩大企业规模，企业老板扩张运营团队、开拓线上新渠道、增加销售人员，但不愿意提高员工的薪资和福利待遇水平，企业利润越来越大，员工的待遇却得不到应有的提升，最后员工丧失工作积极性，不愿意为企业努力工作，员工的流动性增加，企业经济效益受损。如果电子商务企业不能认识到人力资源管理的重要性，发现人力资源管理存在的问题并制定优化人力资源管理对策，只会让企业电子商务人才不断流失，最后失去市场竞争力。人力资源管理对电子商务企业非常重要，企业在提升经济效益之后必须重视员工的薪资福利、发展晋升、绩效奖励等问题，保证企业与员工同步发展。同时企业要认识到时代发展的快速性和经营模式的迭代性，积极开展对企业员工的培养，保证员工在新时代下依旧能够抓住电子商务的机遇，为企业创造经济效益，提高自身薪资及福利待遇水平，实现电子商务企业可持续发展。

二、电子商务企业人力资源管理存在的问题

（一）人力资源管理缺位

电子商务企业人力资源管理普遍不到位，尤其是中小型电子商务企业。中小型电子商务企业的管理理念比较落后，这些企业普遍将人力资源管理当作人事管理，缺乏对企业资源的管理，导致企业对自身资源的利用率比较低，不能发挥现有员工的最大价值。中小型电子商务企业人力资源管理一般只顾着绩效考核、薪资计算及发放等工作，这些工作在中小型电子商务企业中甚至不需要专业的人力资源管理人员，所以很多电子商务企业的人力资源管理人员由企业管理人员的亲戚担任。企业人力资源管理部门应是重要部门，它负责协调管理企业现有的人力资源，将所有员工的价值发挥到最大，但是由于管理人员的任人唯亲，导致人力资源管理人员专业技能水平较差，不能胜任高难度的人力资源管理工作，大多数中小企业的人力资源管理人员只负责财务管理及薪资发放，像人才招聘和企业员工培训这类工作一般由各部门内部自主进行。所以电子商务企业人力资源管理缺位，人力资源管理部门的职能割裂严重，最终人力资源管理部门无法为企业管理和经营提供更大的帮助。

（二）缺乏长期发展规划

电子商务企业人力资源管理对长期发展规划工作不够重视，具体体现在岗位发展规划

和员工发展规划两个方面。电子商务企业岗位需要根据部门进行规划，但是电子商务行业的部门配置情况比较简单，一般大型的电子商务公司可以分成采购部门、设计部门、运营部门、销售部门、仓储部门等，采购部门人员负责为电子商务企业寻找性价比更高的货源，设计部门可以分成美工和视频剪辑人员，运营部门按照不同推广渠道可以分成不同小组，销售部门可以分成售前客服和售后客服两个部分，仓储部门负责联系快递完成发件工作。大型电子商务企业人员配置清晰且齐全，所以人力资源管理人员很少对岗位做长期发展规划。而中小型电子商务企业虽然部门配置情况相同，但是每个部门的人员分类和配置则与大型电子商务公司相差很大，很多不同类型的工作均由同一人负责，所以人力资源管理人员基本不会为该部门的岗位做细致的发展规划。中小型电子商务企业工作人员晋升有限，基层员工基本不会有晋升机会，所以人力资源管理人员很少为员工做长期发展规划。

（三）人员选聘机制缺位

电子商务企业普遍存在人员选聘机制缺位问题，尤其是中小型电子商务企业，企业规模越小，人才选聘门槛低。中小型电子商务企业中的人员流动最大的是运营、美工及销售3个部门的人员，而这3种岗位对人才的选拔门槛都比较低。如果企业内部有老员工带新员工，企业不只对选聘员工的个人能力不做要求，而且对其学历水平同样没有要求，这就导致电子商务企业人员选聘质量参差不齐。而且电子商务企业人员选聘一般通过各种招聘软件或者平台进行招聘，人员招聘渠道比较杂，很容易招聘到素质不过关的人员。电子商务企业另一种招聘形式就是内部推荐，这种选聘方式虽然能够保证人员的招聘质量，但是却存在着局限性，容易出现没有人才可用的局面。而普通的人员招聘形式为面试招聘，这种人员选聘形式对人员能力的甄别不够清晰，很容易招聘到能力不足的工作人员，容易浪费人力资源管理部门的资源。

（四）缺乏工作激励机制

电子商务企业的某些工作岗位缺乏激励机制，还有些岗位的激励机制不够完善。电子商务企业可以分成采购、设计、运营、销售、仓储等部门，采购部门、运营部门、销售部门和仓储部门直接与经济效益挂钩，所以这些部门的岗位基本都存在某种激励机制。而设计部门主要是美工和视频剪辑人员，这些岗位不能直接体现出与经济效益的关系，所以这些岗位在中小型电子商务企业中普遍存在缺乏工作激励机制的问题。运营和销售部门的岗位激励机制具有代表性，但是很多中小型电子商务企业以绩效考核的形式设置固定的绩效资金，虽然在某种程度上看该种激励机制可以提高工作人员的积极性，但是这种激励机制仍然不合理。大型电子商务企业多以提成或者计件的形式作为绩效考核标准，而非固定的绩效资金，这种激励机制更加完善。因为该种激励机制下员工的薪资水平与自身的能力和努力程度相关，只要员工能力强且愿意投入时间和精力就能获得与之相符合的回报，员工的绩效工资没有上限，所以员工的积极性更高。而中小型电子商务企业的绩效工资上限低，员工的工作积极性不高。美工和视频剪辑岗位的区别：美工对图片进行处理，视频剪辑对视频进行处理。电子商务企业无法准确判断这些岗位的工作效果，因此无法制定工作激励机制。

三、电子商务企业人力资源管理的对策

（一）转变管理理念并完善管理体系

电子商务企业首先要转变人力资源管理理念，管理人员必须认识到当代人力资源管理部门的重要性。中小型电子商务企业管理人员应该借鉴行业领先的大型电子商务企业，对其内部的人力资源管理体系进行分析，了解企业如何利用人力资源管理体系提高员工的工作积极性和企业的经济效益。电子商务企业人力资源管理部门的工作内容不应该局限于薪酬统计、发放及财务管理，还应该帮助企业员工制定长期的发展规划，让员工感受到企业的关怀和重视，激发员工的工作热情。电子商务企业人力资源管理部门应收回相关职权，例如人员招聘和员工培养。人力资源管理部门构建自身的人才储备库，方便在企业岗位人才空缺时及时补充人才，人才培养制度可以提高员工的专业水平，同时还可以让人力资源管理部门对所有员工建立档案，分析员工擅长的能力，并且将其配置到适合的岗位，有利于员工为企业创造经济效益。

（二）完善招聘机制并制定发展策略

电子商务企业应该认识到自身招聘机制不完善的问题，并且制定与完善招聘机制，帮助企业制定发展策略。电子商务企业应该拓宽人员招聘渠道，不应该只从招聘软件和平台进行招聘，而应该根据企业的发展情况制定每年的招聘计划，再到专业院校进行直招，直接选择素质较高、能力较强的学生进行培养，既能提高企业员工的归属感，又可以保障员工的招聘质量。除此之外，电子商务企业在社会上招聘专业人才时不能只通过面试进行招聘，应采取笔试和面试相结合的方式进行招聘，笔试的目的是过滤掉专业能力不足的人员，面试则是从应聘人群中选拔出专业能力最强、与岗位最契合的人才，这样才能提高人力资源管理的招聘效率和质量。

（三）构建激励机制并促进人员发展

电子商务企业应该对所有部门构建完善的激励机制，促进全体员工共同发展，不能只考虑到运营、销售等主要部门的激励机制，而不重视设计部门美工、视频剪辑岗位的激励机制。电子商务企业应该构建以百分比提成为主的绩效激励机制，不应该对员工设置薪资上限，确保员工的薪资绩效符合其能力水平，这样才能通过激励机制提高员工的积极性。美工及视频剪辑岗位可以从图片和视频的展现量、点击率、成交率进行考核，将这些与经济效益关联不明显的职位与运营岗位相互结合，通过运营岗位的经济效益反馈，客观判断美工和视频剪辑岗位的工作效率，最后根据反馈效果不断完善这些岗位的激励机制，保证其实际薪资水平不低于市场平均值，这样既能提高美工和视频剪辑岗位工作人员的积极性，同时还能提高运营等岗位工作人员的工作效率和质量。

（四）创新培训制度并提高竞争能力

电子商务企业应该由人力资源部门统一创新培训制度，全面提高员工的专业能力水

平，帮助员工了解企业经营理念和掌握工作所需知识，提高员工的竞争能力。电子商务企业人力资源部门应该将工作人员分成不同层级，分别对每个层级的工作人员展开不同程度的培训，保证每个层级的工作人员都可以通过培训提高自身能力水平。人力资源管理部门应该设置培训考核制度，在培训工作完成后对各个部门、各个层级的工作人员进行考核测试，确保工作人员切实掌握培训的知识和能力。电子商务企业当前存在人力资源管理缺位、员工没有长期发展规划、人员选聘机制缺位、缺乏工作激励机制等问题，严重制约了员工的工作积极性，企业整体工作效率难以提升。为了提高电子商务企业的市场竞争力，企业人力资源管理部门必须及时转变管理理念并完善管理体系、完善招聘机制并制定发展策略、构建激励机制并促进人员发展、创新培训制度并提高竞争能力，增强员工的工作积极性，全面提高电子商务企业的经济效益。

第四节　电子商务物流企业的质量管理与服务标准化

一、电子商务物流企业的质量管理标准化

（一）建立质量管理体系

在电子商务物流企业中，制定和实施质量管理体系是确保业务运作高效、客户满意度持续提升的重要举措。质量管理体系旨在确保各项业务流程的标准化、规范化，并符合国家相关法律法规和标准要求。为此，企业可以设立质量管理部门或岗位，专门负责质量管理体系的建立、实施、监督和持续改进。制定和实施质量管理体系需要企业建立一套完善的质量管理体系标准和流程。这包括明确各项业务流程、工作程序以及质量控制点，确保在物流过程的每个环节都有相应的质量管理措施。例如，在订单处理、仓储管理、运输环节等都需要建立相应的标准操作流程，以保证产品或服务的质量和可靠性。企业需要确保质量管理体系符合国家相关法律法规和标准要求。这意味着质量管理体系的建立和实施需要遵循国家相关的质量管理标准和法规，如 ISO 9001 质量管理体系标准等。同时，企业还需不断关注国家法律法规的更新和变化，及时调整和完善质量管理体系，以确保其与法律法规的一致性。

设立质量管理部门或岗位是质量管理体系的重要组成部分。该部门或岗位负责质量管理体系的建立、实施、监督和持续改进。负责制定和修订质量管理体系相关的标准、流程和文件，确保其与业务实践和国家相关法律法规相符。负责质量管理体系的培训和推广，确保员工了解并遵守相关的质量管理要求和标准操作流程。负责监督和审核质量管理体系的执行情况，及时发现并纠正存在的问题和不足。负责组织和指导质量管理体系的内部审核和外部认证，确保质量管理体系的有效性和持续改进。负责收集、分析和反馈质量管理相关的数据和信息，为持续改进提供依据和支持。质量管理部门或岗位还应与企业的其他部门密切合作，共同推动质量管理体系的建立和实施。例如，与采购部门合作确保供应商

的质量管理符合要求，与销售部门合作确保客户的需求得到及时满足，与运营部门合作确保物流过程的质量和效率。在质量管理体系的实施过程中，持续改进是至关重要的。质量管理部门或岗位应定期组织评审和审查，分析质量管理体系的执行情况和效果，及时发现问题和不足，并采取措施进行改进。这种持续改进的理念将有助于企业不断提升业务流程的质量和效率，提高客户满意度，增强市场竞争力。制定和实施质量管理体系对于电子商务物流企业来说至关重要。通过建立完善的质量管理体系标准和流程，确保其符合国家相关法律法规和标准要求；设立质量管理部门或岗位，负责质量管理体系的建立、实施、监督和持续改进，可以有效提升企业的业务质量和竞争力。

（二）配送服务质量

在电子商务物流企业中，建立配送服务评估体系和采用先进的配送技术是提高配送服务质量和效率的重要举措。这些措施旨在确保配送员的服务质量得到有效评估和管理，并通过先进的技术手段提高配送效率和准时率，从而提升客户满意度和企业竞争力。建立配送服务评估体系是确保配送员服务质量的关键步骤。该评估体系应包括一系列评价指标，如配送准时率、服务态度、货物完好率等，以客户满意度为核心目标进行评估。为了有效评估配送员的服务质量，可以采用客户反馈、配送记录、投诉处理情况等多种数据来源，结合定期的评估和考核机制，对配送员的服务表现进行全面评估和监督。配送服务评估体系的建立需要考虑以下几个方面。明确评估指标和标准，确保评估体系的客观性和科学性。建立有效的数据收集和分析机制，及时收集和分析评估数据，发现问题并提出改进措施。定期组织评估和考核活动，对配送员的服务质量进行定期评估和监督，并根据评估结果给予相应的奖励或处罚，激励配送员提高服务质量。

采用先进的配送技术和路线规划工具是提高配送效率和准时率的有效途径。随着物流技术的不断发展，各种先进的配送技术和工具不断涌现，如智能路线规划系统、配送跟踪系统、无人机配送等。这些技术可以帮助企业优化配送路线，提高配送效率和准时率，降低配送成本和风险。例如，智能路线规划系统可以根据实时交通情况和配送需求，自动优化配送路线，减少配送时间和里程，提高配送效率和准时率。配送跟踪系统可以实时监控配送进度和货物状态，及时掌握配送情况，提高配送的可见性和透明度。无人机配送等先进技术则可以实现远程配送和快速配送，提高配送效率和灵活性。除了采用先进的配送技术，还可以利用大数据分析和人工智能等技术手段，优化配送策略和预测配送需求，进一步提高配送效率和准时率。通过分析历史配送数据和客户需求，可以制定更科学合理的配送策略，提高配送效率和客户满意度。建立配送服务评估体系和采用先进的配送技术是提高电子商务物流企业配送服务质量和效率的重要措施。通过建立科学合理的评估体系，对配送员的服务质量进行定期评估和监督，以及采用先进的配送技术和工具，可以提高配送效率和准时率，提升客户满意度，增强企业竞争力。因此，企业应该重视质量管理工作，不断完善和优化配送服务体系，实现持续改进和创新。

二、电子商务物流企业的服务标准化

（一）明确服务标准

1. 订单处理

服务内容：接收、确认和处理客户订单，包括订单信息核对、库存检查等。服务质量要求：确保订单处理流程及时、准确，减少错误率。服务时间要求：订单确认后的处理时间应在 24 小时内完成，保证订单及时出库。

2. 仓储管理

服务内容：负责仓库内物品的存放、分类、整理和管理，确保货物安全、清晰地存放。服务质量要求：严格执行先进的库存管理系统，减少库存错误、丢失和损坏。服务时间要求：货物收到后应立即入库，确保及时更新库存信息。

（二）技术支持与工具应用

利用信息技术和物流管理系统支持服务标准化，是电子商务物流企业提高工作效率和服务质量的重要手段。通过引入先进的物流设备和工具，如条码扫描器、智能仓储系统等，可以有效地提升操作过程的准确性和高效性。这些技术和系统的运用，不仅可以简化物流操作流程，还可以实现对货物流转、库存管理等环节的精准监控。通过电子商务平台与物流管理系统的无缝对接，订单处理过程可以实现自动化，减少人为错误和延误，提高订单处理效率和准确性。利用物流管理系统的实时跟踪功能，顾客和企业可以随时了解货物的运输状态和位置，提高了物流信息的透明度，增强了顾客对服务的信任感。智能仓储系统可以实现对库存的精准管理和预测，根据需求实时调整货物存放位置和数量，最大限度地提高仓储空间利用率，并确保货物的及时供应。通过物流管理系统对各项数据进行分析，可以发现潜在的问题和瓶颈，并及时进行优化和改进，持续提升服务质量和工作效率。通过不断引入先进技术和系统，不仅可以提高企业的竞争力，还可以为顾客提供更加高效、可靠的物流服务。

（三）质量控制与监督

设立质量控制部门或岗位是确保电子商务物流企业服务标准化的关键举措之一。质量控制部门负责监督各项服务操作流程的执行情况，包括订单处理、仓库管理、配送等环节，确保按照规定的标准和流程进行。质量控制部门负责及时发现服务执行过程中存在的问题和异常情况，针对性地进行整改和改进，以确保服务质量和客户满意度。质量控制部门负责建立完善的质量评估机制，包括评估指标、评估方法和评估周期等，以确保服务质量能够持续改进和提升。质量控制部门定期对各项服务质量进行评估和监测，通过客户反馈、内部审核等方式收集相关数据和信息，为改进服务提供依据。质量控制部门负责分析评估结果，找出存在的问题和改进空间，并提出改进措施和建议。质量控制部门与相关部门合作，推动改进措施的实施和落实，确保服务标准的达标和持续改进。通过以上措施，电子商务物流企业可以建立起完善的服务标准化体系，提高工作效率和服务质量，满足客户需求，提升竞争力。

第三章　电子商务物流供应链管理

第一节　电子商务物流供应链的概念与特点

一、电子商务物流供应链的概念

电子商务物流供应链是指在电子商务环境下，商品从生产者到消费者之间的物流运作和供应链管理过程。它涵盖了从采购原材料、生产加工、仓储管理、配送运输到售后服务等环节的全过程。在电子商务物流供应链中，信息技术发挥了关键作用，使得各个环节之间的信息流、物流和资金流实现了高度的集成和协同。这种集成和协同的方式可以使得供应链的运作更加高效、灵活和可控，从而降低成本、提高服务质量，增强市场竞争力。

二、电子商务物流供应链的特点

（一）信息化和数字化程度高

1. 高度数字化

电子商务物流供应链具有高度数字化的特点，订单处理、库存管理、物流跟踪等环节都依赖于电子系统和数字化平台进行操作和管理。通过电子化的操作和信息管理，实现了供应链的全程可控和实时监控，提高了供应链的透明度和响应速度。

2. 实时性和准确性

信息技术的应用使得供应链中的各个环节能够实现信息的实时传递和处理，保证了订单处理、库存管理和物流跟踪等工作的实时性和准确性。消费者下单后，系统能够立即反馈订单信息，同时库存管理系统能够实时更新库存状态，物流跟踪系统也能够实时追踪货物的位置和运输情况，从而及时地提供准确的信息给消费者和供应链各个环节。

3. 信息共享和协同合作

电子商务物流供应链强调信息共享和协同合作，各个环节之间能够实现信息的无缝对接和共享，使得整个供应链能够实现高效的协同合作。供应商、生产商、物流服务商、零售商等各个参与方之间能够通过信息系统实现信息的即时共享和沟通，提高了供应链的协同性和整体效率。

4. 数据驱动和智能化

电子商务物流供应链强调数据驱动和智能化管理，通过大数据分析和人工智能技术，实现对供应链数据的深度挖掘和分析，从而优化供应链的各个环节。通过对销售数据、库存数据和物流数据的分析，能够及时发现问题和优化空间，提高供应链的效率和运营水平。电子商务物流供应链的特点主要体现在高度数字化、实时性和准确性、信息共享和协同合作、灵活性和适应性、数据驱动和智能化等方面。这些特点使得电子商务物流供应链能够更加高效、灵活和智能地满足消费者的需求，促进整个供应链的健康发展和持续创新。

（二）网络化和虚拟化特征

随着电子商务的迅速发展，物流供应链也随之进入了一个全新的时代。传统的物流供应链管理方式已经逐渐被基于网络平台的电子商务物流供应链所取代。这一新型供应链模式具有许多独特的特点，它们改变了传统供应链的结构和运作方式，为企业带来了巨大的商机和挑战。电子商务物流供应链具有网络化的特征。各个参与方，包括生产商、供应商、物流服务提供商、零售商等，都通过网络平台进行联系和协作，不受地域限制。这种网络化的特征使得供应链更加灵活，可以快速响应市场需求。传统的物流供应链通常受制于地理位置和时间的限制，而电子商务物流供应链则通过网络平台打破了这些限制，实现了信息的实时共享和交流，从而使得供应链更加高效。电子商务物流供应链具有信息化的特点。通过网络平台，参与方可以实现信息的实时监控和管理。生产商可以随时了解市场需求的变化，及时调整生产计划；供应商可以实时掌握库存情况，及时补充货源；物流服务提供商可以实时跟踪货物的运输情况，保障货物的安全送达。

信息化的特点使得供应链的各个环节更加透明和可控，有助于降低供应链的运营成本，提高供应链的运作效率。电子商务物流供应链具有个性化定制的特点。通过网络平台，企业可以实现对客户需求的个性化定制。根据客户的需求和偏好，企业可以灵活调整产品的设计、生产和配送方案，实现供应链的个性化服务。个性化定制的特点使得企业能够更好地满足客户的需求，提高客户满意度，从而增强市场竞争力。电子商务物流供应链具有智能化的特点。随着物联网、大数据、人工智能等新技术的发展，电子商务物流供应链越来越趋向于智能化。企业可以通过物联网技术实现对供应链的实时监控和管理；可以通过大数据分析技术实现对市场需求和客户行为的深度分析；可以通过人工智能技术实现对供应链的智能优化和决策。智能化的特点使得供应链能够更加智能化、自动化地运作，提高运作效率，降低运营风险。电子商务物流供应链具有网络化、信息化、个性化定制和智能化等特点，这些特点改变了传统供应链的结构和运作方式，为企业带来了巨大的商机和挑战。随着电子商务和物流技术的不断发展，电子商务物流供应链将会进一步完善和发展，成为推动企业发展的重要动力。

（三）快速反应能力强

随着电子商务的蓬勃发展，电子商务物流供应链以其高效响应市场需求变化的特性，成为了当今商业环境中的重要推动力。这一特性的背后，是信息传递和处理的高效性，使得订单处理、库存管理等环节能够实现即时更新，从而更快地调整生产计划和配送方案。电子商务物流供应链的高效响应能力得益于信息传递的迅速和实时性。通过网络平台，各个参与方能够实时地共享信息，包括订单信息、库存情况、运输状态等。这种实时信息的共享和传递，使得供应链的各个环节能够及时了解市场需求的变化，从而更快地作出反应。例如，当某个产品的需求突然增加时，企业可以通过网络平台立即获取这一信息，并迅速调整生产计划，增加生产量，以满足市场需求。电子商务物流供应链的高效响应能力得益于信息处理的智能化和自动化。

电子商务物流供应链的高效响应能力还得益于供应链的灵活性和可定制性。通过网络平台，企业可以灵活地调整供应链的各个环节，包括生产计划、供应商选择、运输方式等。例如，当某个供应商无法按时供货时，企业可以通过网络平台快速找到替代供应商，并调整订单和配送方案，以保证供应链的顺畅运作。这种灵活性和可定制性使得供应链能够更快地适应市场的变化，提高了响应速度。电子商务物流供应链的高效响应能力对企业具有重要的意义。在竞争激烈的市场环境中，能够快速响应市场需求变化，是企业保持竞争优势的关键之一。电子商务物流供应链通过信息传递和处理的高效性，使得企业能够更快地调整生产计划、优化配送方案，提高供应链的运作效率，降低运营成本，从而增强了企业的市场竞争力。电子商务物流供应链的高效响应能力是其独特的特点之一，它通过信息传递和处理的高效性，使得企业能够更快地调整生产计划和配送方案，以应对市场需求的变化。这一特点对于企业来说具有重要的意义，能够帮助企业保持竞争优势，实现持续发展。随着电子商务和物流技术的不断发展，电子商务物流供应链的高效响应能力将会进一步增强，为企业带来更多的商机和挑战。

（四）供应链协同作用明显

电子商务物流供应链作为一个综合性的商业生态系统，各个环节之间的协同作用日益显著。生产商、供应商、物流服务商等各方通过电子平台共享信息，实现了生产、销售和物流的一体化管理。这种协同作用的特点，不仅提高了供应链的运作效率，还为企业带来了更多的商业机会和竞争优势。电子商务物流供应链的协同作用体现在信息共享和实时更新上。通过网络平台，生产商、供应商、物流服务商等各方可以实时地共享信息，包括订单信息、库存情况、运输状态等。这种实时信息的共享和更新，使得各个环节之间能够及时了解市场需求的变化和供应链的运作情况，从而更加有效地进行协调和合作。例如，当某个产品的需求突然增加时，生产商可以通过网络平台立即获取这一信息，并通知供应商加快供货速度，通知物流服务商加大运输力度，从而保证产品能够及时送达客户手中。电子商务物流供应链的协同作用体现在生产、销售和物流的一体化管理上。通过电子平台，生产商、供应商和物流服务商之间建立了紧密的合作关系，实现了生产、销售和物流的无缝对接。例如，生产商可以根据销售订单实时调整生产计划，供应商可以根据生产计划实时调整供货计划，物流服务商可以根据供货计划实时调整运输方案，从而实现了生产、销售和物流的协同管理。这种一体化管理的模式，使得供应链的各个环节能够更加紧密地配合，提高了供应链的整体效率和运作水平。

电子商务物流供应链的协同作用还体现在风险共担和共赢上。在传统的物流供应链中，各个环节往往是相对独立的，一旦出现问题，可能会导致整个供应链的瘫痪。而在电子商务物流供应链中，各个环节之间建立了紧密的合作关系，形成了利益共享和风险共担的合作模式。例如，当物流服务商遇到交通堵塞或天气恶劣时，生产商和供应商可以通过电子平台实时了解情况，并共同协商解决方案，以最小化风险和损失。这种合作共赢的模式，使得供应链的各个参与方能够共同面对挑战，共同分享成功，形成了良性的合作循环。电子商务物流供应链的协同作用对企业的发展具有重要意义。在竞争激烈的市场环境中，能够实现供应链各环节的协同作用，是企业保持竞争优势的关键之一。电子商务物流供应链通过信息共享、一体化管理、风险共担等方式，促进了各个环节之间的紧密合作，提高了供应链的运作效率和灵活性，从而使得企业能够更好地适应市场的变化，实现持续发展。

（五）可追溯性和透明度高

电子商务物流供应链的发展带来了全程可视化的新时代。从生产环节到配送环节，每个环节都可以进行实时监控和追踪，使得整个供应链的运作过程变得透明而高效。这种全程可视化不仅提升了供应链的透明度，还显著提高了管理效率，为企业带来了诸多优势。电子商务物流供应链的全程可视化使得各个环节的运作过程清晰可见。通过电子平台，生产商、供应商、物流服务商等参与方可以实时监控和追踪订单的流动情况、货物的运输状态、库存的变化等信息。这种实时监控和追踪使得企业能够清晰地了解整个供应链的运作情况，及时发现和解决问题，从而提高了运营的透明度和可控性。电子商务物流供应链的全程可视化使得供应链的管理更加高效。通过电子平台，企业可以实现对供应链的实时管理和优化。电子商务物流供应链的全程可视化还有助于优化资源配置。通过电子平台，企业可以清晰地了解各个环节的运作情况和资源利用率，从而合理调配资源，优化供应链的运作效率。例如，当某个环节出现资源闲置或过载时，企业可以通过电子平台及时调整资源配置，以最大程度地提高资源利用率，降低运营成本。电子商务物流供应链的全程可视化还有助于提升服务质量。通过电子平台，企业可以实时了解客户的需求和反馈，从而及时调整服务方案，提高客户满意度。例如，企业可以通过电子平台实时追踪订单的配送情况，及时处理客户的投诉和问题，提供更加优质的配送服务。这种提升服务质量的举措，不仅增强了客户对企业的信任和忠诚度，还有助于拓展市场份额，提升企业竞争力。电子商务物流供应链的全程可视化在提升供应链透明度和管理效率方面发挥着重要作用。通过实时监控和追踪，使得各个环节的运作过程清晰可见，为企业提供了及时的决策依据；通过优化资源配置，提高了供应链的运作效率和响应速度；通过提升服务质量，增强了客户对企业的信任和忠诚度。随着电子商务和物流技术的不断发展，电子商务物流供应链的全程可视化将会进一步完善和发展，为企业带来更多的商机和竞争优势。

第二节　电子商务物流供应链的设计与优化

一、电子商务物流供应链的设计

（一）需求规划与预测

1. 建立数据收集与分析系统

在电子商务物流供应链中，数据是预测市场需求和进行库存规划的基础。因此，建立一个完善的数据收集与分析系统至关重要。这个系统可以涵盖各个环节，包括销售数据、库存数据、市场调研数据等。通过收集和整合这些数据，企业可以更准确地了解市场的需求趋势，从而进行精准的需求预测和库存规划。利用历史数据和市场调研进行需求预测。历史数据是预测未来市场需求的重要依据。企业可以通过分析历史销售数据和市场调研数据，了解产品的季节性变化、销售趋势和消费者偏好，从而预测未来的市场需求。例如，可以通过历史销售数据和市场调研数据分析出产品的销售峰值和低谷期，以及不同地区和不同时间段的销售情况，从而制定相应的销售预测和库存规划。

2. 建立销售预测模型和库存规划模型

基于历史数据和市场调研结果，企业可以建立销售预测模型和库存规划模型，用于预测未来的市场需求和制定相应的库存规划。销售预测模型可以采用时间序列分析、回归分析、人工神经网络等方法，对未来的销售趋势进行预测；库存规划模型可以采用动态规划、蒙特卡洛模拟、线性规划等方法，对未来的库存需求进行优化和规划。这些模型可以根据实际情况进行调整和优化，以提高预测准确性和库存利用率。

3. 制定采购计划和库存管理策略

根据销售预测和库存规划结果，企业可以制定相应的采购计划和库存管理策略。采购计划可以包括采购数量、采购时间和供应商选择等内容，以确保及时供应和避免库存积压；库存管理策略可以包括安全库存水平、订货点和重新订货点等内容，以确保库存的合理管理和控制。这些计划和策略可以根据市场需求的变化进行调整和优化，以适应不断变化的市场环境。

4. 建立供应链协同管理机制

在电子商务物流供应链中，各个环节之间的协同作用至关重要。因此，建立一个供应链协同管理机制是保证市场需求预测和库存规划有效执行的关键。通过电子平台，生产商、供应商、物流服务商等参与方可以实时共享信息，协同应对市场变化，及时调整生产计划和采购计划，以确保供应链的高效运作。设计一个有效的电子商务物流供应链，实现市场需求的准确预测和库存的合理规划，需要建立完善的数据收集与分析系统，利用历史数据和市场调研进行需求预测，建立销售预测模型和库存规划模型，制定采购计划和库存管理策略，并建立供应链协同管理机制。通过这些措施的实施，企业可以更好地适应市场的变化，提高供应链的运作效率和竞争力。

（二）供应商选择与管理

建立稳定可靠的供应链是电子商务物流供应链设计中至关重要的一环。通过筛选和选择可靠的供应商，并建立供应商管理体系，企业可以确保物流供应链的稳定性和可靠性，从而有效应对市场需求趋势，进行需求预测，并制定合理的库存规划和采购计划。企业需要对潜在的供应商进行严格的筛选和选择。在选择供应商时，企业应该考虑诸多因素，包括产品质量、交货能力、价格竞争力、售后服务等。企业可以通过市场调研、供应商评估和对比以及客户反馈等方式，对供应商进行综合评估和排名，从而确定最合适的供应商合作伙伴。企业需要建立完善的供应商管理体系。这一体系应包括供应商评估、合同管理、供应链协同等方面。供应商评估阶段，企业可以通过定期的供应商绩效评估，评估供应商的交货准时率、产品质量、服务水平等指标，及时发现问题并与供应商合作改进。在合同管理方面，企业应建立合同管理制度，明确双方的权责，规范供应商的行为。此外，供应链协同也至关重要，企业应与供应商建立紧密的合作关系，共同应对市场变化，提高供应链的灵活性和响应速度。

加强与供应商的沟通和合作是保持供应链稳定和可靠性的关键。定期的沟通会议、电话会议，以及信息共享平台的建立都是有效的沟通方式。通过沟通，企业可以及时了解供应商的生产情况、供应情况以及市场反馈等信息，从而调整自身的采购计划和库存规划，确保供应链的稳定运作。企业还可以利用信息技术手段加强与供应商的沟通和合作。建立供应链管理系统，实现与供应商之间的信息共享和实时交流。通过这些系统，企业可以实现对供应链各个环节的实时监控和管理，及时发现问题并采取措施解决，提高供应链的运作效率和响应速度。筛选和选择可靠的供应商，并建立供应商管理体系，加强与供应商的沟通和合作，是电子商务物流供应链设计中至关重要的一环。这些举措不仅有助于确保供应链的稳定性和可靠性，还能够有效应对市场需求趋势，进行需求预测，并制定合理的库存规划和采购计划，为企业持续发展提供有力支撑。

二、电子商务物流供应链的优化

（一）电子商务环境下，优化物流供应链管理的意义

1. 提升客户满意度

一方面，消费者在选择购物平台时，快速交付是一个关键考量因素。通过优化物流供应链管理，企业能够更有效地进行订单处理、库存管理和配送安排，确保产品能够按时送达消费者手中。这种准时交付不仅能提高客户满意度，还能增强消费者对企业的信任感。合物另一方面，优化后的物流供应链管理提供了更高的信息透明度和可追溯性。消费者可以实时追踪他们的包裹，了解其配送进度。这种透明度有助于减少消费者的焦虑感，进而提高对购物体验的满意度。此外，经过优化的物流供应链管理，企业能够提供更多灵活的配送选项，如快递、普通邮寄、自提等，以满足消费者的不同需求。这种灵活性使得消费

者更容易选择最适合自己的配送方式，从而进一步提高了客户满意度。当物流供应链管理得到优化时，企业也能更好地处理退换货和售后服务，增强消费者对企业的忠诚度。

2. 提高整体运营效率

通过精细化管理和流程优化，可以显著缩短订单从下单到交付的时间，从而减少库存滞留时间，并降低整体物流周转时间。这种优化能够显著提升订单处理效率，同时有效降低库存成本，减少资金占用，从而促进资金的快速周转。通过供应链各环节的协同作用，企业可以实现库存资源的最大化利用，有效避免库存过剩或短缺的情况。这不仅可以提高库存周转率，降低仓储成本，同时还可以增强供应链的稳定性。另外，优化的物流供应链管理可以简化订单处理流程，减少人为错误和重复工作，提高订单处理的准确性和效率。通过自动化技术和信息系统的支持，企业可以加快订单处理的速度，并提高订单的及时性和准确性。在物流运输方面，企业还可以选择最优的运输方案和合作伙伴，优化运输路线，减少货物损耗和丢失的可能性，进而降低额外的损失费用。更重要的是，通过对物流供应链的数据进行分析，企业可以发现其中的瓶颈和问题点，并及时调整和改进供应链的各个环节，提高运营效率。

（二）电子商务环境下的物流供应链管理优化策略

1. 应用信息技术

应用信息技术是优化物流供应链管理的重要策略，它涵盖了众多领域的创新与运用，如智能化仓储管理、数据分析与预测、物流信息可视化、供应链协同平台、物流大数据平台以及无人化物流配送等。其中，智能化仓储管理主要借助物联网技术，如 RFID 标签、传感器等设备，实现货物的自动识别与跟踪，大幅提升仓储操作的准确性和效率。数据分析与预测则运用大数据分析技术，深度剖析销售数据、需求数据、库存数据等，揭示潜在规律和趋势。物流信息可视化利用信息技术将物流信息以可视化形式呈现，通过仓储管理系统和物流管理系统实时获取货物运输、配送状态和位置信息，实现物流过程的实时监控和调度，从而提高运输效率和准时交付率。供应链协同平台通过云计算技术和供应链管理软件，实现企业与供应商、物流服务商之间的信息共享和协同作业。供应商可以根据订单信息实时安排生产和供货，物流服务商则可以根据订单需求提前规划运输计划，实现整个供应链的协同优化。物流大数据平台则是一个集数据整合、分析于一体的平台，为决策提供更全面的依据。在实际应用中，企业在引入上述技术时需充分考虑企业的实际情况和需求，结合具体的业务流程和管理模式，逐步推进信息技术在物流供应链管理中的应用，以实现更高效、智能、灵活的物流供应链管理模式。

2. 优化运输网络

通过合理规划和管理运输网络，可以显著提高物流效率并降低运输成本，从而为电子商务企业赋予竞争优势。对此，企业要先根据货物的性质、数量、目的地等因素，选择最合适的运输模式。例如，对于大宗货物或者长途运输，可以选择铁路、水运等更经济的多式联运方式，而对于小件、急件货物，则可以选择快递、空运等迅速且可靠的运输方式。

这样的选择不仅能降低成本，而且能提高效率。同时，针对不同的目的地和货物流向，企业需要进行合理的路线规划和优化，包括根据交通状况、运输距离、运输时间等因素进行全面考虑，通过优化路线来减少运输时间和成本，并提高货物的及时性和可靠性。另外，在物流运输网络中，仓储节点的布局也是需要重视的环节。合理的仓储节点布局可以减少运输距离和运输时间，进而提高运输效率。对于跨境电商来说，还需要考虑海外仓的设置，以提高跨境物流的效率和服务质量。当然，在电子商务环境下，最后一公里配送也是非常重要的一环。通过合理的配送调度，可以降低配送成本并提高配送效率，包括应用智能路由规划、多维度配送资源调度等技术手段，以实现个性化、灵活的配送服务。

3. 优化合作伙伴关系

优化合作伙伴关系在物流供应链管理中具有重要作用。通过有效的合作伙伴管理，电子商务企业可以提高物流效率、降低成本、提升服务质量。为了选择到与企业战略和价值观相契合的合作伙伴，电子商务企业需要对潜在的合作伙伴进行严格的筛选与评估，包括考察合作伙伴的资质、信誉、服务水平等方面的情况。在确定合作伙伴后，双方需要签订明确的合作合同与协议，明确双方的权利与义务、服务标准、费用结构等内容，以规范合作关系，减少潜在的合作风险。同时，建立良好的信息共享机制和沟通渠道对于优化合作伙伴关系至关重要。通过及时分享市场信息、需求变化等数据，合作伙伴能够更好地协调资源，提高响应速度和服务水平。此外，电子商务物流供应链中的各个环节的合作伙伴之间需要实现协同合作，通过共同优化物流流程、提升配送效率，能够降低整体物流成本、提高供应链反应速度。而建立合理的绩效评估体系和激励机制，可以激发合作伙伴的积极性和责任心。通过设定合理的 KPI 指标、奖惩机制，能够促进合作伙伴持续改进和优化服务质量。为合作伙伴提供必要的技术支持和培训，帮助他们提升服务水平和运营效率。例如，为合作伙伴提供物流管理系统的接入支持，共同打造高效的物流信息化系统。当然，建立完善的风险管理机制和应急预案也是必不可少的。这有助于共同应对可能出现的突发情况，保障合作伙伴关系的稳定性和可持续性。优化合作伙伴关系需要建立在相互信任、长期合作的基础上，并通过共同合作、信息共享、绩效评估等手段，实现合作伙伴关系的优化和协同发展。这样可以为电子商务企业打造稳定、高效的物流供应链，提升企业竞争力和客户满意度。

4. 优化仓储和库存管理

通过有效的仓储和库存管理策略，企业可以提高订单处理效率、降低库存成本、减少资金占用，进而提升客户满意度和整体运营效率。为了实现这一目标，电子商务企业可以利用销售数据、市场需求预测等信息，采用先进的库存规划技术。例如基于需求预测的库存模型和安全库存水平的设定等，以最大限度地减少库存积压和缺货现象。此外，根据不同地区的订单需求，企业可以通过合理的多仓库布局来优化产品的存储和配送。根据订单量、地理位置等因素，合理分配商品库存到各个仓库，以降低配送距离和时间，提高配送效率。而引入自动化仓储设备和系统，如智能仓储机器人、自动化拣货系统等，可以提高仓储操作效率，减少人力成本，同时降低误差率，保证订单处理的精准性和时效性。另外，建立严格的库存盘点制度并定期进行库存盘点，及时发现并解决库存异常情况。利用信息化手段，实现对库存的实时监控和管理，确保库存数据的准确性和可靠性。与供应商、物流合作伙伴等共享销售预测、库存情况等信息，实现供应链的信息协同和响应速度的提升。通过合理的库存周转率控制和供应链金融服务，优化库存周转，减少库存资金占用成本，提高资金利用效率，优化企业资金回笼速度。与物流合作伙伴密切合作，优化运输和配送方案，以减少库存滞留时间和成本，提高订单配送的及时性和准确性。在电子商务环境下优化物流供应链管理需要综合考虑信息技术、运输网络、合作伙伴关系和仓储与库存管理等方面。通过应用信息技术、优化运输网络、优化合作伙伴关系以及优化仓储和库存管理，企业可以提升物流效率，降低成本，获得持续的竞争优势。这些优化策略不仅能够帮助企业更好地应对电子商务环境下的挑战，也能够为客户提供更优质的物流服务，进一步推动整个电子商务行业的发展。

第三节　电子商务物流供应链的协调与整合

一、电子商务物流供应链的协调

（一）信息共享与沟通

在电子商务物流供应链中，建立畅通的信息共享渠道是确保供应链协调和高效运作的关键。各参与方需要及时传递订单、库存、运输等信息，以保持供应链的顺畅。电子商务平台通常提供订单管理系统等工具，使得各参与方能够实时获取所需信息，从而促进沟通与协作。电子商务物流供应链的协调依赖于信息的及时传递与共享。在传统的物流供应链中，信息传递通常是通过电子邮件、传真等方式进行，存在信息传递不及时、不准确的问题。而在电子商务平台上，各参与方可以通过订单管理系统等工具实现信息的实时共享和更新。生产商可以通过系统了解订单需求，供应商可以及时获取订单信息进行备货，物流服务商也能实时了解运输需求。这种信息的即时传递和共享，为供应链的协调和顺畅提供了重要保障。电子商务物流供应链中建立起畅通的信息共享渠道，有助于提高供应链的灵活性和响应速度。通过电子商务平台提供的订单管理系统，各参与方可以随时了解订单情况和市场需求的变化，从而灵活调整生产计划、供货计划和运输方案。例如，当市场需求突然增加时，生产商可以及时调整生产计划，供应商可以快速补充货源，物流服务商也能迅速调整运输路线，以满足市场需求。建立起畅通的信息共享渠道，有助于提高供应链的透明度和可见性。通过电子商务平台提供的订单管理系统，各参与方可以实时了解订单、库存、运输等关键信息，从而了解整个供应链的运作情况。这种透明度和可见性，使得供应链的各个环节都能够被有效监控和管理，有助于发现和解决问题，提高了供应链的运作效率和质量。

建立起畅通的信息共享渠道，还有助于加强供应链各方之间的沟通和合作。通过电子商务平台提供的订单管理系统，各参与方可以实时交流信息、沟通问题、协商解决方案，从而加强了合作关系，提高了团队协作效率。这种沟通与合作，有助于建立起良好的信任关系，为供应链的持续发展打下了坚实的基础。电子商务物流供应链中建立起畅通的信息共享渠道，还有助于降低运营成本。通过电子商务平台提供的订单管理系统，各参与方可以实现信息的自动化处理和管理，减少了人力和时间成本。此外，通过实时的信息共享和更新，可以降低库存水平，避免库存积压和过剩，从而减少了库存成本。这种降低运营成本的效应，有助于提高企业的竞争力和盈利能力。建立起畅通的信息共享渠道是电子商务物流供应链设计中不可或缺的一环。通过电子商务平台提供的订单管理系统等工具，各参与方可以实时获取所需信息，促进沟通与协作。这种信息共享的机制不仅提高了供应链的协调和灵活性，还提高了供应链的透明度和可见性，降低了运营成本，为企业的持续发展提供了有力支撑。

（二）供应链绩效评估

1. 对供应链的绩效评估

通过定期对供应链的绩效进行评估与反馈，可以识别问题并采取改进措施，建立供应链绩效指标体系，监控关键指标，及时调整策略和措施，以确保供应链的持续优化与协调。建立供应链绩效评估体系是协调供应链的重要步骤之一。供应链绩效评估体系应该包括多个方面的指标，如交货准时率、库存周转率、订单处理时间、客户满意度等。这些指标能够全面反映供应链各个环节的运作情况，帮助企业全面了解供应链的绩效状况。定期对供应链的绩效进行评估与反馈是实现供应链协调的重要手段。通过定期的绩效评估，企业可以发现供应链运作中存在的问题和不足之处，及时采取改进措施。例如，如果某个环节的交货准时率较低，企业可以与供应商进行沟通，优化交货流程，提高交货准时率；如果某个环节的库存周转率较低，企业可以优化库存管理策略，减少库存成本。

2. 对供应链的绩效进行反馈

供应链绩效指标体系应该具有科学性和全面性，能够客观地评估供应链各个环节的运作情况。例如，可以通过制定交货准时率、订单处理时间、库存周转率等指标，评估供应链的运作效率和效果，及时发现问题并采取改进措施。监控关键指标并及时调整策略和措施是确保供应链持续优化与协调的关键。通过建立供应链绩效评估体系，企业可以实现对关键指标的监控和分析，及时发现问题并采取相应措施。例如，如果某个环节的绩效指标出现异常波动，企业可以及时调整策略和措施，保证供应链的持续优化与协调。建立健全的供应链绩效评估体系，定期对供应链的绩效进行评估与反馈，建立供应链绩效指标体系，监控关键指标并及时调整策略和措施，是实现电子商务物流供应链协调的重要步骤。这些举措有助于发现问题并采取改进措施，保证供应链的持续优化与协调，从而提高企业的竞争力和市场表现。

二、电子商务物流供应链的整合

（一）流程优化与标准化

1. 供应链流程评估和分析

在电子商务物流供应链的整合中，对供应链的各个环节进行流程优化和标准化是至关重要的。通过制定统一的流程和标准，简化操作步骤，减少重复劳动，可以提高工作效率，确保各个环节之间的协同配合，从而提升供应链的整体运作效率和竞争力。对供应链的各个环节进行流程优化是实现供应链整合的重要一环。流程优化是指对现有的供应链流程进行全面评估和分析，识别出其中的瓶颈和问题，然后采取相应的措施对流程进行优化，以提高运作效率和降低成本。例如，可以通过流程重组和精简，优化订单处理流程、库存管理流程、运输配送流程等，减少流程中的冗余环节和等待时间，提高流程的效率和响应速度。对供应链的各个环节进行标准化是实现供应链整合的关键一步。标准化是指制定统一的操作标准和流程规范，使得各个环节之间的工作能够按照统一的标准进行，确保协同配合和无缝衔接。例如，可以制定统一的订单处理标准、库存管理标准、运输配送标准等，明确各个环节的职责和操作流程，降低因为不一致而导致的错误和延误，提高工作效率和准确性。建立统一的信息系统和数据平台是实现供应链整合的重要手段。通过建立统一的信息系统和数据平台，可以实现对供应链各个环节的实时监控和数据共享，促进信息的流通和沟通，提高供应链的可见性和透明度。例如，可以利用电子商务平台提供的订单管理系统、库存管理系统、物流跟踪系统等，实现对订单、库存、运输等关键信息的实时监控和管理，从而及时发现问题并采取相应措施解决，提高供应链的运作效率和灵活性。

2. 建立跨部门和跨组织的协作机制

通过建立跨部门和跨组织的协作机制，可以促进各个环节之间的沟通和合作，实现资源的共享和优化，从而提高供应链的整体协同效率和竞争力。例如，可以建立跨部门的供应链管理团队，负责统筹和协调供应链各个环节的工作，解决跨部门之间的协作问题，确保供应链的协同运作。持续的监督和改进是确保供应链整合持续有效的关键。企业应该定期对供应链的运作情况进行监督和评估，发现问题并采取及时的改进措施，以确保供应链的持续优化和协调。同时，企业还应该不断地学习和借鉴行业内外的先进经验和最佳实践，不断完善和提升供应链整合的水平，以适应市场的变化和发展。对供应链的各个环节进行流程优化和标准化是实现电子商务物流供应链整合的关键步骤之一。通过流程优化和标准化，建立统一的流程和标准，简化操作步骤，减少重复劳动，可以提高工作效率，确保各个环节之间的协同配合，从而提升供应链的整体运作效率和竞争力。

（二）物流网络优化

优化电子商务物流供应链的物流网络结构和布局是提高配送效率和服务水平的关键。通过合理规划仓储中心和配送中心的位置，优化配送路线和运输方式，可以降低物流成本，提高配送速度，从而实现供应链的整合和优化。优化物流网络结构和布局需要考虑仓储中心和配送中心的位置。仓储中心的位置应该选择在交通便利、距离主要市场较近的地区，以便及时供货和快速配送。而配送中心的位置则应该考虑到服务范围和运输距离，使得配送范围覆盖更广，同时减少配送路程和时间成本。通过合理规划仓储中心和配送中心的位置，可以优化物流网络结构，提高物流效率。优化配送路线和运输方式是提高配送效率和服务水平的关键。通过利用物流管理系统和智能路线规划技术，企业可以优化配送路线，减少空驶里程和配送时间，提高配送效率。同时，选择合适的运输方式也是至关重要的。根据不同的货物特性、配送距离和时间要求，企业可以选择合适的运输方式，如陆运、海运、空运等，以降低物流成本，提高配送速度和服务水平。

优化物流网络结构和布局还需要考虑供应链各个环节之间的协同配合。通过制定统一的流程和标准，简化操作步骤，减少重复劳动，提高工作效率。例如，可以建立统一的订单处理流程和配送流程，明确各个环节的责任和工作流程，确保订单的及时处理和准确配送。通过优化物流网络结构和布局，提高配送效率和服务水平，进而实现供应链的整合和协同。优化电子商务物流供应链的物流网络结构和布局需要持续改进和优化。随着市场需求和技术的变化，物流网络结构和布局也需要不断调整和优化。企业应该密切关注市场动态和竞争对手的变化，及时调整物流网络结构和布局，以适应市场的变化，提高供应链的竞争力和市场表现。

（三）合作伙伴关系管理

建立稳固的合作伙伴关系对于电子商务物流供应链的整合至关重要。通过与供应商、物流服务商等合作伙伴密切合作，共同解决问题，共同优化供应链，可以实现资源和技术的共享，优势互补，从而提高整体竞争力。建立稳固的合作伙伴关系需要双方建立信任和合作基础。在选择合作伙伴时，企业应该考虑供应商、物流服务商等方面的信誉、实力、服务水平等因素，选择那些与自身业务相匹配、信誉良好、服务优质的合作伙伴。双方应该建立长期稳定的合作关系，通过互相信任和支持，共同实现供应链的优化和发展。与合作伙伴密切合作，共同解决问题，共同优化供应链是实现供应链整合的关键。合作伙伴之间应该建立畅通的沟通渠道，及时交流信息，共同分析和解决供应链中的问题和难题。例如，在供应商方面，企业可以与供应商合作优化供应链的供应计划和生产计划，共同解决供应延迟、质量问题等；在物流服务商方面，企业可以与物流服务商合作优化配送路线、提高配送效率等，共同解决配送延误、损坏等问题。

通过共享资源和技术，实现优势互补是实现供应链整合的重要手段之一。合作伙伴之间可以共享资源和技术，实现优势互补，提高整体竞争力。例如，企业可以与供应商共享产品设计、市场信息等资源，帮助供应商更好地满足市场需求；与物流服务商合作，共享物流信息系统、运输网络等技术，提高配送效率和服务水平。建立稳固的合作伙伴关系需要双方不断进行合作评估和改进。企业应该定期对合作伙伴的绩效进行评估，及时发现问题并采取措施改进。通过建立供应链绩效指标体系，监控关键指标，可以全面评估合作伙伴的表现，及时调整合作策略和措施，确保合作伙伴关系的稳固和持续发展。建立稳固的合作伙伴关系，与供应商、物流服务商等合作伙伴密切合作，共同解决问题，共同优化供应链，通过共享资源和技术，实现优势互补，可以提高整体竞争力，实现供应链的整合和协同发展。这对于企业来说是至关重要的，可以提高企业的竞争力和市场表现，实现持续发展。

（四）数据整合与分析

1. 数据整合

在电子商务物流供应链中，整合各个环节产生的数据并进行深度分析和挖掘，可以帮助企业获取更多的商业洞察，识别潜在的优化点和改进机会，从而制定更加精准的策略和决策。这种数据驱动的方法不仅可以提高供应链的效率和效益，还可以增强企业在市场中的竞争力。整合各个环节产生的数据是实现供应链整合的关键。电子商务物流供应链涉及多个环节，包括采购、生产、仓储、配送等，每个环节都会产生大量的数据。通过整合这些数据，企业可以实现对整个供应链的全面监控和管理。例如，通过整合采购数据、生产数据和销售数据，企业可以实时了解产品的需求情况，优化供应计划和生产计划；通过整合仓储数据和配送数据，企业可以实时了解库存情况和配送情况，及时调整仓储和配送策略。通过对整合后的数据进行深度分析和挖掘，可以获取更多的商业洞察。数据分析技术可以帮助企业从海量的数据中发现隐藏的规律和趋势，提取有价值的信息和见解。例如，通过对销售数据的分析，企业可以了解产品的热销品类和地区，制定更加精准的营销策略和销售计划；通过对配送数据的分析，企业可以了解配送的瓶颈和问题，优化配送路线和运输方式。

2. 数据分析

通过数据分析，可以识别潜在的优化点和改进机会。企业可以利用数据分析技术对供应链各个环节进行深入分析，找出存在的问题和瓶颈，并提出相应的改进措施。例如，通过对采购数据的分析，企业可以发现存在的供应延迟和质量问题，与供应商进行沟通和合作改进；通过对生产数据的分析，企业可以发现存在的生产效率低下和资源浪费问题，优化生产流程和资源配置。通过数据分析，企业可以制定更加精准的策略和决策。基于对数据的深度分析和挖掘，企业可以更加准确地预测市场需求、优化供应链运作、调整产品组合等，从而制定更加精准的策略和决策。例如，通过对市场数据的分析，企业可以了解市场趋势和竞争情况，及时调整产品组合和定价策略，提高市场反应速度和竞争力。通过整合各个环节产生的数据并进行深度分析和挖掘，可以帮助企业获取更多的商业洞察，识别潜在的优化点和改进机会，制定更加精准的策略和决策。

第四节　电子商务物流供应链风险管理与应对策略

一、电子商务物流供应链风险管理

（一）供应链风险评估

定期对电子商务物流供应链进行全面的风险评估是确保供应链稳健运作的关键步骤之

一。通过识别和评估可能面临的各种风险，包括市场风险、供应商风险、物流风险、信息安全风险等，企业可以制定相应的风险管理策略和计划，从而减少潜在损失，保障供应链的持续性和稳定性。市场风险是电子商务物流供应链中不可避免的风险之一。市场需求的变化、竞争态势的加剧、法规政策的调整等因素都可能对企业的市场表现产生影响。因此，定期进行市场风险评估至关重要。企业可以通过市场调研、竞争情报收集等方式，分析市场趋势和竞争环境，及时调整产品组合、定价策略等，降低市场风险带来的影响。供应商风险也是电子商务物流供应链中需要重点关注的风险之一。供应商的供货能力、产品质量、交货准时率等因素都会影响到企业的供应链运作。因此，企业需要定期对供应商进行评估和监控，识别潜在的供应商风险。通过建立供应商评估体系，定期评估供应商的绩效和信用状况，及时发现并解决供应商风险，确保供应链的稳定性和可靠性。

物流风险也是电子商务物流供应链中需要关注的重要问题。物流环节的延误、损坏、丢失等问题都会对供应链的正常运作产生影响。因此，企业需要定期评估物流风险，识别可能存在的物流瓶颈和问题。通过优化配送路线、选择可靠的物流服务商、加强物流信息监控等措施，降低物流风险的发生概率，保障物流环节的顺畅运作。信息安全风险也是电子商务物流供应链中需要重点关注的风险之一。随着信息技术的发展，信息安全风险日益突出，如数据泄露、网络攻击等问题都可能对企业的运营产生严重影响。因此，企业需要加强信息安全管理，建立健全的信息安全管理制度和措施，保护企业的重要信息资产，防范信息安全风险的发生。定期对电子商务物流供应链进行全面的风险评估，识别和评估可能面临的各种风险，包括市场风险、供应商风险、物流风险、信息安全风险等，有助于企业制定相应的风险管理策略和计划，降低潜在损失，保障供应链的持续性和稳定性。这对于企业来说是非常重要的，可以帮助企业应对不确定性和挑战，提高风险应对能力，实现持续发展。

（二）建立紧急应对机制

在电子商务物流供应链中，风险管理是至关重要的，因为供应链涉及多个环节和多方合作，容易受到各种不可控因素的影响。因此，定期对供应链进行全面的风险评估，识别和评估可能面临的各种风险，包括市场风险、供应商风险、物流风险、信息安全风险等，可以帮助企业制定相应的风险管理策略和计划，以应对潜在的风险事件。针对常见的风险事件，企业可以制定相应的紧急应对计划。例如，对于自然灾害，如地震、洪水等，企业可以建立快速响应机制，包括预先制定的应急计划、应急联系方式、物资储备等，以确保在突发情况下能够及时采取行动，并尽量减少损失。对于交通中断，企业可以与物流服务商合作，制定备用的运输路线和方案，以保证货物的及时配送。而对于供应商倒闭等突发事件，企业应建立备选供应商名单，以便在必要时能够迅速切换供应商，避免对生产和供应链造成严重影响。定期对供应链进行全面的风险评估是有效管理风险的重要步骤。企业可以通过分析历史数据、市场趋势、供应商实力等信息，识别和评估可能面临的各种风险。例如，企业可以分析市场需求的变化趋势，评估市场风险；可以对供应商的财务状况、供货能力、生产能力等进行评估，评估供应商风险；可以对物流网络的稳定性、运输能力等进行评估，评估物流风险；可以对信息系统的安全性、网络攻击风险等进行评估，评估信息安全风险。通过对各种风险的评估，企业可以更好地了解供应链的风险状况，并制定相应的风险管理策略和计划。

建立风险管理体系是保障供应链稳定运行的关键。风险管理体系应包括风险识别、风险评估、风险控制、风险应对等多个环节。企业可以建立风险管理团队，负责监测和评估供应链的风险状况，并及时制定相应的应对措施。同时，企业还可以建立风险管理流程和制度，明确各个环节的责任和权限，确保风险管理工作的顺利进行。加强与合作伙伴的沟通和合作也是有效管理风险的重要手段。企业应与供应商、物流服务商等合作伙伴保持密切联系，及时分享信息，共同应对风险。例如，企业可以与供应商签订合同，明确双方的权利和义务，建立稳固的合作关系；可以与物流服务商制定应急预案，确保在紧急情况下能够及时采取行动。通过加强与合作伙伴的沟通和合作，企业可以共同应对风险，提高供应链的抗风险能力。针对常见的风险事件，制定相应的紧急应对计划，定期对供应链进行全面的风险评估，建立风险管理体系，加强与合作伙伴的沟通和合作，可以有效管理风险，保障供应链稳定运行，实现企业的持续发展。

（三）信息安全保障

在电子商务物流供应链管理中，加强信息安全管理是至关重要的一环。保护供应链中的敏感信息免受恶意攻击或泄漏，需要采取一系列措施，包括密码保护、数据加密、网络防火墙等，以确保信息的机密性、完整性和可用性。这些措施不仅可以有效应对信息安全风险，还可以提高供应链的稳定性和可靠性。密码保护是保护供应链信息安全的基本措施之一。企业应该建立健全的密码管理制度，要求员工定期更换密码，设置复杂的密码组合，避免使用简单易破解的密码。同时，对于重要系统和数据，可以采用多因素认证等高级身份验证方式，提高信息访问的安全性。数据加密是保护供应链信息安全的重要手段。企业可以利用加密算法对敏感数据进行加密处理，确保数据在传输和存储过程中的安全性。通过对数据进行加密，即使数据被非法获取，也无法直接解读其中的内容，保护数据的机密性和完整性。

建立网络防火墙是防止恶意攻击和入侵的重要措施。网络防火墙可以监控和过滤网络流量，阻止未经授权的访问和恶意攻击，保护供应链信息系统免受黑客和病毒的侵害。企业应该定期更新防火墙软件和规则，及时修补系统漏洞，提高网络安全性。加强员工的信息安全意识培训也是保护供应链信息安全的重要措施。企业应该定期对员工进行信息安全培训，教育他们识别和防范各类信息安全风险，如钓鱼邮件、恶意软件等，加强对敏感信息的保护意识，防止信息泄露和误操作。建立灾难恢复和业务连续性计划是保障供应链信息安全的重要保障。企业应该建立健全的灾难恢复和业务连续性计划，制定应对各类突发事件和灾难的紧急响应措施，确保供应链信息系统在遭受攻击或灾难时能够及时恢复运行，保障业务的正常进行。加强信息安全管理对于电子商务物流供应链管理至关重要。通过采取密码保护、数据加密、网络防火墙等措施，加强对供应链中敏感信息的保护，可以有效降低信息安全风险，提高供应链的稳定性和可靠性。同时，建立灾难恢复和业务连续性计划，加强员工的信息安全意识培训，也是保障供应链信息安全的重要手段。

（四）供应链金融风险管理

管理供应链金融风险是电子商务物流供应链管理中至关重要的一环。确保供应链各方的资金流畅，可以通过采取供应链融资、供应链保险等金融工具来降低供应链资金风险。这些措施不仅可以保障供应链的稳定运作，还可以提高供应链的效率和竞争力。供应链融资是管理供应链金融风险的重要手段之一。供应链融资是指企业利用自身信用和供应链关系获取融资支持，解决资金周转问题。通过与金融机构合作，企业可以利用供应链中的订单、库存等资产进行融资，提高资金利用效率，降低供应链的资金压力。例如，企业可以通过应收账款融资、库存融资等方式获得资金支持，确保及时支付供应商款项，维护供应链的稳定运作。供应链保险是管理供应链金融风险的重要工具之一。供应链保险可以帮助企业应对供应链中的各种风险，如供应商倒闭、运输损失、货物损坏等，保障供应链的稳定运作。企业可以购买供应商延误保险、货物运输保险等供应链保险产品，以应对可能发生的风险事件，降低损失和影响。建立稳固的供应链合作关系也是管理供应链金融风险的重要举措。通过与供应商、物流服务商等合作伙伴建立长期稳定的合作关系，建立互信和共赢的合作模式，可以有效减少供应链中的金融纠纷和风险。企业应该与合作伙伴密切合作，共同解决供应链中的资金问题，确保供应链的资金流畅。

加强供应链金融风险管理还需要做好风险评估和监控工作。企业应该定期对供应链中的金融风险进行评估，识别潜在的风险点和风险事件，制定相应的应对策略和措施。同时，企业还应该建立健全的风险监控机制，及时掌握供应链中的风险情况，及时调整供应链的运作策略，以应对不同的风险挑战。加强供应链金融风险管理还需要加强内部控制和规范管理。企业应该建立健全的内部控制制度和规范管理流程，加强对资金流动和使用的监控和管控，防止资金挪用和滥用，确保供应链资金的安全和稳定流动。管理供应链金融风险是电子商务物流供应链管理中至关重要的一环。通过采取供应链融资、供应链保险等金融工具，建立稳固的供应链合作关系，做好风险评估和监控工作，加强内部控制和规范管理，可以有效降低供应链的金融风险，保障供应链的稳定运作，提高供应链的效率和竞争力。

二、电子商务物流供应链风险应对策略

（一）市场需求波动风险

1. 市场调研与预测

定期进行市场调研是电子商务物流供应链管理中的关键步骤之一，它能够帮助企业了解市场需求的变化趋势，从而制定相应的预测和应对策略。随着市场竞争的日益激烈和消费者需求的不断变化，通过市场调研，企业可以更好地把握市场动态，规避风险，提高供

应链的应对能力和灵活性。定期进行市场调研可以帮助企业了解市场需求的变化趋势。市场需求是供应链管理的重要驱动力之一，了解市场需求的变化趋势对于企业制定产品策略、定价策略、促销策略等至关重要。通过市场调研，企业可以了解消费者的购买行为、偏好和趋势，掌握市场的动态变化，及时调整供应链策略和产品组合，以满足市场需求。定期进行市场调研可以帮助企业做出相应的预测。通过市场调研收集的数据和信息，企业可以对市场未来的发展趋势进行分析和预测，提前做出相应的准备和应对措施。例如，通过分析市场调研数据，企业可以预测产品需求量和销售额的变化趋势，从而调整生产计划和库存策略，降低库存风险和资金压力。定期进行市场调研还可以帮助企业了解竞争对手的动态和策略。市场竞争是供应链管理中的重要挑战之一，了解竞争对手的动态和策略对于企业制定竞争策略、巩固市场地位至关重要。通过市场调研，企业可以了解竞争对手的产品定位、定价策略、促销活动等，分析竞争对手的优势和劣势，制定相应的应对策略，提高供应链的竞争力。定期进行市场调研需要企业建立健全的市场调研机制和团队。企业可以通过建立市场调研部门或委托专业调研机构进行市场调研，制定详细的调研计划和方案，选择适当的调研方法和工具，如问卷调查、访谈调查、数据分析等，确保调研结果的准确性和可靠性。同时，企业还可以建立市场调研数据库，收集、整理和分析市场调研数据，形成市场调研报告，为企业决策提供参考依据。定期进行市场调研是电子商务物流供应链管理中的重要环节，它可以帮助企业了解市场需求的变化趋势，做出相应的预测和应对策略，提高供应链的应对能力和灵活性。通过建立健全的市场调研机制和团队，加强市场调研工作，企业可以更好地把握市场动态，规避风险，实现供应链的持续发展。

2. 灵活的供应链规划

根据市场需求的波动，灵活调整供应链规划是电子商务物流供应链管理中的重要应对策略之一。市场需求的波动可能会受到季节性因素、经济周期、竞争对手策略等多种因素的影响，因此，企业需要随时监控市场动态，及时做出相应的调整，以适应市场的变化，降低供应链风险。针对市场需求的波动，企业可以灵活调整生产计划。通过监控市场需求的变化，企业可以根据市场需求的波动调整生产计划，包括产品种类、生产数量、生产周期等方面。例如，当市场需求上升时，企业可以增加生产量，加大生产力度，以满足市场需求；当市场需求下降时，企业可以减少生产量，调整产品结构，以减少库存积压和资金压力。针对市场需求的波动，企业可以灵活调整库存管理策略。库存是供应链管理中的重要环节之一，它直接影响着供应链的运作效率和资金利用率。通过监控市场需求的波动，企业可以灵活调整库存管理策略，包括备货量、安全库存、订单周期等方面。例如，当市场需求上升时，企业可以增加库存备货，以应对市场的高峰期；当市场需求下降时，企业可以减少库存备货，降低库存成本。针对市场需求的波动，企业可以灵活调整物流配送策略。物流配送是供应链管理中的重要环节之一，它直接影响着产品的交付速度和客户满意度。通过监控市场需求的波动，企业可以灵活调整物流配送策略，包括运输方式、配送路线、配送频次等方面。例如，当市场需求上升时，企业可以增加物流配送频次，加大运输力度，以保证产品能够及时送达客户手中；当市场需求下降时，企业可以减少物流配送频次，调整运输方式，以降低物流成本。为了更加有效地应对市场需求的波动，企业可以采用一些技术手段和工具来辅助决策。例如，可以利用供应链管理系统和数据分析技术，实时监控市场需求的变化，提前预测市场趋势，以便及时调整供应链规划。同时，还可以采用一些供应链规划工具和模型，对供应链的各个环节进行优化和调整，以提高供应链的灵活性和应对能力。根据市场需求的波动，灵活调整供应链规划是电子商务物流供应链管理中的重要应对策略之一。通过灵活调整生产计划、库存管理和物流配送等方面，企业可以更好地适应市场的变化，降低供应链风险，提高企业的竞争力和市场表现。同时，通过技术手段和工具的支持，可以更加有效地应对市场需求的波动，实现供应链的持续发展和优化。

（二）物流中断风险

1. 备用物流渠道

建立备用的物流渠道和合作伙伴关系是电子商务物流供应链管理中的重要风险应对策略之一。主要物流渠道的中断或延迟可能会导致产品供应中断、配送延误等问题，对企业的运营和声誉造成严重影响。因此，建立备用的物流渠道和合作伙伴关系可以帮助企业及时应对突发情况，保障供应链的稳定性和可靠性。建立备用的物流渠道是应对主要物流渠道中断或延迟的重要策略之一。企业可以与多家物流服务商建立合作关系，分散风险，避免过度依赖单一物流渠道。同时，企业还可以建立备用的物流配送网络，包括备用的运输路线、仓储中心和配送中心等，以应对突发情况。例如，当主要物流渠道发生中断或延迟时，企业可以及时启用备用的物流渠道，保障产品的及时配送。建立备用的合作伙伴关系也是应对主要物流渠道中断或延迟的重要策略之一。企业可以与多家供应商、物流服务商建立长期稳定的合作关系，建立紧密的合作伙伴关系。通过与合作伙伴的密切合作，企业可以及时获取最新的市场信息和物流动态，减少物流风险，保障供应链的稳定和可靠。

建立备用的物流渠道和合作伙伴关系需要企业做好充分的准备工作。企业可以通过市场调研和风险评估，分析主要物流渠道的风险和潜在影响，制定相应的应对方案和预案。同时，企业还需要制定详细的合作协议和合作流程，明确各方责任和义务，确保合作的顺利进行。除此之外，建立备用的物流渠道和合作伙伴关系还需要企业加强与合作伙伴的沟通和协作。企业应该与合作伙伴保持密切的联系，定期交流信息，共同制定应对策略，及时解决问题。同时，企业还可以通过建立供应链管理系统和信息平台，实现信息的共享和协同，提高供应链的可见性和透明度。建立备用的物流渠道和合作伙伴关系需要企业不断进行评估和改进。通过建立供应链绩效指标体系，监控关键指标，可以全面评估备用物流渠道和合作伙伴关系的表现，及时调整策略和措施，确保供应链的持续稳定和可靠。

2. 库存备货策略

面对电子商务物流供应链中可能发生的风险，如主要物流渠道的中断或延迟，企业需要制定有效的风险应对策略，以确保供应链的稳定运行。其中，实行库存备货策略是一种常见而重要的风险应对策略。通过针对关键商品或物料实行库存备货，企业可以确保在物流中断时有足够的备货供应，从而应对潜在的风险，保障供应链的连续性和稳定性。对于关键商品或物料，企业需要进行有效的需求预测和库存规划。通过分析历史销售数据、市场需求趋势以及其他相关因素，企业可以进行准确的需求预测，确定适当的安全库存水平。这样可以确保在物流中断或延迟发生时，企业能够有足够的备货储备，满足市场需求，避免出现供应短缺或断货的情况。企业需要建立健全的供应商管理体系，与供应商保持密切的合作关系。与供应商建立良好的合作关系可以提高供货的优先级，并确保及时交付。通过与供应商进行沟通和协商，企业可以及时了解供应情况，并采取相应的措施应对潜在的物流中断或延迟。同时，与多个供应商建立合作关系，建立备用的供货渠道，也是降低风险的有效途径。企业需要优化仓储管理，确保备货物料的有效存放和管理。合理规划仓储布局、提高仓储效率、采用先进的仓储技术和设备，可以有效降低仓储成本，提高库存周转率，确保备货物料的及时供应。同时，建立高效的库存管理系统，实现对库存的实时监控和管理，有助于及时发现潜在的库存异常和风险。

企业还可以采取一些灵活的供应链金融手段，支持库存备货策略的实施。例如，可以通过供应链融资、库存融资等方式，获得资金支持，用于采购和维持备货库存。此外，也可以考虑与供应商或金融机构合作，建立库存共享或库存委托模式，减少自有库存压力，降低库存成本。企业需要建立健全的应急预案和危机管理机制，以应对突发事件和风险。在发生物流中断或延迟的情况下，企业应该立即启动应急预案，采取有效的措施减少损失，确保供应链的稳定运行。同时，建立危机管理团队，加强危机应对能力的培训和演练，提高企业的应对灵活性和应急响应能力。实行库存备货策略是电子商务物流供应链管理中的重要风险应对策略之一。通过对关键商品或物料进行库存备货，企业可以有效应对主要物流渠道的中断或延迟，保障供应链的连续性和稳定性。同时，需要加强与供应商的合作关系，优化仓储管理，灵活运用供应链金融手段，建立健全的应急预案和危机管理机制，共同应对潜在的风险和挑战，实现供应链的持续发展和稳健运行。

（三）质量控制风险

1. 供应商质量管理

加强对供应商的质量管理是电子商务物流供应链管理中的重要环节，它有助于确保供应链中的产品和服务符合质量标准，降低产品质量风险，提升客户满意度。为了有效应对质量风险，企业可以采取一系列策略和措施，包括建立质量监控机制、加强供应商评估和选择、建立供应商反馈机制等。企业可以建立完善的质量监控机制。这包括设立质量检验流程、建立质量标准和指标、开展质量检测和抽检等措施。通过建立质量监控机制，企业可以对供应商提供的产品和服务进行全面监控和检测，确保其符合质量标准和客户需求。例如，企业可以对供应商提供的样品进行质量检验，检测产品的外观、功能、性能等指标，确保产品的质量符合要求。企业可以加强对供应商的评估和选择。在选择供应商时，企业应该考虑供应商的质量管理能力、生产工艺、产品质量等方面的情况，选择那些具有良好信誉、质量可靠的供应商合作。通过加强供应商评估和选择，企业可以降低与低质量供应商合作的风险，保障供应链中产品和服务的质量稳定性。

企业可以建立供应商反馈机制，及时获取供应商的质量问题和反馈信息。通过建立供应商反馈机制，企业可以与供应商建立良好的沟通渠道，及时了解供应商的生产情况和质量问题，采取相应的措施进行调整和改进。例如，企业可以定期与供应商进行沟通，开展质量反馈会议，及时解决和处理质量问题，提高供应链中产品和服务的质量水平。企业还可以加强对供应商的培训和指导，提升供应商的质量管理水平。通过培训和指导，企业可以向供应商传授质量管理知识和技能，帮助他们提升质量管理能力，改善生产工艺，提高产品质量。同时，企业还可以与供应商共同开展质量改进项目，共同解决质量问题，提升供应链中产品和服务的整体质量水平。

2. 质量检测与验收

对进货商品进行质量检测和验收是电子商务物流供应链管理中的重要环节之一，它能够有效降低供应链的质量风险，确保产品质量符合要求。通过建立完善的质量检测和验收机制，企业可以及时发现和解决进货商品存在的质量问题，保障供应链的稳定性和可靠性。建立质量检测标准是进行质量检测和验收的前提。企业应该根据产品的特性和要求，制定相应的质量检测标准，明确产品的质量指标和要求。通过建立统一的质量检测标准，可以确保对进货商品的质量检测和验收具有一致性和标准化，减少主观因素对质量判断的影响。建立质量检测流程是进行质量检测和验收的关键步骤之一。企业应该建立完善的质量检测流程，包括检测方法、检测设备、检测人员等方面。通过严格执行质量检测流程，可以确保对进货商品的每一个环节都进行严格检测，发现和解决潜在的质量问题。建立质量验收标准是进行质量检测和验收的重要依据之一。企业应该根据质量检测标准和产品质量要求，制定相应的质量验收标准，明确产品的合格标准和不合格标准。通过建立统一的质量验收标准，可以确保对进货商品的验收具有客观性和公正性，防止因主观因素对产品质量的判断产生偏差。加强质量检测设备和技术的投入是进行质量检测和验收的重要保障之一。企业应该投入足够的质量检测设备和技术，确保质量检测的准确性和可靠性。通过引进先进的质量检测设备和技术，可以提高产品质量检测的效率和精度，提高对进货商品质量的监控能力。建立完善的质量记录和反馈机制是进行质量检测和验收的重要手段之一。企业应该建立健全的质量记录和反馈机制，对每一次质量检测和验收进行记录和归档，及时反馈检测结果和问题。通过建立质量记录和反馈机制，可以及时发现和解决进货商品存在的质量问题，提高供应链的质量水平和可靠性。对进货商品进行质量检测和验收是电子商务物流供应链管理中的重要环节之一。通过建立质量检测标准、质量检测流程、质量验收标准，加强质量检测设备和技术的投入，建立完善的质量记录和反馈机制，可以有效降低供应链的质量风险，确保产品质量符合要求，保障供应链的稳定性和可靠性。这些措施不仅可以保障企业的利益，还可以提高企业的竞争力和市场表现。

第四章　电子商务物流信息技术应用

第一节　电子商务物流信息系统建设与运行

一、电子商务物流信息系统建设的内容

（一）即时有效的物流管理系统

电子商务物流信息系统的建设是现代物流管理的关键组成部分，它不仅需要提供即时准确的物流信息，还必须充分满足物流系统各项作业需求，并能整合相关的硬件与软件系统，以提供格式化的表单和灵活的管理与控制。在进货入库到出库运送的各个作业环节，这一系统的功能必须做到无缝衔接，确保整个物流链条的顺畅运转。电子商务物流信息系统的建设对于现代商业而言具有重要意义。随着电子商务的快速发展，传统的物流管理方式已经无法满足日益增长的需求。传统的人工操作容易出现错误，并且信息传递的速度慢，很难满足客户对于即时物流信息的需求。因此，建立一个高效的电子商务物流信息系统对于企业来说至关重要。这一系统不仅可以提高物流作业的效率，还能够提升客户满意度，增强企业竞争力。电子商务物流信息系统必须具备即时准确的物流信息。这意味着系统中的数据必须随时更新，并能够反映物流作业的实时情况。无论是货物的进货、入库还是出库运送，都需要系统能够实时记录和反馈相关信息。只有这样，企业才能及时发现并解决物流作业中的问题，确保货物能够按时准确地送达客户手中。

电子商务物流信息系统还必须能够整合相关的硬件与软件系统。这包括物流设备（如仓储设备、运输工具等）和物流管理软件（如库存管理软件、订单管理软件等）的整合。通过整合硬件与软件系统，可以实现物流作业的自动化和信息化，提高作业效率，降低作业成本，并且减少人为错误的发生。电子商务物流信息系统还需要提供格式化的表单，以方便物流作业的管理与控制。这些表单可以包括订单信息、出入库记录、运输跟踪等。通过格式化的表单，管理人员可以清晰地了解物流作业的进展情况，并能够及时采取措施解决问题。同时，这些表单也可以作为数据分析的基础，帮助企业优化物流作业流程，提升整体效率。电子商务物流信息系统的建设对于现代企业而言具有重要意义。它不仅可以提供即时准确的物流信息，还能够整合相关的硬件与软件系统，提供格式化的表单，并实现

物流作业的灵活管理与控制。只有建立起这样一个高效的物流信息系统，企业才能在激烈的市场竞争中立于不败之地，实现长远发展的目标。因此，企业应该重视电子商务物流信息系统的建设，并不断完善和优化系统功能，以适应不断变化的市场环境。

（二）运输规划与安排系统

鉴于电子商务跨地区的特点，物流系统的运输规划及安排显得尤为重要。在运输作业及管理需求上，一个完善的电子商务物流信息系统应该能够提供全面性的运输作业信息管理。这意味着系统必须能够有效地处理运输时间、运输路线、人员薪资、运货账款、相关设备以及客户订单等管理事项。只有通过系统化的管理，企业才能在跨地区的电子商务环境中实现高效的物流运输，满足客户的需求。电子商务物流信息系统需要具备对运输作业的全面管理能力。这包括对运输时间和路线的规划与安排。系统应当能够根据订单的特点和目的地，合理安排运输时间和路线，以最大程度地减少运输时间和成本。同时，系统还应当能够实时跟踪运输车辆的位置和状态，确保货物能够按时准确地送达目的地。系统还应当能够有效地处理人员薪资和运货账款等管理事项。这包括对运输人员的工资结算和绩效考核，以及对客户运货账款的管理和结算。

通过系统化的管理，企业可以更加准确地掌握运输成本和收入情况，从而及时调整运营策略，提高盈利能力。电子商务物流信息系统还应当能够管理相关设备和客户订单等信息。这包括对运输车辆和装卸设备等的管理和维护，以确保其正常运转。同时，系统还应当能够实时更新客户订单信息，并能够根据订单的特点和要求进行灵活安排，以最大程度地满足客户的需求。系统还应当提供全程的运输作业管理功能，包括装卸和车辆专用场管理以及回程载运管理等。通过系统化的管理，企业可以更加高效地组织运输作业，提高装卸效率，减少运输时间，降低运输成本，从而提升整体运输效率和竞争力。

（三）订货管理系统

订货管理是电子商务物流信息系统中的重要组成部分，它涵盖了物流中心每项货品的销售过程，并能够控制每个货品的详细资料。这一过程从电子商务客户下达订单开始，一直延伸到开立账单，最终将信息传输至仓储管理系统进行配送业务。在这个过程中，订货管理系统扮演着关键的角色，它不仅需要高效处理订单和账务，还必须确保信息的准确性和及时性。订货管理系统需要能够有效处理电子商务客户下达的订单。这包括接收订单、验证订单信息、分配订单到相应的仓库或分部，并生成订单确认函。系统应当能够实现订单信息的实时更新和同步，确保订单信息的准确性和及时性。同时，系统还应当能够根据订单的特点和要求进行灵活处理，包括分批发货、合并订单等功能，以满足客户的需求。订货管理系统需要能够开立账单，并将账单信息传输至财务系统进行结算。这包括生成账单、计算账单金额、发送账单给客户，并实现账单信息与财务系统的无缝对接。通过系统化的管理，可以有效地掌握订单的付款情况，减少账务处理的错误和延误，提高财务管理的效率。

订货管理系统还需要能够控制每项货品的明确资料。这包括货品的基本信息、库存信息、价格信息等。系统应当能够实时更新货品信息，并能够根据销售情况和库存情况进行动态调整，确保货品信息的准确性和实时性。通过系统化的管理，可以更好地掌握货品的销售情况，提高库存周转率，降低库存成本，提升资金利用效率。订货管理系统还应当与仓储管理系统进行无缝集成，实现订单信息和库存信息的实时同步。这样一来，订单信息可以直接传输至仓储管理系统，从而实现订单的自动分拣和配送。通过系统化的管理，可以提高配送效率，缩短订单处理周期，提升客户满意度。订货管理系统在电子商务物流信息系统中具有重要作用。它不仅能够处理订单和账务，还能够控制货品信息，并与仓储管理系统实现无缝集成。只有建立起这样一个高效的订货管理系统，企业才能在电子商务的竞争环境中立于不败之地，实现长远发展的目标。因此，企业应该重视订货管理系统的建设，并不断完善和优化系统功能，以适应不断变化的市场环境。

（四）物流运作决策支持系统

设计针对进一步提高物流作业水平的决策支持系统是电子商务物流信息系统中的关键组成部分。这一系统通过界面连接物流管理系统，为高层管理者提供了一个强大的管理控制工具。它能够协助管理人员在复杂的物流作业决策上迅速而有效地做出正确的决定，从而提高整体物流作业的效率和水平。决策支持系统需要与物流管理系统进行有效的界面连接。这意味着系统必须能够实现与物流管理系统的数据交换和共享，以确保信息的及时更新和同步。通过与物流管理系统的连接，决策支持系统可以获取实时的物流作业数据，并能够对这些数据进行分析和处理，为管理人员提供决策支持。决策支持系统需要具备强大的数据分析和处理能力。这包括对物流作业数据的收集、整理、分析和预测。系统应当能够对历史数据进行回顾性分析，识别出物流作业中存在的问题和瓶颈，并能够对未来的物流需求进行预测，以便及时调整物流策略和资源配置。

决策支持系统还应当能够为管理人员提供多样化的决策支持工具和模型。这包括数据可视化工具、决策树模型、模拟仿真模型等。通过这些工具和模型，管理人员可以更直观地了解物流作业的情况，做出更加准确和有效的决策，从而提高物流作业的效率和水平。决策支持系统还应当具备多样化的决策支持功能。这包括对运输路线的优化、库存管理的优化、配送计划的优化等。系统应当能够根据实际情况和需求，为管理人员提供多种决策方案，并能够评估这些方案的优劣，从而帮助管理人员做出最佳的决策。决策支持系统还应当具备灵活性和可扩展性。这意味着系统应当能够根据不同企业的需求和特点进行定制化设计，并能够随着物流作业的变化和发展进行持续优化和升级。只有建立起这样一个灵活和可扩展的决策支持系统，企业才能在不断变化的市场环境中保持竞争优势。设计针对进一步提高物流作业水平的决策支持系统是电子商务物流信息系统中不可或缺的一部分。它通过与物流管理系统的连接，为高层管理者提供了一个强大的管理控制工具，能够协助管理人员在复杂的物流作业决策上迅速而有效地做出正确的决定，从而提高整体物流作业的效率和水平。

二、电子商务物流信息系统的运行

(一) 订单处理

在当今数字化时代，电子商务平台已成为商业活动中不可或缺的一部分。客户通过电子商务平台下单，从而触发了一系列物流信息系统的运作。这一过程不仅仅是简单地传输订单信息，而是涉及物流信息系统的复杂处理和管理，以确保订单能够顺利处理并最终成功配送。当客户在电子商务平台下单后，订单信息首先被传输到物流信息系统。这个过程通常是自动化的，通过网络接口和 API（应用程序接口）实现订单数据的实时传输和同步。一旦订单信息到达物流信息系统，系统便开始进行订单处理的各个环节。物流信息系统会验证订单信息的准确性和完整性，确保订单中包含了必要的配送信息，如收货地址、联系方式等。如果订单信息不完整或存在问题，系统会向客户发送通知并要求进行补充或修改。物流信息系统会与仓储管理系统进行实时连接，查询当前的库存情况。系统会检查所需商品的库存量是否充足，以及货物是否位于可配送范围内。如果库存不足或货物暂时无法配送，系统会自动触发补货或其他处理流程，以尽快满足订单需求。

随后是配送路线规划。物流信息系统会根据订单信息、库存情况以及各种物流因素，选择最优的配送路线。这涉及考虑目的地分布、运输距离、运输方式等多个因素。系统会利用地图导航和实时交通信息，优化配送路线，以减少运输时间和成本。在进行订单处理的过程中，物流信息系统还会不断更新订单状态和配送进度。系统会实时跟踪货物的位置和运输情况，将这些信息反馈给客户和电子商务平台。客户可以通过电子商务平台或手机应用程序查看订单状态，了解订单的处理进度和预计送达时间。除了以上环节之外，物流信息系统还会处理一系列与订单相关的后勤事务，如包装、标记、装载、运输等。这些过程通常是自动化的，通过物流信息系统和自动化设备实现高效的处理和管理。电子商务物流信息系统的运行在订单处理中发挥着关键作用。通过自动化处理和智能化管理，系统能够确保订单能够顺利处理并最终成功配送。这不仅提高了物流效率和客户满意度，也为电子商务平台的发展提供了有力支持。随着技术的不断进步和物流管理实践的不断创新，物流信息系统将继续发挥着越来越重要的作用，为电子商务物流带来更加高效、可靠的解决方案。

(二) 配送规划与优化

1. 配送规划

电子商务物流信息系统在进行配送路线规划和优化时，发挥着至关重要的作用。通过综合考虑订单信息、库存情况以及各种物流因素，系统能够选择最优的配送方案，以提高配送效率和降低成本。物流信息系统会根据订单信息进行分析和处理。系统会自动识别订单的特征，如货物类型、数量、重量、尺寸等，并结合客户的配送要求和目的地信息进行综合评估。例如，对于大型家电或易碎物品，系统可能会优先考虑采用特殊的运输方式或配送服务，以确保货物的安全性和完整性。系统会实时监测库存情况。通过与仓储管理系统的集成，物流信息系统可以准确了解当前的库存水平和货物存放位置。这样，系统就可以在进行配送路线规划时考虑到货物的实际可用性，避免出现缺货或过剩库存的情况，从而提高库存周转率和资金利用效率。

2. 配送优化

系统会分析订单的目的地分布情况，以确定最优的配送路线。对于分布在同一地区的订单，系统可能会采取批量配送的方式，以减少运输成本和时间。系统会根据订单的目的地和运输距离，选择最经济和最快速的配送路线。通过利用地图导航和交通实时信息，系统可以避开拥堵路段和高峰时段，提高配送效率。根据货物的特性和客户需求，系统会选择最合适的运输方式，如陆运、海运、空运等。对于距离较远或紧急的订单，系统可能会选择空运以缩短运输时间；而对于体积较大或不急需的订单，系统则可能会选择海运或陆运以降低成本。系统会根据客户的配送要求和偏好，选择合适的配送服务。例如，对于需要门到门送货的订单，系统可能会选择专业的配送服务提供商；而对于一些特殊要求的订单，系统则可能会进行定制化的配送方案。除了以上因素之外，物流信息系统还会不断优化配送路线，以适应不同时间段和季节性需求的变化。通过对历史数据和实时信息的分析，系统可以不断优化配送策略，提高配送效率和客户满意度。电子商务物流信息系统在进行配送路线规划和优化时，充分考虑了订单信息、库存情况以及各种物流因素，以选择最优的配送方案。通过优化配送路线，系统能够提高配送效率，降低成本，提升客户满意度，从而实现物流运营的持续改进和增值。

（三）物流跟踪与监控

电子商务物流信息系统的运行对于现代商业环境中的货物流动至关重要。随着电子商务的兴起，货物的运输变得更加复杂和频繁。在这个高度竞争的市场中，及时准确地跟踪货物的位置和状态是确保客户满意度的关键因素之一。因此，物流公司采用了先进的物流跟踪系统，以确保货物能够按时送达目的地。物流跟踪系统通过整合信息技术和物流管理实践，实现了对货物运输过程的实时监控和管理。一旦货物出库，系统便开始跟踪其运输状态。这个过程通常涉及多种技术，如全球定位系统（GPS）、无线通信技术、条形码扫描、RFID（射频识别）等。这些技术能够精确地记录货物的位置、运输速度、运输路径等信息，并将这些信息实时传输到物流信息系统中。在物流信息系统中，货物的运输状态被动态地更新和记录。这意味着物流公司可以随时查看货物的当前位置以及预计的到达时间。这些信息不仅可以帮助物流公司优化运输路线和资源分配，还可以提供给客户，让他们随时了解自己的货物所处的状态。对于电子商务物流而言，物流跟踪系统的重要性更加突出。随着电子商务市场的蓬勃发展，消费者对于货物送达时间的期望也越来越高。他们希望能够在下单后尽快收到货物，并且能够方便地跟踪货物的运输情况。因此，物流跟踪系统不仅是物流公司提高运营效率的工具，也是提升客户体验的关键。

通过物流跟踪系统，电子商务平台可以实时地更新订单状态，让客户随时了解订单的处理进度。客户可以通过电子商务平台或专门的手机应用程序查看订单状态，并获取实时的运输信息。这种透明的物流管理方式不仅增强了客户的信任感，还提高了客户对于电子商务平台的满意度。物流跟踪系统还可以帮助电子商务平台预测和避免潜在的运输问题。通过实时监控货物的位置和运输情况，系统可以及时发现运输中可能出现的问题，如交通拥堵、天气恶劣等，从而采取相应的措施减少延误和损失。除了对客户和电子商务平台有益之外，物流跟踪系统还可以提升物流公司自身的运营效率。通过实时监控货物的位置和运输情况，物流公司可以更好地安排运输路线和货车调度，降低运输成本和提高运输效率。此外，系统还可以帮助物流公司优化仓储管理和库存控制，确保货物能够及时送达目的地，减少库存积压和资金占用。电子商务物流信息系统的运行对于现代物流管理至关重要。通过实时跟踪货物的运输状态，系统可以帮助物流公司提高运营效率，提升客户满意度，降低运营成本，从而实现可持续发展。

第二节　电子商务物流数据分析与决策支持

一、电子商务物流数据分析

（一）订单分析

电子商务在当今商业环境中扮演着日益重要的角色，其成功与否往往取决于对订单数据的深入分析。订单数据不仅可以提供有关销售趋势和热门产品的见解，还可以揭示客户行为，为优化库存管理、制定营销策略和提高订单处理效率提供宝贵的参考。通过分析订单数量和金额的变化趋势，我们可以了解销售业绩的整体表现。例如，若订单数量呈现稳定增长而订单金额波动较大，则可能存在客户倾向于购买低价产品的情况。而如果订单数量下降而订单金额上升，则可能是因为客户更倾向于购买高价值的产品。通过对订单数量和金额的深入分析，电子商务企业可以调整产品定价策略，以提高订单的平均价值，从而提升销售业绩。订单类型也是订单数据分析的重要组成部分。订单类型可以分为正常订单、促销订单、退款订单等。正常订单反映了客户的正常购买行为，而促销订单则是在促销活动期间产生的订单，退款订单则反映了客户对产品不满意或发生其他问题时的退货情况。通过对不同类型订单的比例和变化趋势进行分析，电子商务企业可以了解促销活动对订单的影响，及时调整促销策略，提高促销活动的效果，并通过降低退款率来提升客户满意度。

在订单数据分析中，下单时间也是一个重要的维度。通过分析不同时间段的订单数量和金额，可以了解客户下单的偏好时间，为制定营销策略提供参考。例如，如果发现大部分订单集中在周末或节假日，那么可以考虑在这些时间段推出促销活动，以吸引更多客户购买。此外，还可以根据订单数据预测未来销售的高峰和低谷，优化物流配送计划，提高订单处理效率。除了订单数据，电子商务物流数据也是分析的重要内容之一。物流数据包括订单配送时间、配送距离、配送方式等信息。通过分析物流数据，可以优化配送路线，提高配送效率，降低配送成本。例如，可以利用物流数据优化仓储布局，减少仓库之间的距离，缩短配送时间；同时，可以根据订单数据预测销售高峰期和低谷期，合理调整物流资源配置，确保在销售高峰期能够及时处理大量订单，提高客户满意度。订单数据分析对于电子商务企业而言至关重要。通过深入分析订单数量、订单金额、订单类型、下单时间等信息，可以了解销售趋势、热门产品和客户行为，为优化库存管理、制定营销策略和提高订单处理效率提供参考。同时，结合电子商务物流数据分析，可以进一步优化物流配送计划，提高配送效率，降低配送成本。因此，电子商务企业应充分利用订单数据和物流数据，不断优化业务流程，提升竞争力，实现可持续发展。

（二）库存分析

1. 库存量分析

首先需要分析库存总量的变化趋势，包括近期的增减情况。通过跟踪库存总量的变化，可以及时发现潜在的问题和风险。对不同类别或 SKU 的商品进行库存量比较，了解各类商品的库存情况，为后续的库存策略制定提供参考。某些商品可能存在季节性需求，因此库存量会出现周期性波动。分析这种季节性变化，可以合理调整库存策略，避免库存积压或库存不足。

2. 库存周转率分析

库存周转率是衡量库存管理效率的重要指标，可通过销售额除以平均库存量来计算。高库存周转率意味着库存在单位时间内被有效利用，低库存周转率则可能表明库存积压或商品滞销。分析不同类别或 SKU 商品的周转率差异，找出库存周转率低的商品，采取相应措施，如促销、调整采购计划等，提高库存周转率。与库存量类似，库存周转率也可能因季节性需求而出现波动。了解这种季节性波动，有助于调整库存策略，提高库存周转率。

3. 库存成本分析

库存持有成本包括仓储费用、资金占用成本、损耗及过期成本等。通过细致的成本核算，可以全面了解库存成本的构成和变化情况。分析不同订单规模下的库存成本，与供应商商议批量优惠政策，合理规划采购计划，降低库存成本。针对滞销商品，分析处理成本，包括降价处理、退货、捐赠或销毁等方式的成本，制定相应的处理策略。

4. 电子商务物流数据分析与库存关联

分析订单数据与库存量的关系，预测未来一段时间内的订单量，帮助调整库存水平，避免库存积压或库存不足。物流配送时间直接影响了库存周转率，分析物流配送时间与库存周转率的关系，优化物流配送方案，提高库存周转率。库存成本和物流费用是企业两大重要成本，通过分析二者的关系，可以综合考虑库存水平和物流成本，制定综合的成本控制策略。

5. 库存管理策略优化

通过精细化管理，根据不同商品的特性和销售情况，采取不同的库存管理策略，如

ABC 分类法、季节性库存管理等，提高库存利用率。定期进行库存盘点，及时发现和处理库存异常，避免库存盲目增长或过多的滞销库存。与供应商、物流服务商等建立紧密的合作关系，实现供应链信息共享与协同，优化供应链流程，降低库存成本。通过对库存数据的深入分析与管理，电子商务物流企业可以更好地把握库存状况和管理效率，制定科学合理的库存策略，降低库存成本，提高资金利用率，减少库存积压风险。未来，随着技术的不断发展和市场的不断变化，电子商务物流企业需要不断优化库存管理模式，适应市场需求的变化，提高竞争力，实现持续稳定发展。

（三）客户行为分析

1. 购买行为数据分析

客户行为数据分析在电子商务领域的重要性日益凸显，它不仅仅是了解客户需求和偏好的关键工具，更是制定个性化营销策略、提升客户留存率和增加客户转化率的不可或缺的一环。随着电子商务的快速发展，客户行为数据的规模和复杂性也在不断增加，因此对这些数据进行深入分析和洞察变得至关重要。购买行为数据是客户行为分析的核心之一。通过分析客户的购买行为，可以了解到客户的消费习惯、偏好产品类别、购买频率以及购买金额等信息。这些数据可以帮助电子商务企业更好地了解客户的消费习惯和需求，从而针对性地推荐产品、设计促销活动，并优化产品定价策略。例如，如果某个客户经常购买健身器材类产品，那么电子商务企业可以针对该客户推送健身相关的促销活动或产品推荐，从而提高购买转化率。浏览行为数据也是客户行为分析的重要组成部分。通过分析客户的浏览行为，可以了解客户对不同产品的兴趣程度和偏好，进而进行个性化的产品推荐和营销活动。此外，还可以通过分析客户的浏览路径和停留时间等数据，优化网站或移动应用的用户体验，提高用户的留存率和转化率。例如，如果某个客户经常浏览家居装饰类产品，那么电子商务企业可以针对该客户推送与家居装饰相关的产品推荐或定制化的营销活动，吸引其完成购买行为。

2. 搜索行为数据分析

搜索行为数据也是客户行为分析的重要内容之一。通过分析客户的搜索行为，可以了解客户的需求和偏好，从而优化搜索结果的排序和推荐算法，提高搜索结果的准确性和相关性，进而提升客户的购买转化率。此外，还可以通过搜索关键词的热度和趋势等数据，了解市场需求和竞争情况，指导电子商务企业的产品策略和营销策略。例如，如果某个关键词的搜索量在近期呈现明显增长趋势，那么电子商务企业可以考虑增加与该关键词相关的产品库存或加大相关产品的推广力度，以满足客户的需求并提升销售业绩。除了购买行为、浏览行为和搜索行为之外，电子商务物流数据也是客户行为分析的重要内容之一。通过分析物流数据，可以了解订单的配送状态和配送时间等信息，从而及时跟踪订单的物流信息，提高客户的满意度和信任度。此外，还可以通过物流数据分析客户的配送偏好和习惯，例如选择不同的配送方式和配送时间等，从而优化配送服务，提高客户的购买体验。例如，如果某个客户更倾向于选择晚间送货，那么电子商务企业可以根据该客户的偏好调整配送时间，提高客户的满意度和购买体验。客户行为数据分析在电子商务领域扮演着至关重要的角色，它不仅可以帮助电子商务企业更好地了解客户的需求和偏好，还可以指导企业制定个性化的营销策略、提升客户的留存率和增加客户的转化率。因此，电子商务企业应该重视客户行为数据的分析和利用，不断优化客户体验，提升企业的竞争力和盈利能力。

（四）市场趋势分析

1. 行业动态分析

随着消费者购物习惯的转变和在线购物平台的普及，电子商务交易额持续增长。根据最新数据显示，全球电子商务市场年增长率超过 15%，预计未来几年仍将保持高速增长。电子商务的兴起给物流行业带来了巨大的压力和机遇。快速送货、高效配送成为消费者的首选，因此，物流企业需要提高运营效率，提供更快速、更可靠的配送服务。环保意识的提高推动了绿色物流的发展。越来越多的物流公司开始关注减少碳排放、优化运输路线，以及采用环保包装材料等措施，以降低对环境的影响。

2. 竞争对手情报分析

国内外物流巨头竞争激烈，包括顺丰、京东物流、申通、UPS、FedEx 等。它们通过不断提升技术、拓展网络、优化服务，竞相争夺市场份额（图 4-1、图 4-2、图 4-3、图 4-4）。

图 4-1　京东物流

图 4-2　申通

图 4-3　UPS

图 4-4　FedEx

随着物流科技的迅猛发展，一批新兴物流科技公司崭露头角，例如物流大数据分析、智能仓储系统、无人配送等领域的创新企业，它们通过技术创新和模式创新，挑战传统物流巨头的地位。电商巨头如阿里巴巴、亚马逊等开始纷纷布局物流领域，建设自己的物流网络，与传统物流企业展开竞争。同时，传统零售企业也加大对物流的投入，提升自有物流能力，加剧了跨界竞争的激烈程度。

3. 市场需求变化分析

消费者对于快速送货的需求日益增长，特别是对于生鲜食品、日用品等快消品，要求能够实现当日或次日送达，这对物流企业的配送速度提出了更高的要求。消费者对于物流服务的个性化需求越来越强烈，例如可预约配送时间、灵活的配送方式选择等。物流企业需要根据消费者的需求提供多样化的服务，增强竞争力。随着环保意识的提高，消费者对于物流企业的环保做法也越来越关注。因此，提供绿色物流服务将成为未来物流企业竞争的重要方向。

4. 电子商务物流数据分析

根据数据统计，随着电子商务交易量的增加，物流订单量也呈现出迅速增长的趋势。这需要物流企业提高运营效率，提升订单处理和配送速度。随着电商市场的不断扩大，物流配送的距离和时间也在不断增加。物流企业需要优化配送路线，提高配送效率，降低成本。通过用户评价和投诉数据分析，可以了解用户对物流服务的满意度和不满意度，发现问题并及时改进，提升用户体验。随着电子商务的持续发展，物流行业面临着巨大的挑战和机遇。物流企业需要不断提升运营效率，拓展服务网络，加大技术投入，提供更快速、更可靠、更环保的物流服务，以满足消费者日益增长的需求。同时，物流企业还需要密切关注市场变化，不断优化产品结构，制定灵活的战略计划，抢占市场先机，在激烈的竞争中保持领先地位。随着科技的不断进步和消费者

二、电子商务物流数据决策支持

（一）库存管理决策

数据分析在电子商务物流领域的应用已经成为企业提升效率、优化库存管理决策的重要手段。通过深入分析库存数据以及相关的电子商务物流数据，企业可以更加准确地了解市场需求、产品流动情况以及供应链的运作状况，从而制定出更加精准和有效的库存管理策略。数据分析可以帮助企业了解商品的销售情况和季节性需求变化。通过分析历史销售数据，企业可以识别出商品的畅销季节、销售高峰期以及销售低谷期，从而合理安排库存储备和补货计划。例如，在即将到来的销售旺季之前，企业可以提前增加库存，以满足市场需求，避免因库存不足而失去销售机会；而在销售淡季，企业则可以采取适当的促销活动，清理库存，减少滞销产品的库存积压。数据分析还可以帮助企业优化库存管理流程，提高库存周转率。通过分析库存周转率和库存滞留时间，企业可以识别出库存管理效率较低的环节，并采取相应措施进行优化。例如，可以通过优化采购计划和供应链管理，减少采购周期和库存滞留时间，从而提高库存周转率，降低库存成本。

数据分析还可以帮助企业识别和预测潜在的库存风险和机会。通过分析市场趋势、竞争对手的动态以及消费者行为数据，企业可以及时调整库存策略，应对市场变化。例如，可以根据市场需求预测和调整库存水平，避免因市场变化而导致的过量库存或库存不足问题；同时，还可以通过分析产品销售数据和客户反馈，及时发现和把握新的市场机会，优化产品组合和库存配置。在电子商务物流领域，数据分析的应用不仅局限于库存管理，还涵盖了物流运输、仓储管理、订单处理等多个环节。通过对物流数据的分析，企业可以优化物流路线规划，降低物流成本和配送时间；通过对订单数据的分析，企业可以优化订单处理流程，提高订单处理效率和客户满意度；通过对仓储数据的分析，企业可以优化仓储布局，提高仓储空间利用率和库存周转率。综合利用这些数据，企业可以实现全面优化和精细管理，提升电子商务物流的整体运营效率和竞争力。数据分析在电子商务物流领域的应用为企业的库存管理决策提供了重要支持。

（二）客户关系管理决策

数据分析在客户关系管理（CRM）中的应用已成为电子商务企业提高竞争力和客户满意度的重要手段。通过深入分析客户数据，包括购买行为、偏好、价值等方面的信息，企业可以更好地了解客户需求，制定个性化的营销策略，提高客户满意度和忠诚度，增加客户转化率。数据分析可以帮助企业深入了解客户的行为和偏好。通过分析客户的购买历史、浏览记录、点击行为等数据，企业可以识别出客户的偏好和行为模式，了解客户的购买动机和兴趣点，从而为其提供个性化的产品推荐和营销服务。例如，可以通过数据挖掘和机器学习技术分析客户的购买历史和偏好，为其推荐符合其口味和需求的产品，提高购买转化率和订单价值。数据分析还可以帮助企业识别和挖掘高价值客户。通过分析客户的消费行为、购买频次、订单价值等数据，企业可以识别出高价值客户群体，并采取相应措施进行精准营销和关怀。例如，可以利用数据挖掘和预测分析技术识别出潜在高价值客户，针对其进行个性化的优惠和促销活动，提高客户忠诚度和订单价值，实现客户价值的最大化。

数据分析还可以帮助企业提高客户满意度和忠诚度。通过分析客户的反馈意见、投诉记录、客服对话等数据，企业可以及时发现和解决客户的问题和需求，提高客户满意度和忠诚度。例如，可以利用自然语言处理（NLP）和情感分析技术分析客户的反馈意见和投诉记录，及时发现并解决客户的问题和不满，提高客户满意度和忠诚度。在电子商务物流领域，数据分析的应用不仅局限于客户行为和偏好的分析，还涵盖了订单配送、售后服务等多个环节。通过综合分析客户订单数据、物流运输数据和客户反馈数据，企业可以实现全流程的客户关系管理和服务优化，提高客户满意度和忠诚度。例如，可以利用物流数据和订单配送信息实时跟踪订单配送进度，提供实时物流信息查询和客户通知服务，增强客户体验和满意度；同时，还可以通过数据分析和挖掘客户的购买行为和偏好，为其提供个性化的售后服务和增值服务，增强客户黏性和忠诚度。

（三）业务战略决策

数据分析在业务战略制定中扮演着至关重要的角色，特别是在电子商务物流领域，其作用更加突出。通过深入分析市场数据、竞争对手情报、行业趋势等信息，企业可以制定灵活的业务战略，抢占市场先机，提高竞争优势，实现长期可持续发展。数据分析可以帮助企业深入了解市场需求和客户需求。通过分析市场数据和消费者行为数据，企业可以识别出市场的需求热点和趋势，了解客户的购买偏好和需求变化，从而及时调整产品组合和营销策略，满足市场需求，提高市场占有率。例如，可以利用数据挖掘和预测分析技术分析市场销售数据和竞争对手情报，发现市场的新兴需求和竞争优势，制定相应的产品推广和营销计划，实现产品差异化和市场定位。数据分析还可以帮助企业识别和分析竞争对手的策略和行为。通过分析竞争对手的市场份额、产品定价、营销活动等数据，企业可以了解竞争对手的优势和劣势，分析其市场策略和业务模式，从而制定相应的竞争策略和应对措施。例如，可以利用竞争情报分析工具和技术监测竞争对手的动态和行为，及时发现并分析其市场变化和竞争策略，采取相应的市场调整和战略调整，保持竞争优势和市场领先地位。

数据分析还可以帮助企业预测和应对行业趋势和市场变化。通过分析行业报告、经济指标、政策法规等数据，企业可以了解行业发展的趋势和方向，预测市场变化和风险，制定相应的业务战略和风险管理计划。例如，可以利用数据挖掘和机器学习技术分析行业报告和宏观经济指标，预测市场的发展趋势和未来变化，从而及时调整企业的业务战略和发展方向，降低市场风险，抢占市场先机。在电子商务物流领域，数据分析的应用不仅局限于市场需求和竞争对手的分析，还涵盖了订单配送、客户关系管理、供应链优化等多个环节。通过综合分析订单数据、物流运输数据和客户反馈数据，企业可以实现全流程的数据化管理和智能化决策，提高整体运营效率和服务质量，增强市场竞争力。例如，可以利用物流数据和订单配送信息分析客户的配送需求和订单情况，优化物流配送方案，提高配送效率和客户满意度；同时，还可以通过客户数据分析和挖掘识别高价值客户，制定个性化的营销策略和服务方案，增强客户忠诚度和订单价值。数据分析在业务战略制定中的应用为企业提供了重要的决策支持。

第三节　电子商务物流信息技术在仓储管理中的应用

一、电子商务物流信息技术

（一）条码（Barcode）技术

条码技术是在计算机应用中产生和发展起来的一种自动识别技术。条码技术的核心内容是利用光电扫描设备识读条码符号，从而实现机器的自动识别，并快速准确地将信息录入到计算机进行数据处理，以达到自动化管理的目的。条码技术在物流管理中的应用主要有：销售信息系统（POS 系统）、销售跟踪、库存系统、分货拣选系统以及生产管理等（图 4-5）。

ISBN 7-302-04829-0

9 787302 048299 >

图 4-5　条码

（二）射频识别（RFID）技术

射频识别（Radio Frequency Identification，RFID）技术是从 20 世纪 80 年代开始逐渐走向成熟的一项自动识别技术。RFID 又称电子标签，是一种通信技术，基本原理是电磁理论。可通过无线电信号识别特定目标并读写相关数据，而无须识别系统与特定目标之间建立机械或光学接触。射频识别技术在物流管理中的应用主要有：货物的存放和分拣管理、运输管理等（图 4-6）。

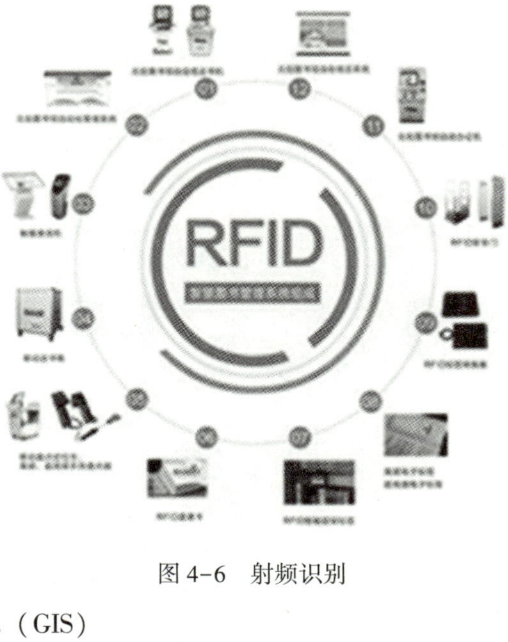

图 4-6　射频识别

（三）地理信息系统（GIS）

地理信息系统（Geographic Information System，GIS）以地理空间数据为基础，采用地理模型分析方法，提供多种空间和动态的地理信息，对各种地理空间信息进行收集、存储、分析和可视化表达，是一种为地理研究和地理决策服务的计算机技术系统。GIS 应用于物流分析，主要是指利用 GIS 强大的地理数据功能来完善物流分析技术。一些公司已经开发出利用 GIS 为物流分析提供专业支持的工具软件，完善的 GIS 物流分析软件集成了车辆路线模型、最短路径模型、网络物流模型、分配集合模型和设施定位模型等内容（图 4-7）。

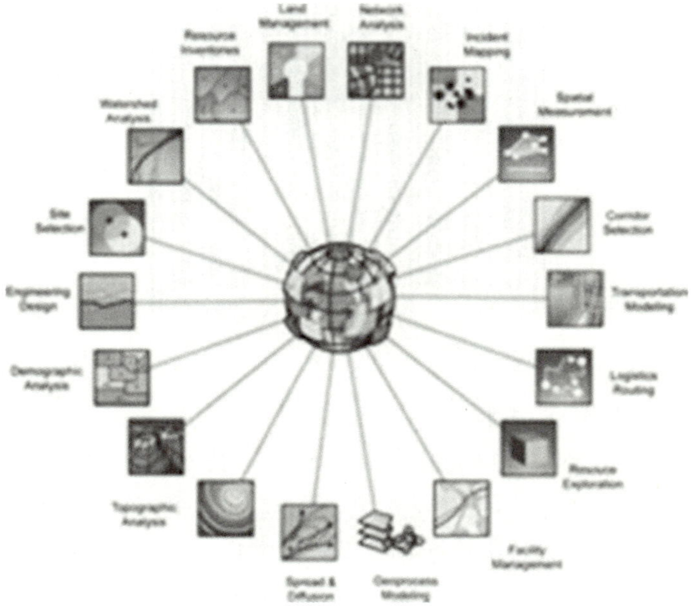

图 4-7　地理信息系统

（四）全球定位系统（GPS）

全球定位系统（Global Positioning System，GPS）是一个中距离圆形轨道卫星导航系统。它可以为地球表面绝大部分（98%）地区提供准确的定位、测速和高精度的时间标准。GPS 系统在物流管理中的应用主要有：汽车自定位和跟踪调度、铁路运输管理、军事物流等（图 4-8）。

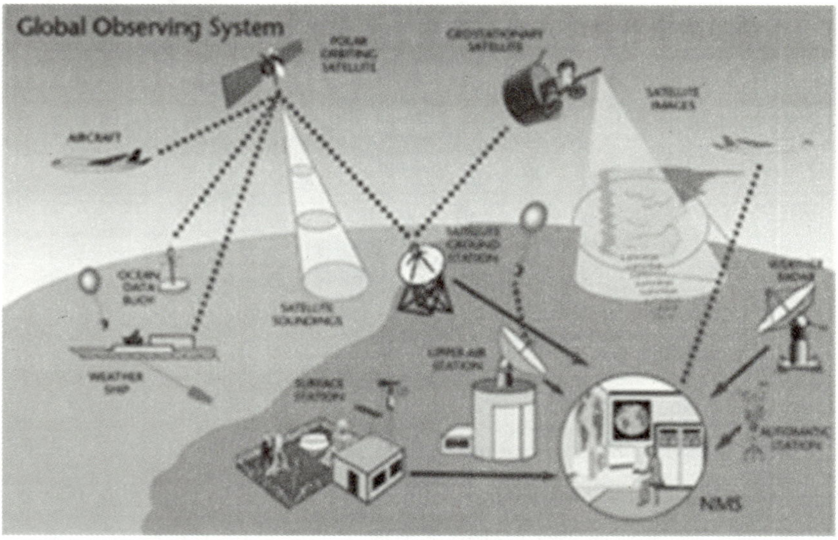

图 4-8　全球定位系统

二、电子商务物流信息技术在仓储管理中的具体应用策略

（一）仓库智能化管理系统

通过仓库智能化管理系统，电子商务企业可以实现对仓库内部各项操作的智能化监控和管理，从而提高仓储管理的效率、准确性和可靠性。这些系统通常包括仓库自动化设备、仓库管理软件、传感器技术等，能够实时监测库存情况、货物位置、货物流动等信息。通过自动化设备，可以实现货物的自动分拣、自动存储和自动取货，进一步提高了仓库的操作效率和准确性。仓库管理软件在电子商务物流仓储管理中扮演着关键角色。这类软件能够集成各种仓储管理功能，包括库存管理、订单管理、进销存管理、仓库布局规划等。通过仓库管理软件，企业可以实现对仓库内部运作的实时监控和全面管理，包括货物的入库、出库、移库等操作。同时，这些软件通常还提供数据分析和报告功能，帮助企业分析库存情况、预测需求、优化仓库布局等，从而提高仓储管理的效率和决策水平。传感器技术在仓储管理中的应用也越来越广泛。通过在仓库内部安装传感器设备，可以实时监测货物的位置、温度、湿度等环境参数，从而确保货物的安全和质量。例如，可以利用温湿度传感器监测货物的存储环境，及时发现并解决潜在的温湿度异常问题，保障货物的质量和安全。同时，还可以利用 RFID 技术实现对货物的实时追踪和管理，提高仓储管理的可视化程度和精准度。

仓库自动化设备在电子商务物流仓储管理中发挥着重要作用。这些设备包括自动化货架、输送机、机器人等，能够实现货物的自动分拣、自动存储和自动取货，大大提高了仓库的操作效率和准确性。例如，可以利用自动化货架和输送机实现货物的快速存取，减少人工操作，提高仓库的货物周转率和处理效率。同时，还可以利用机器人等自动化设备实现仓库内部的自动化搬运和拣选，减轻人工劳动强度，提高仓库操作的安全性和稳定性。在电子商务物流领域，仓储管理的智能化和自动化已成为提升竞争力和服务质量的关键因素。通过利用仓库智能化管理系统，企业可以实现对仓库内部各项操作的智能化监控和管理，提高仓储管理的效率、准确性和可靠性，进而提升客户满意度和竞争优势。随着电子商务物流的持续发展和技术创新，相信仓储管理领域将会迎来更加智能化和自动化的发展，为企业提供更加高效、安全、可靠的仓储服务。

（二）仓库管理软件

仓库管理软件（Warehouse Management System，WMS）在电子商务物流中扮演着至关重要的角色，是对仓库管理过程进行全面规划和控制的关键工具。通过 WMS 系统，企业可以实现对仓库内货物的实时监控、库存管理、订单处理、入库出库等功能。这些软件通常包括库存管理、订单管理、作业管理、装载优化等模块，能够帮助仓库管理人员高效地完成各项操作，提高仓储管理的效率和精度。WMS 系统在电子商务仓储管理中的应用包括库存管理。通过 WMS 系统，企业可以实现对库存的实时监控和管理，包括货物的入库、出库、移库等操作。例如，当有新货物到达仓库时，仓库管理人员可以通过 WMS 系统扫

描货物条码，将货物信息录入系统，并分配存放位置。当客户下单后，系统可以自动更新库存信息，并生成相应的出库指令，通知仓库人员进行出库操作。通过 WMS 系统的库存管理模块，企业可以实现对库存情况的全面掌控，避免因库存错误而导致的订单延误和客户投诉。WMS 系统还可以实现订单管理。通过 WMS 系统，企业可以实现对订单的实时监控和处理，包括订单接收、分拣、打包、发货等环节。例如，当客户下单后，系统可以自动将订单信息传输到仓库，分配相应的拣货任务给仓库人员，并生成拣货清单和包装标签。仓库人员可以通过系统查看订单信息和拣货任务，快速找到货物并进行打包。通过 WMS 系统的订单管理模块，企业可以实现订单处理的自动化和标准化，提高订单处理效率和准确性，缩短订单处理周期，增强客户满意度。

WMS 系统还可以实现作业管理。通过 WMS 系统，企业可以实现对仓库作业流程的规划、调度和监控，包括作业任务分配、作业进度跟踪、作业效率分析等功能。例如，系统可以根据订单情况和货物属性自动分配拣货、包装、装载等作业任务给仓库人员，优化作业流程和资源利用，提高作业效率和准确性。通过 WMS 系统的作业管理模块，企业可以实现对仓库作业流程的精细化管理和优化，提高作业效率和仓库整体运营水平。WMS 系统还可以实现装载优化。通过 WMS 系统，企业可以实时监控仓库内货物的位置和状态，根据订单要求和货物属性自动优化装载方案，提高装载效率和运输利用率。例如，系统可以根据货物属性和目的地自动优化装载顺序和装载方式，减少空间浪费和装载时间，提高装载效率和运输效益。通过 WMS 系统的装载优化模块，企业可以实现对装载过程的智能化管理和优化，提高运输效率和成本控制能力。WMS 系统在电子商务物流仓储管理中发挥着重要作用，能够帮助企业实现对仓库内货物的实时监控、库存管理、订单处理、入库出库等功能，提高仓储管理的效率和精度。随着电子商务物流的持续发展和技术创新，相信 WMS 系统将会迎来更加智能化和高效化的发展，为企业提供更加优质、高效的仓储管理服务。

（三）云计算技术

云计算技术在电子商务物流领域中的仓储管理中发挥着日益重要的作用，为企业提供了强大的支持和基础设施。通过云计算平台，企业可以实现仓库数据的实时共享和分析，方便各个部门和分支机构之间的协同工作。同时，云计算技术还可以帮助企业灵活扩展仓库管理系统的规模和容量，提高系统的可扩展性和灵活性。云计算技术为仓储管理提供了实时共享和分析数据的平台。在传统的仓储管理系统中，数据通常存储在本地服务器上，不同部门和分支机构之间的数据共享和协同工作存在一定的难度。而通过云计算平台，企业可以将仓库数据存储在云端服务器上，实现数据的实时共享和访问。这样，不论是位于不同地区的分仓还是不同部门的管理人员，都可以通过云端访问仓库数据，实时了解仓库运作情况，进行及时决策和调整。云计算技术可以为企业提供灵活的仓库管理系统解决方案。传统的仓库管理系统往往需要企业购买昂贵的服务器设备和软件许可证，而且系统容量和性能受到硬件设备的限制。而通过云计算平台，企业可以根据实际需求选择合适的仓库管理系统，无须投入大量资金购买硬件设备，也不必担心系统容量和性能的限制。

云计算平台提供了弹性计算和存储资源，可以根据企业的需求随时扩展或缩减系统规模，确保系统始终具备足够的容量和性能，满足企业不断增长的业务需求。云计算技术还可以为企业提供高效的仓库数据分析和业务决策支持。通过云端存储的仓库数据，企业可以利用云计算平台提供的数据分析工具和服务进行数据挖掘和业务智能分析，发现隐藏在海量数据背后的规律和趋势，为企业的业务决策提供科学依据。例如，可以利用云计算平台的大数据分析服务分析仓库数据，优化库存管理策略，降低库存成本；同时，还可以分析订单数据和客户行为数据，优化订单处理流程，提高客户满意度和忠诚度。在电子商务物流领域，云计算技术的应用已经成为提升仓储管理效率和灵活性的重要手段。通过云计算平台，企业可以实现仓库数据的实时共享和分析，方便各个部门和分支机构之间的协同工作；同时，还可以根据实际需求选择灵活的仓库管理系统解决方案，提高系统的可扩展性和灵活性；此外，还可以利用云计算平台提供的数据分析工具和服务，优化仓库管理策略，提高仓储管理的效率和精度。随着云计算技术的不断发展和应用，相信在未来电子商务物流领域的仓储管理中将会迎来更加智能化、高效化和灵活化的发展。

第四节 电子商务物流信息技术在运输管理中的应用

一、智能调度系统

电子商务物流企业在运输管理中借助智能调度系统可以实现对运输资源的智能调配和优化，从而提高运输效率、降低成本，并减少环境负担。这些智能调度系统利用数据分析和决策算法，集成订单信息、运输路线、交通状况等多种数据和信息，以确定最佳的运输方案和路线，从而实现运输资源的合理利用和优化配置。智能调度系统通过实时监测订单信息和运输需求，以及分析运输路线和交通状况，能够准确预测运输需求，提前规划运输方案。例如，系统可以根据订单量、目的地、时效要求等因素，智能地分配运输资源，合理安排运输车辆和人员，确保订单及时送达，满足客户需求。智能调度系统通过优化运输路线和车辆调度，能够降低运输成本和提高运输效率。

系统可以利用实时交通信息和路况数据，智能规划最优路线，避开拥堵区域，减少行驶时间和油耗，提高运输效率。同时，系统还可以实现多点集货、多点配送，优化车辆装载率和行驶里程，降低空载率，从而降低运输成本，提高运输效益。智能调度系统还能够提高运输安全性和可靠性。系统可以实时监测车辆位置和状态，及时发现并处理异常情况，如车辆故障、交通事故等，保障货物安全和运输顺利。同时，系统还可以提供实时跟踪和监控功能，让客户随时了解货物的运输状态，增强客户信任和满意度。在电子商务物流领域，智能调度系统的应用不仅局限于订单配送，还涵盖了供应链管理、仓储配送等多个环节。例如，系统可以实现对供应链各个环节的智能监控和协调，优化供应链流程，提高供应链的灵活性和响应速度；同时，还可以实现对仓储配送过程的智能优化和管理，提高仓储配送效率和精准度。智能调度系统在电子商务物流运输管理中的应用，为企业提供了强大的决策支持和运营优化的工具。通过智能调度系统，企业可以实现对运输资源的智能调配和优化，提高运输效率、降低成本，从而实现可持续发展和竞争优势。随着技术的不断发展和应用，相信智能调度系统在电子商务物流领域将会发挥越来越重要的作用，为企业的发展带来更多的机遇和挑战。

二、物流跟踪系统

（一）实时监控和跟踪

1. 监控

随着电子商务的蓬勃发展，物流运输管理正经历着一场数字化革命。电子商务物流信息技术的广泛应用，为运输管理提供了前所未有的便利和效率。在这一领域，物流跟踪系统的实时监控和跟踪功能尤为突出，它通过信息技术手段实现对货物运输过程的实时监控和跟踪，为企业和客户提供了更加准确和及时的信息支持。电子商务物流信息技术在运输管理中的应用使得货物的运输过程更加透明化和可视化。通过物流跟踪系统，运输管理人员和客户可以随时查询货物的运输状态、位置以及预计到达时间等关键信息。这种实时监控和跟踪功能使得货物的流动变得可见，从而有效地提高了运输过程的透明度。运输管理人员可以实时了解货物的运输情况，及时调整运输计划，以应对突发情况，提高运输效率和客户满意度。电子商务物流信息技术的应用为企业提供了更加精细化和智能化的运输管理手段。通过物流跟踪系统收集的大数据可以被用于运输管理的决策和优化。运输管理人员可以通过分析这些数据，发现运输过程中存在的问题和瓶颈，进而采取相应的措施进行优化。例如，通过对货物运输路径的分析，可以优化路线规划，减少运输时间和成本；通过对运输车辆的监控，可以实现车辆的调度优化，提高运输效率。

2. 跟踪

通过物流跟踪系统，客户可以随时查询货物的运输状态和位置，了解货物的实时情况。客户还可以根据自己的需求，定制运输方案，选择合适的运输方式和服务。例如，对于一些对时效性要求较高的货物，客户可以选择快速运输服务，以保证货物及时到达；对于一些对成本控制要求较高的货物，客户可以选择经济型运输服务，以降低运输成本。这种个性化的服务可以提高客户的满意度，增强客户的忠诚度，为企业带来更多的商业机会和收益。电子商务物流信息技术在运输管理中的应用，通过实时监控和跟踪货物的运输过程，提高了运输过程的透明度和可视化程度，为企业和客户提供了更加准确和及时的信息支持。同时，它还为企业提供了精细化和智能化的运输管理手段，帮助企业降低成本、提高效率；为客户提供了更加便捷和个性化的服务，提高客户满意度，增强竞争力。随着电子商务的不断发展和物流信息技术的不断进步，相信电子商务物流信息技术在运输管理中的应用将会发挥越来越重要的作用，为物流运输行业的发展注入新的活力和动力。

（二）提高运输效率

物流跟踪系统是现代物流管理中的重要组成部分，它通过结合信息技术和物流管理实践，实现了对运输过程的实时监控、调度和优化。在电子商务物流信息技术的应用下，这一系统发挥着越来越关键的作用，为企业提供了更高效、更可靠的运输管理解决方案。电子商务物流信息技术在物流跟踪系统中的应用使得对运输过程的实时监控变得更加全面和精准。系统可以通过 GPS 定位、传感器监测等技术手段，实时获取运输车辆的位置、速度、行驶路线等关键信息。同时，结合交通实况数据、天气情况等外部环境因素，系统可以对运输过程进行智能分析和预测，及时发现并应对可能出现的问题，如路线拥堵、天气恶劣等，从而保障货物的安全、及时送达。电子商务物流信息技术在物流跟踪系统中的应用为运输调度提供了更多智能化的工具和手段。系统可以根据实时监测到的交通状况和路线情况，进行智能路线规划和调整，避开拥堵区域，选择最优的运输路径，从而减少行驶时间和成本，提高运输效率。同时，系统还可以根据货物的特性和客户需求，进行智能调度，合理安排运输车辆和司机资源，优化运输计划，提高运输资源利用率，降低运输成本。电子商务物流信息技术在物流跟踪系统中的应用还可以实现运输过程的实时监控与客户服务的有机结合。客户可以通过系统实时查询货物的运输状态和位置，了解货物的实时情况，并根据需要进行调整和安排。同时，系统还可以提供货物预计到达时间等关键信息，帮助客户合理安排生产、销售等活动，提高客户满意度和信任度。电子商务物流信息技术在运输管理中的应用，使物流跟踪系统不仅能够实现对运输过程的实时监控和调度，及时发现和解决运输过程中的问题，提高运输效率，还能够与客户服务有机结合，为客户提供更加便捷、可靠的物流服务。

（三）优化资源配置

物流跟踪系统在优化运输资源配置和利用方面发挥着至关重要的作用。通过实时监控货车、船舶、飞机等运输工具的位置和状态，这一系统能够实现智能调度和分配，合理安排运输车辆和人员，优化运输路线和装载方案，降低空载率和成本，从而提高资源利用效率。电子商务物流信息技术在这一过程中发挥着重要的辅助作用，为运输管理提供了更多的数据支持和决策依据。电子商务物流信息技术为物流跟踪系统提供了丰富的数据源。通过各种传感器、GPS 定位装置以及数据采集设备，系统可以实时获取运输工具的位置、速度、载重等信息。同时，系统还可以结合交通实时数据、天气预报等外部因素，进行智能分析和预测，为运输资源的优化配置提供更加准确和可靠的数据支持。电子商务物流信息技术为运输资源的智能调度和分配提供了技术支持。通过物流跟踪系统，运输管理人员可以实时监控运输工具的位置和状态，了解运输网络的实时情况。系统可以根据货物的特性、目的地的距离、交通状况等因素，智能分配运输工具和人员，合理安排运输路线和装载方案，最大程度地减少空载率和成本，提高资源利用效率。电子商务物流信息技术还为运输资源的优化配置提供了数据分析和决策支持。通过对大数据的收集、存储和分析，系统可以发现运输过程中存在的问题和瓶颈，如运输路线的拥堵、运输工具的空载率过高等，并提出相应的优化建议。运输管理人员可以根据这些数据分析结果，及时调整运输计划，优化资源配置，提高运输效率。电子商务物流信息技术还可以实现运输资源的动态优化和实时调整。随着运输过程的不断进行，系统可以不断收集和更新运输数据，实时监控运输情况，及时发现并应对突发情况，如交通拥堵、天气恶劣等，调整运输路线和计划，保障货物的安全、及时送达，最大限度地提高资源利用效率。电子商务物流信息技术在运输管理中的应用为物流跟踪系统提供了强大的数据支持和技术保障，为企业优化运输资源的配置和利用提供了重要的技术手段和决策依据。随着电子商务的不断发展和物流信息技术的不断进步，相信物流跟踪系统在优化运输资源方面的应用将会变得越来越普遍和成熟，为企业带来更多的经济效益和竞争优势。

（四）改善客户体验

物流跟踪系统的应用在现代商业环境中已经成为不可或缺的一部分。电子商务物流信息技术在物流跟踪系统中的应用使得客户能够轻松地实时跟踪货物的运输状态和位置，通过简单的网络连接，客户可以随时登录物流跟踪系统，轻松查询货物的实时位置和预计到达时间。这种实时监控功能极大地提高了客户对货物运输过程的可见度，让客户不再盲目等待，而是能够了解货物的具体情况，从而更好地安排接收和处理货物。

物流跟踪系统可以根据客户的需求和偏好，提供定制化的信息推送服务。例如，客户可以设置关键节点的提醒，如货物发出、到达目的地等，系统会自动发送通知提醒客户。这种个性化的服务不仅提高了客户的满意度，还增强了客户对企业的信任和忠诚度，为企业赢得了更多的商业机会和口碑。电子商务物流信息技术的应用也为客户提供了更加便捷和高效的交互方式。通过物流跟踪系统，客户可以直接与企业进行沟通和互动，提出问题、反馈意见等，企业也可以及时响应并解决问题，保障客户的权益和利益。这种实时的交互方式有效地缩短了客户与企业之间的距离，增强了客户的参与感和归属感，促进了企业与客户之间的良好关系。通过物流跟踪系统，客户可以直接进行货款支付和结算，无须再进行繁琐的线下操作。同时，系统还可以提供多种支付方式和安全保障措施，保障客户的资金安全和交易顺利进行，增强了客户对企业的信任和满意度。电子商务物流信息技术在运输管理中的应用不仅为企业提供了更高效和可靠的运输服务，同时也为客户提供了更加便捷和满意的体验。客户可以通过系统实时跟踪货物的运输状态和位置，享受个性化和定制化的服务，与企业进行便捷和高效的交互，以及安全便捷的支付和结算方式，从而提升客户满意度和忠诚度。随着电子商务的不断发展和物流信息技术的不断进步，相信物流跟踪系统在客户服务方面的应用将会越来越广泛，为客户带来更多的便利和惊喜。

（五）降低运输风险

物流跟踪系统能够及时发现和解决运输过程中的问题，如货物丢失、延误等情况，从而降低运输风险。系统可以实时监控货物的位置和状态，提供实时报警和异常处理功能，及时采取措施处理问题，保障货物安全和运输顺利。在电子商务物流领域，物流跟踪系统的应用尤为重要。随着电子商务的快速发展，货物运输量不断增加，物流环节的管理和监控也变得更加复杂和关键。物流跟踪系统通过实时监控和跟踪货物运输过程，提供了一种高效、可靠的解决方案，帮助企业提高运输效率、降低成本，并改善客户体验，从而在激烈的市场竞争中保持竞争优势。随着技术的不断创新和应用，相信物流跟踪系统在电子商务物流领域的应用将会越来越广泛和深入，为企业的发展带来更多的机遇和挑战。

三、电子运单系统

（一）实时信息记录和管理

电子运单系统在现代物流管理中扮演着至关重要的角色，通过电子化的方式记录和管理运输过程中的各项信息，极大地提升了运输的效率、准确性以及客户服务水平。在电子商务物流信息技术的支持下，电子运单系统不仅为运输司机提供了便捷的操作手段，同时也为企业提供了更加智能化、精细化的运输管理方案。电子运单系统的应用为运输司机提供了便捷的信息获取和更新渠道。通过手机或电子设备，运输司机可以随时随地查看和更新运输任务和货物状态，无须再依赖传统的纸质运单，大大节约了时间和人力成本。这种实时监控和管理功能使得运输过程变得更加灵活、高效，司机可以及时响应客户需求和运输任务变化，提高了运输的灵活性和适应性。电子运单系统的应用还为客户提供了更加便捷和可靠的服务。

（二）便捷的操作流程

电子运单系统作为现代物流管理中的一项重要技术应用，革新了传统的运输操作流程，使之更加便捷、高效。通过手机或电子设备接收、处理和完成运输任务，运输司机无须再依赖传统的纸质运单和手写签收，从而大大简化了操作流程，减少了操作时间和错误率，提高了运输效率。电子运单系统的应用使得运输操作流程更加便捷、高效。传统的纸质运单需要手写填写、交接，耗费时间且容易出现错误，而电子运单系统将所有运输任务信息电子化处理，运输司机只需通过手机或电子设备即可接收任务、完成签收等操作，无须手写，操作简单快捷。这种便捷的操作方式不仅提高了运输司机的工作效率，也降低了操作错误率，从而为企业节省了人力成本和时间成本，提升了运输效率。电子运单系统的应用为企业提供了更加智能化、精准化的运输管理方案。

通过电子运单系统收集的大数据可以被用于运输管理的决策和优化。企业可以通过分析这些数据，了解运输过程中的瓶颈和问题，进而采取相应的措施进行优化。例如，通过对运输任务的数据分析，可以优化运输路线和装载方案，提高运输效率；通过对运输司机绩效的数据分析，可以优化司机的调度安排，提高运输资源利用率。这种智能化、精准化的运输管理方案可以帮助企业降低成本、提高效率，增强竞争力。电子运单系统的应用还为客户提供了更加便捷和可靠的服务。电子运单系统的应用为现代物流管理注入了新的活力和动力，使得运输操作流程更加便捷、高效。

（三）实时通信和协作

电子运单系统作为现代物流管理的重要组成部分，不仅简化了运输操作流程，还通过提供实时通信和协作功能，实现了运输司机与调度员、客户等相关人员之间的实时交流和沟通。这种实时通信和协作功能为运输过程中的问题解决提供了有效的渠道，例如在遇到交通堵塞或其他问题时，运输司机可以通过系统及时向调度员报告，并根据调度员的指示调整路线和方案，保障货物能够及时送达，提高了运输的可靠性和服务质量。在电子商务物流信息技术的支持下，电子运单系统不仅实现了信息的快速传递，还为企业提供了更加智能化、精细化的运输管理手段。电子运单系统为运输司机和调度员之间的实时通信提供了便捷的工具。通过系统内建的即时通讯功能，运输司机和调度员可以直接进行文字、语音、甚至视频的实时交流。当运输司机在运输过程中遇到问题时，如交通堵塞、意外事件等，可以立即向调度员发起求助或报告情况，调度员也可以实时了解运输情况，及时做出调整和应对措施，保障货物的安全和及时送达。

电子运单系统为运输司机和客户之间的实时沟通提供了便利条件。客户可以通过系统随时查询货物的运输状态和位置，了解货物的到达时间，并与运输司机进行实时交流。例如，客户可以提前了解货物的预计到达时间，合理安排接收工作；当客户有特殊需求或变更时，也可以通过系统与运输司机直接沟通，及时协调解决，提高了客户服务的及时性和灵活性。电子运单系统通过提供实时通信和协作功能，实现了运输司机与调度员、客户等相关人员之间的实时交流和沟通，从而提高了运输的可靠性和服务质量。

（四）减少纸质运单使用成本

传统的纸质运单在物流运输中扮演着重要角色，但随着电子商务的发展和物流信息技术的进步，电子运单系统正逐渐取代传统的纸质运单，成为了现代物流管理的主流方式。与纸质运单相比，电子运单系统具有诸多优势，其中包括减少成本、提高效率、节约资源等方面的显著优势。在电子商务物流信息技术的支持下，电子运单系统不仅为企业节省了大量的印刷、存储、管理和处理成本，同时也提升了整体运输管理的水平和效率。电子运单系统通过完全替代纸质运单，大大减少了相关成本。传统的纸质运单需要大量的纸张、墨盒、印刷设备等物资成本，而且还需要额外的存储空间和人力成本来管理和处理这些运单。相比之下，电子运单系统将所有运输任务信息电子化处理，运输司机只需通过手机或电子设备即可接收任务、完成签收等操作，无须手写，操作简单快捷。这种电子化操作不仅减少了相关的物资成本，还降低了存储和管理成本，节约了大量的企业资源。电子运单系统提高了运输管理的效率和精度。传统的纸质运单容易出现遗失、错漏、损坏等问题，导致信息不准确、不完整，影响运输过程的顺利进行。而电子运单系统将所有信息以电子化的方式记录和管理，可以实现信息的实时更新、精准传递，减少了错误发生的可能性，提高了运输管理的准确性和效率。

运输司机可以随时更新运输任务的状态，调度员和客户也可以实时了解运输情况，及时做出调整和应对措施，提高了运输服务的质量和可靠性。电子运单系统为企业提供了更加智能化、精细化的运输管理手段。通过系统记录和分析运输过程中的各项数据，企业可以了解运输情况、问题点和改进空间，并根据这些数据进行运输策略的优化和调整。通过分析客户的需求和反馈，可以优化运输服务方案，提升客户满意度。这种智能化、精细化的运输管理手段可以帮助企业降低成本、提高效率，增强竞争力。电子运单系统的应用不仅为企业节省了大量的印刷、存储、管理和处理成本，同时也提升了整体运输管理的水平和效率。在电子商务物流信息技术的支持下，电子运单系统通过完全替代纸质运单，大大减少了相关成本，提高了运输管理的效率和精度，为企业提供了更加智能化、精细化的运输管理手段。

四、大数据分析技术

（一）数据来源和类型

运输管理涉及的数据类型非常广泛，包括但不限于订单信息、运输路线、运输工具信息、运输时间、货物状态、交通状况等。这些数据来源于多个渠道，可以来自企业内部系统、物流合作伙伴、交通管理部门、天气预报等多个来源，形成了一个多样化、多维度的数据池。在电子商务物流信息技术的支持下，这些数据被有效地收集、整合和分析，为运输管理提供了强大的数据支持和决策依据。订单信息是运输管理中至关重要的数据之一。订单信息包括客户名称、货物类型、数量、交付地点、交付时间等内容，是运输计划制定的基础。通过收集并分析订单信息，企业可以准确了解客户需求，合理安排运输资源，制定合适的运输计划和路线，保证货物能够按时安全送达目的地。电子商务物流信息技术可以实现订单信息的自动化处理和实时更新，提高了运输管理的效率和准确性。运输路线和运输工具信息也是运输管理中的关键数据。运输路线涉及起始地点、途经地点、目的地点等信息，而运输工具信息包括车辆、船舶、飞机等运输工具的类型、数量、状态等。通过收集和分析运输路线和运输工具信息，企业可以优化运输路径和选择合适的运输工具，降低运输成本、缩短运输时间，提高运输效率。

电子商务物流信息技术可以实现对运输路线和运输工具信息的实时监控和调整，帮助企业及时应对运输过程中的变化和挑战。运输时间、货物状态和交通状况也是运输管理中不可或缺的数据。运输时间指的是从货物发出到到达目的地所需的时间，货物状态指的是货物在运输过程中的实时状态，交通状况指的是运输过程中遇到的交通拥堵、道路封闭等情况。通过实时监控运输时间、货物状态和交通状况，企业可以及时调整运输计划和路线，避开拥堵区域，保证货物的安全和及时送达。电子商务物流信息技术可以通过GPS定位、传感器等技术手段实时监控运输时间、货物状态和交通状况，为运输管理提供了及时、准确的数据支持。

（二）数据分析技术

1. 数据挖掘技术

大数据分析技术在现代物流运输管理中扮演着至关重要的角色，它不仅能够帮助企业更好地理解和利用运输数据，还能够揭示数据中的潜在规律和关联，为运输管理决策提供科学依据。常用的大数据分析技术包括数据挖掘、机器学习、人工智能等，其中包括聚类分析、关联规则挖掘、时间序列分析、预测建模等方法。在电子商务物流信息技术的支持下，大数据分析技术为运输管理提供了强大的分析工具和决策支持，助力企业实现运输效率的最大化和成本的最小化。数据挖掘是大数据分析技术中常用的方法之一。通过数据挖掘技术，企业可以从海量的运输数据中发现隐藏在其中的模式和规律，进而进行更加精准的运输管理和决策。例如，企业可以利用数据挖掘技术对客户订单数据进行分析，发现不同客户群体的运输需求特征，从而制定针对性的运输服务方案；还可以利用数据挖掘技术对运输路线和交通状况数据进行分析，发现运输过程中的瓶颈和问题，优化运输方案，提高运输效率。机器学习是大数据分析技术中的重要分支，可以应用于运输管理中的预测建模和决策支持。机器学习算法可以利用历史运输数据进行训练，从而预测未来的运输需求和趋势，为企业提供科学的运输规划和决策建议。例如，企业可以利用机器学习算法对货物运输量、季节性变化、交通状况等数据进行分析和建模，预测未来运输需求的变化趋势，合理安排运输资源，降低运输成本，提高运输效率。

2. 时间序列分析

用于对运输数据中的时间变化趋势进行分析和预测。通过时间序列分析，企业可以了解运输数据的季节性、周期性等规律，从而做出相应的运输安排和决策。例如，企业可以利用时间序列分析技术对货物运输时间、运输成本、客户订单量等数据进行分析，预测未来的运输需求和变化趋势，及时调整运输计划，满足客户需求。关联规则挖掘是大数据分析技术中用于发现数据之间关联关系的重要方法。通过关联规则挖掘，企业可以发现运输数据中的潜在关联规律，从而进行更加精准的运输管理和决策。例如，企业可以利用关联规则挖掘技术分析客户订单数据和货物状态数据之间的关系，发现不同订单特征对货物运输状态的影响，优化运输服务方案，提高客户满意度。大数据分析技术在运输管理中具有重要的应用价值，可以帮助企业更好地理解和利用运输数据，发现其中的潜在规律和关联，为运输管理决策提供科学依据。随着大数据分析技术的不断发展和普及，相信它将在物流运输管理中发挥越来越重要的作用，为物流行业的发展带来新的机遇和挑战。

（三）降低运输成本

通过分析历史运输数据和实时交通信息，运输管理者能够揭示出最佳的运输路径和路线，从而避开拥堵区域和高峰时段，提高整体的运输效率。这一过程中，大数据分析技术发挥着关键作用。大数据分析技术涵盖了诸多算法和工具，如数据挖掘、机器学习、人工智能等，它们能够在考虑多个因素的情况下，找到最优的路线规划方案，使运输时间和成本达到最低。历史运输数据是进行路径规划和优化的重要数据源之一。通过对历史运输数据的分析，可以了解不同路线的运输时间、成本、风险等情况，从而评估每条路线的优劣。这种数据分析可以帮助运输管理者识别出运输效率较高的路线，并为未来的路线规划提供参考。实时交通信息是实现实时路径规划和优化的关键。随着智能交通系统的发展，交通管理部门可以实时收集、监控路况信息，包括交通拥堵、事故、施工等情况。通过分析这些实时交通信息，可以即时调整运输路线，避开拥堵区域和高峰时段，从而减少运输时间和成本。

大数据分析技术可以将历史运输数据和实时交通信息进行综合分析，并应用优化算法进行路径规划和优化。常用的优化算法包括遗传算法、模拟退火算法、蚁群算法等。这些算法能够在考虑多个因素的情况下，找到最优的路线规划方案，使运输时间和成本达到最低。电子商务物流信息技术在这一过程中发挥着重要作用。通过电子商务平台收集的订单信息、客户需求等数据，可以为大数据分析提供更为丰富的数据来源。而物流信息系统可以实现对实时交通信息的实时监控和更新，为实时路径规划提供支持。此外，利用电子商务平台，可以实现对运输过程的实时监控和跟踪，及时发现问题并进行调整，进一步提高了运输效率。通过分析历史运输数据和实时交通信息，结合大数据分析技术和电子商务物流信息技术，可以发现最佳的运输路径和路线，避开拥堵区域和高峰时段，提高运输效率。这一过程不仅能够减少运输时间和成本，还能够提升客户满意度，增强企业竞争力。随着电子商务物流信息技术的不断发展和应用，相信运输管理中大数据分析技术的作用将会越来越突出，为物流行业的发展带来新的机遇和挑战。大数据分析技术在电子商务物流运输管理中发挥着重要作用，通过对海量的运输数据进行深度挖掘和分析，帮助企业发现潜在的优化和改进空间，提高运输效率和服务质量。随着技术的不断进步和应用，相信大数据分析技术在电子商务物流领域的作用将会越来越重要，为企业的发展带来更多的机遇和挑战。

第五章　电子商务物流企业的市场开拓与营销

第一节　电子商务物流市场分析与定位

一、电子商务物流市场分析

（一）市场规模和增长趋势

电子商务物流市场的规模和增长趋势一直备受关注，因为电子商务的快速发展不仅改变了消费者购物的方式，也对物流行业提出了新的挑战和机遇。要全面分析电子商务物流市场的规模和增长趋势，需要考虑多个因素，包括电子商务销售额的增长、跨境电商的发展以及物流服务的需求。电子商务销售额的持续增长是推动电子商务物流市场发展的主要因素之一。随着互联网的普及和移动支付技术的成熟，越来越多的消费者选择在线购物，推动了电子商务销售额的不断增长。根据统计数据显示，全球电子商务销售额在过去几年内呈现出稳步增长的趋势，预计未来也将继续保持增长态势。这种增长势头不仅来自于发达国家，也在发展中国家得到了持续推动，尤其是亚太地区和拉丁美洲地区的电子商务市场潜力巨大。跨境电商的发展为电子商务物流市场带来了新的增长机遇。随着国际贸易的自由化和跨境电商平台的崛起，越来越多的消费者可以方便地购买来自世界各地的商品。这种跨境电商的发展不仅促进了国际贸易的增长，也对物流服务提出了更高的要求。

跨境电商物流需要跨越国界、清关、运输等一系列复杂的流程，因此需要更加高效和可靠的物流服务支持。这为物流行业带来了新的增长点和市场机遇。随着电子商务市场的竞争日益激烈，物流服务的需求也在不断增加。消费者对于物流配送的要求越来越高，他们希望能够享受到更快速、更便捷、更可靠的物流服务。因此，物流企业需要不断提升服务质量，提高配送效率，以满足消费者的需求。同时，物流服务的创新也成为了竞争的关键，包括智能物流、无人机配送、智能仓储等新技术的应用正在改变传统物流行业的格局，为电子商务物流市场的发展注入新的活力。电子商务物流市场具有巨大的发展潜力和市场空间。随着电子商务销售额的持续增长、跨境电商的发展以及物流服务需求的增加，电子商务物流市场将会继续保持良好的增长态势。同时，随着技术的不断创新和应用，电子商务物流市场也将迎来更加多样化和智能化的发展，为整个物流行业带来新的发展机遇。因此，企业在布局电子商务物流市场时应该抓住机遇，加大技术投入和创新力度，以提升竞争力，实现可持续发展。

（二）关键驱动因素

1. 可追踪和便宜的配送的需求

电子商务物流市场的增长受到多种因素的推动，其中一些主要因素包括消费者对快速、可追踪和便宜的配送的需求、电子商务公司的扩张和创新、技术进步等。消费者对快速、可追踪和便宜的配送的需求是推动电子商务物流市场增长的重要因素之一。随着生活节奏的加快和消费习惯的转变，消费者对于商品配送的要求越来越高。他们希望能够在下单后尽快收到商品，而且希望能够随时跟踪商品的配送状态。此外，消费者也更加关注配送费用，他们希望能够以最低的成本获得高质量的配送服务。因此，物流公司需要不断提升配送效率，降低配送成本，以满足消费者对于快速、可追踪和便宜配送的需求。电子商务公司的扩张和创新也是推动电子商务物流市场增长的重要因素之一。随着电子商务市场的竞争日益激烈，电子商务公司不断寻求新的增长点和市场机遇。他们通过扩大业务规模、拓展市场份额、推出新的服务和产品等方式来实现增长。与此同时，电子商务公司也不断创新物流配送模式和技术，以提升配送效率和服务质量。例如，一些电子商务公司已经开始尝试无人机配送、自动驾驶配送等先进技术，以满足消费者对于快速配送的需求。这些创新举措不仅推动了电子商务物流市场的增长，也促进了整个物流行业的升级和转型。

2. 技术进步

随着信息技术和物流技术的不断进步，物流行业正在经历一场数字化和智能化的革命。新技术如大数据分析、人工智能、物联网等的应用，使物流作业变得更加高效、智能和可控。这些技术的应用不仅提升了物流作业的效率，也为电子商务物流市场的发展提供了新的动力。例如，物流公司可以通过大数据分析优化路线规划和配送计划，从而提高配送效率和降低成本。而物联网技术可以实现对货物运输过程的实时监控和追踪，提升配送可视性和透明度。这些技术的应用使得电子商务物流市场能够更好地满足消费者的需求，推动市场的持续增长。消费者对快速、可追踪和便宜的配送的需求、电子商务公司的扩张和创新，以及技术进步是推动电子商务物流市场增长的主要因素。这些因素相互作用，共同推动了电子商务物流市场的发展，为物流行业带来了新的发展机遇。因此，企业应该密切关注这些因素的变化，不断优化物流服务，提升竞争力，抓住市场机遇，实现可持续发展。

（三）竞争格局

1. 物流公司

物流公司是电子商务物流市场中的重要参与者，负责商品的配送和物流服务。在物流公司中，国际物流巨头如联邦快递、UPS、DHL 等拥有较大的市场份额，他们拥有全球化的物流网络和丰富的经验，能够提供全球范围内的物流服务（图 5-1、图 5-2、图 5-3）。国内物流公司如顺丰、圆通、中通等也在电子商务物流市场中占据重要地位，他们通过高效的配送网络和优质的服务赢得了广大客户的信赖。未来，物流公司将继续加大对物流网络和技术的投入，提升配送效率和服务质量，以满足不断增长的电子商务物流需求。

图 5-1　联邦快递

图 5-2　UPS

图 5-3　DHL

2. 电子商务平台

电子商务平台是电子商务物流市场中的核心参与者，负责连接消费者和商家，并提供在线购物和交易平台。国际电商巨头如亚马逊、阿里巴巴、京东等在全球范围内拥有庞大的用户基础和销售额，他们通过不断扩张市场份额和提供丰富的商品选择吸引了大量消费者。国内外的小型电商平台如拼多多、淘宝等也在电子商务市场中发挥着重要作用，他们通过差异化的服务和产品定位吸引了特定消费群体的青睐。未来，电子商务平台将继续加大对技术和服务的创新，拓展市场份额，提升用户体验，加强品牌建设，以保持竞争优势。

3. 技术提供商

技术提供商是电子商务物流市场中的关键参与者，负责为物流和电子商务企业提供技术支持和解决方案。物流科技公司如菜鸟网络、快手物流等在电子商务物流市场中发挥着重要作用，他们通过先进的物流技术和数据分析帮助企业提升物流效率和服务质量。电子商务平台也积极投入研发和应用新技术，如人工智能、大数据分析、物联网等，以优化用户体验和提升交易效率。未来，技术提供商将继续加大对技术研发和创新的投入，为物流和电商企业提供更加高效和智能的解决方案，以应对日益激烈的市场竞争。电子商务物流市场的主要参与者包括物流公司、电子商务平台和技术提供商等，他们各自具有不同的市场份额、战略、服务特点和未来竞争策略。通过不断创新和提升服务水平，这些参与者将共同推动电子商务物流市场的发展，为消费者提供更加便捷和高效的物流服务，促进整个电子商务生态系统的健康发展。

（四）跨境电商物流

1. 关税和清关程序的挑战

跨境电商涉及不同国家之间的贸易，因此会面临关税和清关程序的挑战。不同国家之间的关税税率、进口限制和监管政策可能存在差异，导致货物跨境时需要经过复杂的清关程序和缴纳高额的关税。这些关税和清关程序不仅增加了物流成本，也增加了交易的不确定性和风险。此外，不同国家的清关流程可能存在不透明性和延误现象，影响了货物的及时交付。因此，如何解决跨境电商中的关税和清关问题成为了物流行业面临的重要挑战之一。为应对关税和清关程序的挑战，物流企业可以与各国政府和监管机构合作，推动建立统一的关税税率和清关标准，简化清关程序，降低跨境贸易的成本和风险。物流企业可以借助物联网、大数据分析等技术，优化清关流程，提高清关效率。例如，通过智能化的清关平台和系统，实现货物信息的实时传输和监控，加快清关速度，减少延误。物流企业可以提供专业的跨境电商物流服务，包括关税咨询、清关代理等服务，帮助客户解决关税和清关问题，降低贸易风险。

2. 国际运输的挑战

跨境电商需要进行国际运输，面临着跨国货物运输、货物跟踪和配送等方面的挑战。由于国际运输涉及不同国家之间的运输网络和运输标准，因此可能面临运输时间长、运输成本高、运输风险大等问题。此外，国际运输还面临着货物丢失、损坏、延误等风险，影响了货物的交付和客户满意度。为解决国际运输的挑战，物流企业可以拓展国际运输网络，建立起覆盖全球的运输网络和合作伙伴，以提供更广泛、更快速、更可靠的国际运输服务。物流企业可以优化运输路线和运输方案，采用先进的运输工具和技术，提升运输效率，缩短运输时间，降低运输成本。物流企业可以借助物联网、GPS 等技术，实现对货物的实时跟踪和监控，确保货物的安全和及时交付。

3. 机遇和发展空间

尽管跨境电商面临诸多挑战，但也为物流行业带来了新的机遇和发展空间。随着全球市场的开放和电子商务的普及，跨境电商市场呈现出巨大的发展潜力。物流行业可以通过不断创新和提升服务水平，满足跨境电商的物流需求，抢占市场份额，实现可持续发展。跨境电商对物流行业的影响是深远而复杂的，涉及关税、清关程序、国际运输等方面的挑战，同时也为物流行业带来了新的机遇和发展空间。通过加强国际合作、采用先进技术、提供专业服务等方式，物流行业可以有效应对跨境电商的挑战，抓住机遇，推动物流行业的创新和发展。

（五）市场机会与挑战

1. 增长潜力

电子商务物流市场具有巨大的增长潜力。随着全球电子商务行业的持续发展和普及，对于物流服务的需求不断增加。消费者对于快速、可靠的配送服务的需求日益迫切，电子商务物流市场因此得到了快速发展。特别是在全球化进程不断加速的背景下，跨境电商的兴起进一步扩大了电子商务物流市场的规模和范围。未来，随着电子商务行业的不断拓展和普及，电子商务物流市场的增长潜力将进一步释放，为物流企业带来新的发展机遇。

2. 行业标准化

电子商务物流市场目前存在着缺乏统一标准和规范的问题。由于不同地区、不同国家的物流行业标准和政策存在差异，导致了跨境电商物流过程中的不确定性和风险。同时，电子商务物流市场中涉及的各个环节，如订单处理、仓储管理、配送服务等，缺乏统一的标准和规范，造成了物流效率的低下和服务质量的不稳定。因此，电子商务物流市场需要加强行业标准化建设，建立统一的物流标准和规范，提升物流行业的整体水平和竞争力。

3. 供应链脆弱性

电子商务物流市场面临着供应链脆弱性的挑战。供应链是电子商务物流的核心环节，而供应链的脆弱性可能会导致订单延误、货物损坏等问题，影响用户体验和企业声誉。供应链脆弱性可能来自于多个方面，如供应商的不稳定、运输环节的风险、仓储管理的问题等。特别是在全球化背景下，跨国供应链的管理更加复杂，面临着更大的不确定性和风险。因此，电子商务物流市场需要加强供应链管理，提升供应链的稳定性和可靠性，以确保物流服务的顺畅进行。

4. 技术创新和数字化转型

技术创新和数字化转型是电子商务物流市场的重要机遇和挑战。随着信息技术和物流技术的不断进步，物流行业正经历着数字化和智能化的革命。物流企业可以通过运用先进的技术和数字化手段，提升物流效率、降低成本，提高用户体验。例如，物联网技术可以实现对货物的实时监控和追踪，大数据分析可以优化物流网络和运输路线，人工智能技术可以实现智能化的仓储管理和配送规划。但与此同时，技术创新和数字化转型也需要物流企业具备相应的技术能力和资源投入，而且面临着技术更新和人才培养等挑战。因此，电子商务物流市场需要加强技术创新和数字化转型，提升行业的竞争力和创新能力。电子商务物流市场既有巨大的增长潜力，也面临着行业标准化、供应链脆弱性、技术创新和数字化转型等方面的挑战。只有充分认识并应对这些挑战，物流企业才能抓住机遇，实现可持续发展，并为消费者提供更加高效、便捷的物流服务。

二、电子商务物流市场定位

（一）速度和可靠性

在电子商务领域，消费者对订单的快速送达有着极高的期望。因此，作为一家提供快速、可靠物流服务的企业，能够满足这种需求，将是一种有效的市场定位策略。通过深入分析电子商务物流市场的机会和挑战，可以更好地了解如何在这一领域实施市场定位，并提供优异的服务。

1. 消费者对快速配送的需求

随着生活节奏的加快和消费习惯的变化，消费者对于快速配送的需求越来越高。他们希望能够在下单后尽快收到商品，而且希望能够随时跟踪商品的配送状态。因此，作为一家提供快速、可靠物流服务的企业，应该致力于满足消费者对于快速配送的需求，通过优化配送网络和提升配送效率，确保订单能够及时送达。

2. 供应链的脆弱性

电子商务物流市场面临着供应链脆弱性的挑战。供应链的脆弱性可能来自于供应商的延误、天气等不可控因素以及物流网络的瓶颈等问题。这些因素都可能导致订单的延迟和配送的不确定性，影响了消费者的购物体验和满意度。因此，作为一家提供快速、可靠物流服务的企业，应该重视供应链管理，加强供应链的可见性和透明度，及时应对供应链中可能出现的问题，确保订单能够按时送达。作为一家提供快速、可靠物流服务的企业，电子商务物流市场具有巨大的发展潜力，但也面临着一系列的挑战。通过深入分析市场需求和竞争环境，制定相应的市场定位策略，并加强供应链管理和服务水平提升，企业可以抓住机遇，应对挑战，实现可持续发展。

（二）定制化服务

电子商务物流市场正以前所未有的速度增长，为了满足日益多样化的客户需求，定制化物流解决方案已成为企业们不可或缺的服务。在这个竞争激烈的市场中，提供灵活、可定制的物流方案是企业们立足和发展的关键。了解客户的特定需求是提供定制化物流解决方案的第一步。不同的电商企业可能有截然不同的需求，可能是因为产品特性、目标客户群体或经营策略的不同。因此，通过与客户深入沟通，了解他们的业务模式、产品特性以及关键的物流需求是至关重要的。这种深度了解可以帮助物流服务提供商量身定制适合客户的方案。定制化物流解决方案应该能够灵活应对客户的需求变化。随着电商市场的不断变化和客户需求的日益复杂化，一个静态的物流方案往往无法满足客户的需求。因此，物流服务提供商需要具备快速响应的能力，能够根据客户的实际情况进行调整和优化，确保物流方案始终与客户的需求保持一致。特殊包装要求是定制化物流解决方案中的一个重要方面。不同的产品可能需要不同的包装方式，以确保在运输过程中不受损坏。一些产品可能对温度、湿度等环境因素比较敏感，需要采取特殊的包装措施来保护。因此，物流服务提供商需要具备相应的包装能力和专业知识，能够根据客户的要求提供定制化的包装方案。

除了特殊包装要求，特定送货时间也是定制化物流解决方案中的一个关键因素。在某些情况下，客户可能对送货时间有严格的要求，比如需要在特定时间段内完成配送，以满足客户的业务需求或提高客户体验。因此，物流服务提供商需要具备灵活的配送能力，能够根据客户的要求提供定制化的送货服务，确保货物按时到达目的地。在电子商务物流市场中，定位至关重要。物流服务提供商需要明确自己的定位和优势，以便在激烈的竞争中脱颖而出。一些企业可能专注于特定类型的产品或特定的市场细分，通过提供定制化物流解决方案来满足这些市场的需求。而另一些企业可能更注重技术创新和服务体验，通过引入先进的物流技术和提供卓越的客户服务来吸引客户。无论是哪种定位，都需要与客户的需求紧密契合，并且具备灵活的服务能力，以应对不断变化的市场需求。定制化物流解决方案在电子商务物流市场中具有重要的意义。通过了解客户的特定需求、灵活应对需求变化以及提供定制化的包装和送货服务，物流服务提供商可以为客户提供更加个性化和优质的服务，从而在市场竞争中脱颖而出。同时，明确的定位和优势也是企业成功的关键，只有与市场需求保持一致，并具备灵活的服务能力，才能赢得客户的信任和支持，实现持续发展。

（三）可持续物流

在当今电子商务物流市场，可持续发展已经成为了一个关键的关注点。企业和消费者对环境保护和可持续性的意识不断增强，因此，定位为可持续发展的倡导者，提供环保的物流解决方案将会是一个具有吸引力和竞争优势的选择。作为可持续发展的倡导者，物流服务提供商可以通过采用可再生能源来减少对传统能源的依赖，降低碳排放。在电子商务物流中，运输是一个主要的碳排放来源，因此通过使用太阳能、风能等可再生能源来驱动运输工具，可以有效降低碳排放，并且为客户提供更加环保的物流服务。减少包装废物也是可持续发展的重要目标之一。随着电子商务的不断发展，包装废物已经成为一个日益严重的环境问题。作为物流服务提供商，可以通过采用环保材料、优化包装设计等方式来减少包装废物的产生，并且鼓励客户进行包装回收和再利用，从而实现物流包装的可持续发展。优化路线以降低碳排放也是可持续发展的重要策略之一。通过利用先进的物流技术和数据分析，物流服务提供商可以实现货物的集中配送和智能路线规划，从而减少运输距离和时间，降低碳排放。此外，还可以采用多式联运等综合运输方式，进一步降低碳排放，提高物流效率。在电子商务物流市场中，定位为可持续发展的倡导者具有重要的意义。随着消费者对环境保护和可持续性的关注不断增强，提供环保的物流解决方案不仅能够满足客户的需求，还可以提升企业的品牌形象和竞争优势。因此，物流服务提供商可以通过采用可再生能源、减少包装废物、优化路线以降低碳排放等方式，为客户提供更加环保和可持续的物流服务，实现双赢的局面。定位为可持续发展的倡导者，提供环保的物流解决方案是电子商务物流市场中一个具有吸引力和竞争优势的定位。通过采用可再生能源、减少包装废物、优化路线以降低碳排放等方式，物流服务提供商可以满足客户对环保和可持续性的需求，提升企业的品牌形象和竞争力，实现可持续发展的目标。

（四）市场细分

在电子商务物流市场中，针对特定的市场细分定位已经成为许多物流服务提供商的关键策略之一。通过专注于特定产品类别或地理区域，物流服务提供商可以更好地满足客户的需求，提供更加专业化和个性化的物流解决方案，从而在竞争激烈的市场中脱颖而出。专注于特定产品类别的物流服务是一种常见的市场细分定位策略。不同类型的产品具有不同的特性和需求，因此针对特定产品类别进行定制化的物流解决方案可以更好地满足客户的需求。例如，食品类产品可能对温度和湿度有严格的要求，需要采取特殊的运输和储存措施；时尚品牌可能对物流速度和包装要求比较高，需要提供快速和精美的包装服务；而电子产品可能对运输过程中的安全性和稳定性有更高的要求，需要采用专业的包装和配送方式。因此，通过专注于特定产品类别，物流服务提供商可以提供针对性更强的物流解决方案，满足客户不同的需求。

专注于特定地理区域的物流服务也是一种常见的市场细分定位策略。不同地区的物流环境和市场需求存在差异，因此针对特定地理区域提供定制化的物流解决方案可以更好地满足客户的需求。例如，一些物流服务提供商可能选择专注于特定国家或地区的市场，深耕本地市场，提供更加本地化和个性化的物流服务；而另一些物流服务提供商可能选择专注于跨境物流市场，为客户提供国际物流解决方案，满足他们跨境贸易的需求。通过专注于特定地理区域，物流服务提供商可以更好地理解当地市场的需求和特点，提供更加符合客户期望的物流服务。在电子商务物流市场中，定位于特定的市场细分可以带来诸多优势。可以提高物流服务的专业化水平，满足客户对不同产品类别或地理区域的个性化需求；可以提升物流服务的竞争力，建立起在特定领域的品牌优势和口碑；可以降低市场竞争压力，避免与其他综合性物流服务提供商直接竞争，从而更好地保护自身利润空间。因此，针对特定的市场细分定位不仅有助于物流服务提供商更好地满足客户需求，还可以提高企业的市场竞争力和盈利能力。针对特定的市场细分定位是电子商务物流市场中一个重要的竞争策略。通过专注于特定产品类别或地理区域，物流服务提供商可以提供更加个性化和专业化的物流解决方案，满足客户不同的需求，提高企业的市场竞争力和盈利能力。因此，在选择市场定位策略时，物流服务提供商可以根据自身实际情况和市场需求，选择适合自己的市场细分定位，实现持续发展和成功。

第二节　电子商务物流品牌建设与推广策略

一、电子商务物流品牌建设

（一）明确定位和价值主张

在电子商务物流市场中确定企业的定位和独特的价值主张是至关重要的，这将直接影响企业的品牌建设和市场竞争力。需要深入了解目标客户群体的需求，然后明确企业提供的服务和解决方案的优势，从而建立起具有竞争力的品牌形象。

在确定定位和独特的价值主张之前，企业首先需要深入了解目标客户群体的需求。这包括了解客户的行业特点、业务模式、物流需求等方面。通过市场调研和客户反馈，可以更清晰地了解客户的需求和痛点，为企业的定位和价值主张提供有力的支撑。在了解客户需求的基础上，企业需要明确自己提供的服务和解决方案的优势。这可能涉及技术创新、服务体验、成本效益等方面的优势。例如，企业可以通过引入先进的物流技术和智能化系统，提高物流效率和准确度；或者通过建立完善的客户服务体系，提供个性化、快速的服务体验；又或者通过优化物流网络和运输路线，降低成本并提高送达速度。总之，明确企业的优势是建立独特的价值主张和品牌形象的关键。品牌建设是企业在电子商务物流市场中定位和营销的重要环节。通过品牌建设，企业可以树立起良好的品牌形象，提升品牌知名度和美誉度，从而吸引更多的客户并获得更大的市场份额。在品牌建设过程中，以下几个方面是需要重点关注的：

1. 品牌定位

品牌的定位方向是品牌建设中至关重要的一环，它不仅需要与企业的定位和独特的价值主张相契合，还需要与目标客户群体的需求和市场趋势相一致。通过准确地表达企业的核心竞争力和价值主张，品牌定位可以有效地吸引目标客户群体，树立企业在市场中的独特形象，从而实现品牌的长期发展和成功。品牌的定位方向应与企业的定位和独特的价值主张相契合。企业的定位是企业在市场中的定位和位置，它反映了企业所提供的产品或服务的特点和优势，以及企业所追求的市场份额和地位。在电子商务物流领域，企业可以通过提供高质量的物流服务、创新的解决方案、可持续发展的倡导等方式，树立品牌形象，凸显企业的独特价值主张。例如，企业可以定位为可持续发展的倡导者，提供环保的物流解决方案，如使用可再生能源、减少包装废物、优化路线以降低碳排放等，与企业的价值主张相一致。品牌的定位方向应与目标客户群体的需求和市场趋势相契合。目标客户群体是企业在市场中所针对的主要客户群体，他们的需求和偏好直接影响了企业的市场定位和发展方向。在电子商务物流领域，目标客户群体可能包括电商企业、在线零售商、个体电商等，他们对物流服务的要求可能包括准时交付、快速配送、可靠的物流网络等。因此，企业在确定品牌的定位方向时，需要充分了解目标客户群体的需求和市场趋势，以便提供与之相契合的物流解决方案，并通过差异化的定位来吸引目标客户群体的注意。除了与企业的定位和独特的价值主张相契合，以及与目标客户群体的需求和市场趋势相契合，品牌的定位方向还应准确地表达企业的核心竞争力和价值主张。核心竞争力是企业在市场竞争中相对于竞争对手所具有的优势和特点，它反映了企业所能提供的独特价值和竞争优势。在电子商务物流领域，企业的核心竞争力可能包括物流网络的覆盖范围、运输速度的快慢、服务质量的高低等方面。因此，企业在确定品牌的定位方向时，需要充分考虑自身的核心竞争力，并通过品牌定位来突出企业的独特价值和竞争优势，以吸引客户的注意和认可。品牌的定位方向应与企业的定位和独特的价值主张相契合，与目标客户群体的需求和市场趋势相契合，同时准确地表达企业的核心竞争力和价值主张。通过有效地确定品牌的定位方向，企业可以树立自身在市场中的独特形象，吸引目标客户群体的注意和认可，实现品牌的长期发展和成功。

2. 品牌形象

品牌形象在企业的品牌建设中扮演着至关重要的角色。它不仅是企业外在表现的集合体，更是企业与消费者之间沟通的桥梁，能够直接影响到消费者对品牌的认知、情感和信任。因此，通过专业的品牌设计和营销策略，打造具有吸引力和辨识度的品牌形象是至关重要的，可以提升品牌的认知度和美誉度，增强品牌在市场中的竞争力和影响力。品牌标识是品牌形象的核心组成部分之一。品牌标识通常包括企业的商标、标志和字体等元素，是企业的视觉代表和识别标志，能够直接体现企业的品牌个性和特点。在电子商务物流领域，品牌标识需要具有专业性、现代感和科技感，以符合行业的特点和消费者的期待。通过精心设计的品牌标识，企业可以在市场中树立独特的形象，提升品牌的辨识度和美誉度，吸引更多消费者的关注和认可。视觉设计是品牌形象的重要组成部分之一。视觉设计包括企业的品牌色彩、图形、版式、排版等元素，能够直接影响到消费者对品牌的第一印象和情感认知。在电子商务物流领域，视觉设计需要注重简洁、清晰和易于识别，以便消费者能够快速地理解和接受品牌信息。通过精心设计的视觉元素，企业可以塑造出具有品牌特色和个性的形象，增强品牌在消费者心中的地位和影响力。品牌语言也是品牌形象的重要组成部分之一。品牌语言包括企业的口号、广告语、品牌故事等内容，能够直接传达企业的核心价值和品牌理念，激发消费者的情感共鸣和认同感。在电子商务物流领域，品牌语言需要简洁、直接、具有感染力，能够吸引消费者的注意力并引发他们的共鸣。通过巧妙设计的品牌语言，企业可以打造出具有品牌个性和魅力的形象，吸引消费者的关注和信赖，促进品牌的长期发展和成功。品牌形象在企业的品牌建设中起着至关重要的作用。通过专业的品牌设计和营销策略，打造具有吸引力和辨识度的品牌形象，可以提升品牌的认知度和美誉度，增强品牌在市场中的竞争力和影响力。因此，在电子商务物流品牌建设中，企业需要重视品牌标识、视觉设计和品牌语言等方面的建设，努力打造出与行业特点和消费者需求相契合的品牌形象，实现品牌的长期发展和成功。

3. 品牌管理

品牌管理在电子商务物流领域扮演着至关重要的角色，它涉及保持品牌形象和声誉的各个方面，包括品牌监控、危机公关、客户关怀等。通过建立健全的品牌管理机制，企业能够有效地应对各种挑战和风险，保障品牌形象的稳定和持续发展。品牌监控是品牌管理的重要环节之一。企业需要通过监测社交媒体、新闻报道、消费者反馈等渠道，及时了解消费者对品牌的看法和态度，以及市场上出现的相关信息和事件。通过品牌监控，企业可以及时发现和解决潜在的品牌问题，保持对品牌形象的掌控和管理。危机公关是品牌管理的关键环节之一。在电子商务物流领域，企业可能面临各种突发事件和危机，如物流延误、服务质量问题、产品质量问题等。在面对这些挑战时，企业需要迅速做出反应，采取有效的危机公关措施，及时平息消费者的不满情绪，保护品牌形象和声誉，避免对企业造成严重的损失。客户关怀也是品牌管理的重要环节之一。通过建立有效的客户关怀体系，企业可以与客户建立更加紧密的联系，了解客户的需求和反馈，提供更加个性化和优质的服务，增强客户对品牌的信任和忠诚度。在电子商务物流领域，企业可以通过定期发送感谢邮件、提供优惠活动、解答客户疑问等方式，加强与客户的互动，提升客户满意度和忠诚度。品牌管理在电子商务物流领域具有重要的意义。通过建立健全的品牌管理机制，包括品牌监控、危机公关、客户关怀等方面的工作，企业可以有效地保护和提升品牌形象和声誉，增强品牌在市场中的竞争力和影响力，实现品牌的长期发展和成功。因此，在电子商务物流品牌建设中，企业需要重视品牌管理工作，不断加强对品牌形象和声誉的管理和维护，确保品牌在市场中的稳定和持续发展。通过以上品牌建设的工作，企业可以树立起具有竞争力和吸引力的品牌形象，提升在电子商务物流市场中的竞争力和市场地位。同时，持续的品牌建设工作也将为企业带来长期的商业价值和发展机会。

（二）提供卓越的客户体验

在电子商务物流市场中，建立一个强大的品牌是企业成功的关键。为了在这个竞争激烈的市场中脱颖而出，物流服务提供商需要提供卓越的客户体验，并且明确自己的独特价值主张。简化订购和送货流程是建立品牌的重要步骤之一。在电子商务物流中，客户希望订购和送货流程简单、快捷，不会耗费过多的时间和精力。因此，物流服务提供商需要通过优化网站界面和用户体验，简化订购流程，使客户能够轻松地选择商品并完成支付。同时，提供灵活的送货选项，如快递、标准配送、自提等，满足不同客户的需求，提高客户的满意度和忠诚度。提供快速和可靠的配送服务是建立品牌的关键。在电子商务物流中，快速配送是客户的基本需求之一。客户希望能够在最短的时间内收到自己的商品，因此物流服务提供商需要确保订单能够及时处理和配送。通过建立高效的仓储和配送系统，优化物流网络和路线规划，物流服务提供商可以实现快速和可靠的配送服务，提升客户的满意度和口碑。实现实时跟踪和客户支持也是建立品牌的重要手段之一。在电子商务物流中，客户希望能够随时了解自己订单的状态和配送进度，因此物流服务提供商需要提供实时的订单跟踪系统，让客户可以随时随地查看订单状态和配送进度。同时，物流服务提供商还需要提供高效的客户支持服务，及时解决客户的问题和投诉，建立良好的客户关系，提升客户的满意度和忠诚度。在电子商务物流品牌建设中，卓越的客户体验是至关重要的。通过简化订购和送货流程、提供快速和可靠的配送、实现实时跟踪和客户支持等方式，物流服务提供商可以提升客户的满意度和忠诚度，建立强大的品牌形象和口碑，实现持续发展和成功。因此，在物流服务中提供卓越的客户体验是品牌建设的关键，也是企业在电子商务物流市场中取得竞争优势的重要手段之一。

（三）建立品牌声誉

在电子商务物流领域，建立良好的品牌声誉是企业长期成功的关键。通过提供高质量的服务和解决方案，企业可以赢得客户的信任和忠诚，树立起良好的品牌形象和口碑。客户的口碑和反馈对于品牌建设至关重要，因此企业需要积极关注客户满意度和反馈，不断改进和提升自身的服务水平。提供高质量的服务和解决方案是建立良好品牌声誉的基础。在电子商务物流领域，客户对于物流服务的品质和可靠性有着极高的要求。因此，企业需要确保在各个环节都提供高水平的服务，包括订单处理、仓储管理、配送服务等。只有通过提供高质量的服务，才能赢得客户的信任和满意，树立起良好的品牌声誉。积极关注客户满意度和反馈是建立良好品牌声誉的关键。客户的口碑和反馈可以反映出企业的服务质量和客户体验，因此企业需要认真倾听客户的意见和建议，及时采取行动解决问题，提高客户的满意度和忠诚度。通过建立客户反馈机制和投诉处理流程，企业可以更加有效地管理客户关系，不断改进和提升自身的服务水平，赢得客户的信任和支持。建立透明和诚信的沟通机制也是建立良好品牌声誉的重要手段。客户希望能够了解企业的运作方式和价值观，因此企业需要积极开展沟通，向客户传递企业的核心价值和承诺。通过建立透明的业务流程和价格政策，企业可以赢得客户的信任和尊重，树立起良好的品牌形象和口碑。通过建立强大的品牌声誉，企业可以在激烈的竞争中脱颖而出，赢得更多客户的青睐和支持。客户的口碑和推荐对于品牌建设具有至关重要的作用，因此企业需要不断提升自身的服务水平，赢得客户的满意和信任，建立起良好的品牌声誉。通过提供高质量的服务和解决方案，积极关注客户满意度和反馈，建立透明和诚信的沟通机制，企业可以树立起良好的品牌形象和口碑，实现持续发展和成功。

（四）持续创新和优化

在电子商务物流领域，不断进行创新和优化是建立品牌的关键之一。随着市场变化和客户需求的不断变化，企业需要保持敏感性，及时调整策略，不断改进和提升物流服务的质量和效率，以保持竞争优势和满足客户需求。保持对技术和行业趋势的敏感性是创新和优化的基础。在快速发展的电子商务物流市场中，技术和行业趋势的变化速度很快，因此企业需要密切关注市场动态，及时了解最新的技术和行业发展趋势。通过与行业领先企业和专家进行合作和交流，参加行业会议和展览，企业可以获取最新的市场信息和行业动态，为自身的发展提供有力的支持。持续改进和提升物流服务的质量和效率是创新和优化的关键。在电子商务物流中，客户对于物流服务的品质和效率有着极高的要求，因此企业需要不断改进和提升自身的服务水平，以满足客户的需求。通过引入先进的物流技术和设备，优化物流网络和路线规划，提高物流配送效率和准确性，企业可以提升物流服务的质量和效率，赢得客户的信任和支持。积极开展创新活动和项目是创新和优化的重要手段之一。

企业可以通过建立创新团队或实验室，推动新产品和新技术的研发和应用，不断推出具有创新性和竞争力的物流解决方案，满足客户不断变化的需求。通过与客户合作，开展定制化的物流服务项目，企业可以更好地了解客户的需求，并提供更加个性化和优质的物流服务。建立学习型组织和文化是创新和优化的基础之一。企业需要鼓励员工不断学习和成长，提高自身的专业水平和创新能力，以适应市场变化和客户需求的变化。通过建立开放、包容的工作环境和文化，鼓励员工提出创新想法和建议，促进团队合作和共享，企业可以不断推动创新和优化，实现持续发展和成功。不断进行创新和优化是电子商务物流品牌建设的重要策略之一。通过保持对技术和行业趋势的敏感性，持续改进和提升物流服务的质量和效率，积极开展创新活动和项目，建立学习型组织和文化，企业可以适应市场变化和客户需求的变化，保持竞争优势，实现品牌的持续发展和成功。因此，在品牌建设过程中，企业应不断强调创新和优化的重要性，积极推动相关工作的开展，实现品牌的持续增值和提升。

二、电子商务物流推广策略

（一）内容营销

在电子商务物流领域，创建有吸引力的内容是一种有效的推广策略，可以吸引目标受众的关注，建立品牌信任和专业形象。通过博客文章、视频和社交媒体帖子分享有关物流行业的知识和技巧，企业可以提升自身的行业影响力，吸引潜在客户，并加强与现有客户的联系和互动。博客文章是一种常见且有效的内容形式，可以用来分享物流行业的知识和技巧。企业可以通过撰写与物流相关的研究报告、行业分析、案例研究等内容，向读者传递专业知识和见解，展示自己在物流领域的专业水平和行业影响力。同时，企业还可以结合行业热点话题和客户关注点，撰写实用性强、具有吸引力的博客文章，吸引更多的目标受众关注，并建立品牌信任和专业形象。视频内容是一种生动直观的内容形式，可以吸引更多的目标受众的关注和注意力。企业可以制作与物流相关的视频内容，如物流操作指南、产品展示、行业趋势分析等，通过图文并茂的方式向观众传递物流知识和技巧，增加内容的趣味性和吸引力。同时，企业还可以利用视频平台的推广功能，将视频内容推送给更多的目标受众，提升品牌曝光度和知名度。社交媒体帖子是一种快速传播的内容形式，可以用来分享有关物流行业的最新动态和资讯。企业可以在社交媒体平台上发布与物流相关的新闻报道、行业动态、客户案例等内容，吸引目标受众的关注和分享，扩大品牌影响力和传播范围。通过与受众进行互动和交流，企业可以更好地了解受众的需求和反馈，进一步优化和改进自身的服务和解决方案，提升客户满意度和品牌认可度。在电子商务物流推广策略中，创建有吸引力的内容是一种有效的手段，可以吸引目标受众的关注，建立品牌信任和专业形象。因此，在推广策略中，企业应重视内容创作和发布，不断提升内容质量和吸引力，实现品牌的持续发展和成功。

（二）搜索引擎优化（SEO）

在电子商务物流领域，优化网站内容和标签是提高品牌曝光和吸引潜在客户的重要策略之一。通过关键词研究、网站内容优化和建立高质量的外部链接等方式，企业可以提升网站在搜索引擎结果中的排名，增加流量和曝光度，实现品牌的持续发展和成功。关键词研究是网站内容优化的关键步骤之一。企业需要深入了解目标受众的搜索习惯和需求，通过关键词分析工具如 Google Keyword Planner、SEMRush 等进行关键词研究，找到与物流行业相关且搜索量较高的关键词和短语。然后，将这些关键词和短语合理地融入网站的标题、描述、正文内容等位置，以提升网站在搜索引擎中的排名，增加曝光度和点击量。网站内容优化是提高搜索引擎排名的关键步骤之一。企业需要确保网站内容具有高质量、原创性和相关性，以吸引搜索引擎的爬虫，并提升网站在搜索结果中的排名。企业可以通过定期更新网站内容、发布有价值的行业资讯和解决方案、优化页面结构和布局等方式，提升网站的质量和吸引力，赢得搜索引擎的青睐和支持。建立高质量的外部链接是提高网站搜索引擎排名的有效途径之一。企业可以通过与行业相关的权威网站和资源进行合作，交换链接或发布原创内容，增加网站的外部链接数量和质量，提升网站在搜索引擎中的权威性和可信度。同时，企业还可以通过参与行业论坛、社交媒体平台等方式，积极推广网站内容，增加外部链接和品牌曝光度，提升网站的搜索引擎排名和流量。优化网站的标签和元数据也是提高搜索引擎排名的重要手段之一。企业可以优化网站的标题、描述、关键词标签等元数据，以提升网站在搜索引擎结果中的曝光度和点击率。同时，企业还可以通过优化网站的 URL 结构、图片标签、页面加载速度等方面，提升网站的用户体验和搜索引擎友好性，进一步提升网站的搜索引擎排名和流量。因此，在推广策略中，企业应重视网站优化工作，不断提升网站的质量和搜索引擎排名，实现品牌的持续增值和提升。

（三）社交媒体营销

通过在社交媒体平台上分享有关物流行业的内容、促销活动和用户案例，企业可以吸引潜在客户的关注，增强品牌影响力，促进销售和业务增长。利用 Facebook 与潜在客户进行互动。Facebook 作为全球最大的社交媒体平台之一，具有庞大的用户基础和强大的社交功能。企业可以通过创建品牌页面、发布有趣、有用的内容，如物流行业的新闻资讯、行业趋势分析、技术分享等，吸引目标受众的关注。同时，企业还可以利用 Facebook 的群组功能，创建与物流相关的专业群组，邀请潜在客户加入，展开更深入的行业讨论和交流，建立起与客户之间的互动和联系。利用 Instagram 与潜在客户进行互动。Instagram 作为一个以图像和视频为主要内容的社交媒体平台，适合用来展示物流行业的产品、服务和用户案例。企业可以通过发布精美的图片和视频内容，展示自己的物流解决方案、仓储设施、配送车辆等，吸引潜在客户的关注和注意力。同时，企业还可以利用 Instagram 的故事功能和直播功能，与粉丝进行实时互动，分享最新的行业动态和活动，增加客户参与度和黏性。利用 LinkedIn 与潜在客户进行互动。LinkedIn 作为一个专业社交媒体平台，主要面向商务人士和专业人士，适合用来展示企业的专业能力和行业影响力。企业可以通过创建企业页面、发布专业文章和观点，展示自己在物流行业的专业知识和经验，吸引目标受众的关注和信任。同时，企业还可以通过 LinkedIn 的群组功能，加入与物流相关的专业群组，参与行业讨论和交流，扩大品牌影响力和社交网络。在电子商务物流推广策略中，利用社交媒体平台与潜在客户进行互动是一种重要的手段，可以增加品牌曝光、建立关系，并提升客户参与度。通过在 Facebook、Instagram、LinkedIn 等社交媒体平台上分享有关物流行业的内容、促销活动和用户案例，企业可以吸引潜在客户的关注，增强品牌影响力，促进销售和业务增长（图5-4、图5-5、图5-6）。因此，在推广策略中，企业应充分利用社交媒体平台的功能和优势，与潜在客户进行积极互动，实现品牌的持续发展和成功。

图5-4　Facebook

图5-5　Instagram

图5-6　LinkedIn

（四）搜索引擎广告（SEM）

在电子商务物流推广策略中，通过搜索引擎广告购买关键词广告是一种有效的手段，可以提高品牌曝光度，在搜索结果页面上吸引潜在客户的访问，增加网站流量和销售机会。通过 Google Ads 等搜索引擎广告平台，企业可以有针对性地购买与物流行业相关的关键词广告，将自己的广告展示在搜索引擎结果页面的显眼位置，吸引目标受众的点击和访问。关键词广告购买是提高品牌曝光度的重要途径之一。企业可以通过对与物流行业相关的关键词进行广告投放，将自己的广告展示在搜索引擎结果页面的头部、侧边或底部位置，提高品牌在搜索结果页面上的曝光度。通过购买与物流行业相关的高热度关键词，如“电子商务物流”“快递服务”“仓储配送”等，企业可以吸引更多潜在客户的点击和访问，增加网站流量和曝光度。关键词广告购买是吸引潜在客户访问网站的有效手段之一。通过在搜索引擎结果页面上展示与物流行业相关的广告，企业可以吸引潜在客户的注意力，引导他们点击广告链接，访问企业的官方网站或特定页面。通过优化广告内容和落地页设计，提高广告的点击率和转化率，企业可以将潜在客户引导至自己的网站，进一步了解产品和服务，促成订单成交，实现销售目标。关键词广告购买是一种灵活性高、投放效果可控的广告形式。企业可以根据自身的营销目标和预算情况，灵活选择广告投放的关键词、地域、时间段等设置，调整投放策略和预算分配，实现广告投放效果的最大化。通过定期监测和优化广告投放效果，企业可以及时调整广告投放策略，提升广告投放效果，实现更好的推广效果和投资回报率。通过搜索引擎广告购买关键词广告是一种有效的推广策略，可以提高品牌曝光度，在搜索结果页面上吸引潜在客户的访问，增加网站流量和销售机会。通过购买与物流行业相关的高热度关键词广告，优化广告内容和落地页设计，灵活调整广告投放策略，企业可以实现品牌推广的最大化效果，促进业务的持续增长和成功。因此，在推广策略中，企业应充分利用搜索引擎广告的优势和功能，实现品牌的持续发展和成功。

（五）提供优惠和促销

1. 折扣优惠

在电子商务物流推广策略中，提供吸引人的优惠和促销活动是一种有效的手段，可以激发客户的购买欲望，增加销量，并提高客户的留存率。通过首次购买折扣、免费送货、打包销售等促销活动，企业可以吸引更多的潜在客户，促进交易成交，提升品牌知名度和客户忠诚度。首次购买折扣是一种常见且有效的促销活动。企业可以针对首次购买的新客户提供一定比例的折扣优惠，以鼓励他们尝试购买产品或服务。通过这种方式，企业可以吸引更多的新客户，增加交易量，并提高客户留存率。同时，首次购买折扣还可以帮助企业建立与客户之间的初步联系，促成后续的长期合作关系。免费送货是吸引客户的另一种常见促销活动。在电子商务物流领域，快速、便捷的送货服务对客户来说非常重要，而免费送货则可以进一步提高购买意愿和满意度。企业可以针对订单金额达到一定标准的客户提供免费送货服务，或者在特定时间段内推出免费送货活动，以吸引更多客户进行购买。通过提供免费送货服务，企业可以增加客户的购买欲望，提高订单量，增加销售收入。

2. 打包销售

企业可以将相关产品或服务打包销售，提供一定的折扣或优惠，以鼓励客户进行综合购买。通过这种方式，企业可以增加订单价值和销售额，提高客户的购买满意度和忠诚度。同时，打包销售还可以帮助企业清理库存、促进产品销售，实现销售和库存的双赢。除了以上提到的促销活动，还可以结合节假日、特殊活动等举办限时折扣、满额送礼等促销活动，吸引更多客户进行购买。同时，企业还可以通过会员制度、积分兑换、推荐奖励等方式提高客户的忠诚度，增加客户的回购率和留存率。通过持续不断地推出吸引人的优惠和促销活动，企业可以吸引更多的潜在客户，提升品牌知名度和客户忠诚度，实现销售目标和业务增长。提供吸引人的优惠和促销活动是电子商务物流推广策略中的重要手段之一。通过首次购买折扣、免费送货、打包销售等促销活动，企业可以激发客户的购买欲望，增加销量，并提高客户的留存率。因此，在推广策略中，企业应充分利用各种促销活动，不断提升品牌知名度和客户忠诚度，实现销售目标和业务增长。

第三节　电子商务物流营销渠道拓展与合作模式

一、电子商务物流营销渠道拓展

（一）多渠道电商平台

将物流服务销售渠道拓展到多个电商平台是一种有效的营销策略，可以帮助企业扩大客户群体，增加销售机会，提升品牌知名度和业务规模。在如 Amazon、eBay、Alibaba 等巨大的电商平台上销售物流服务，不仅可以利用这些平台庞大的用户基础和流量，还可以借助其强大的销售和营销工具，实现品牌的快速推广和销售业绩的增长（图 5-7、图 5-8、图 5-9）。

图 5-7　Amazon　　　　图 5-8　eBay

图 5-9　Alibaba

借助电商平台的用户基础和流量，可以帮助企业快速扩大客户群体。Amazon、eBay、Alibaba 等知名电商平台拥有数亿的注册用户和庞大的日访问量，企业可以通过在这些平台上销售物流服务，直接接触到海量潜在客户，扩大品牌曝光度，提升产品知名度。与传统的线下渠道相比，利用电商平台销售物流服务可以突破地域限制，实现全球范围内的市场覆盖，更好地满足不同地区客户的需求，拓展客户群体。电商平台提供了丰富的销售和营销工具，可以帮助企业实现品牌推广和销售目标。在 Amazon、eBay、Alibaba 等电商平台上，企业可以利用平台提供的广告投放、促销活动、产品推荐等功能，提升产品在平台上的曝光度和销售效果。通过定期参与平台举办的促销活动、参与平台推广项目，企业可以吸引更多潜在客户的关注和购买，提升销售业绩和品牌影响力。此外，电商平台还提供了订单管理、支付安全、售后服务等一系列完善的服务，为企业提供了便利和保障。

借助电商平台的品牌影响力和信誉度，可以提升企业的信任度和竞争力。Amazon、eBay、Alibaba 等知名电商平台在全球范围内享有很高的信誉度和用户口碑，消费者通常会更倾向于在这些平台上购物，因为他们相信这些平台提供的产品和服务质量有保障。因此，企业通过在这些平台上销售物流服务，可以借助平台的品牌影响力和信誉度，提升自身的信任度和竞争力，吸引更多客户选择合作，增加销售业绩和市场份额。此外，借助电商平台的数据分析和营销工具，可以帮助企业更好地了解客户需求和行为，优化营销策略和服务方案。Amazon、eBay、Alibaba 等电商平台提供了丰富的数据分析工具和营销工具，可以帮助企业实时监测销售数据、用户行为和市场趋势，了解客户需求和反馈，及时调整产品定价、推广活动等营销策略，提升销售效果和客户满意度。通过不断优化和改进，企业可以更好地满足客户需求，提升品牌忠诚度，实现持续发展和成功。通过利用电商平台的用户基础和流量、丰富的销售和营销工具，企业可以实现品牌的快速推广和销售业绩的增长，进而实现持续发展和成功。因此，在推广策略中，企业应充分利用电商平台的优势和功能，不断优化和改进，实现营销渠道的拓展和业务增长。

（二）建立自有网店

搭建专门的电子商务网站或网店是一种有效的营销渠道拓展策略，特别适用于物流服务行业。通过建立自己的电子商务平台，企业可以更好地掌控客户关系和销售过程，提供个性化的服务和解决方案，从而实现业务增长和品牌建设的目标。搭建电子商务网站或网店为企业提供了一个自主、灵活的销售平台。相比于在第三方电商平台上销售，企业可以自主决定产品定价、促销策略、售后服务等方面的设置，更好地掌控销售过程和客户关系。这样一来，企业可以根据自身的业务需求和市场情况，灵活调整销售策略，实现更加精准和有效的营销。搭建电子商务网站或网店可以提供更个性化的服务和解决方案。在自己的电子商务平台上，企业可以根据客户的需求和要求，提供定制化的物流服务方案，满足客户的个性化需求。通过与客户直接沟通和交流，企业可以更好地了解客户的需求，提供更加符合客户期望的解决方案，增强客户满意度和忠诚度。

搭建电子商务网站或网店可以帮助企业建立品牌形象和声誉。通过精心设计和优化网站界面、提供高质量的产品和服务、建立良好的客户反馈和口碑，企业可以逐步建立起自己在物流服务领域的品牌形象和声誉。随着品牌知名度的提升，企业可以吸引更多的潜在客户，实现销售额和业务规模的增长。搭建电子商务网站或网店还可以提供更多的销售机会和增值服务。企业可以在网站上销售物流相关的产品和服务，如包装材料、运输工具、仓储设备等，为客户提供一站式的物流解决方案。同时，企业还可以开展增值服务，如物流咨询、供应链管理、定制化包装等，为客户提供更全面、更专业的服务，实现业务的多元化发展和增值。搭建专门的电子商务网站或网店是一种有效的营销渠道拓展策略，可以帮助物流服务企业更好地掌控客户关系和销售过程，提供个性化的服务和解决方案，实现业务增长和品牌建设的目标。通过精心设计和优化网站、提供个性化服务、建立品牌形象和声誉，企业可以吸引更多的潜在客户，实现销售额和业务规模的增长，进一步巩固和拓展在市场中的竞争优势。

（三）行业垂直门户网站

在物流行业中，利用行业垂直门户网站展示物流服务和解决方案是一种有效的营销渠道拓展策略。这些门户网站通常聚集了大量的行业内专业人士和潜在客户，通过在这些网站上展示物流服务和解决方案，企业可以吸引目标受众的关注，建立行业内的品牌影响力，并与其他行业专业人士建立联系，从而促进业务发展和销售增长。利用行业垂直门户网站展示物流服务和解决方案可以吸引行业内的潜在客户。这些门户网站通常被行业内的专业人士广泛关注和参与，他们会在这些网站上寻找物流服务提供商和解决方案。通过在这些网站上展示物流服务和解决方案，企业可以让潜在客户更容易地了解自己的产品和服务，促使他们进一步与企业联系，洽谈业务合作。利用行业垂直门户网站展示物流服务和解决方案可以建立行业内的品牌影响力。在这些门户网站上展示自己的物流服务和解决方案，可以让企业在行业内树立起专业、权威的品牌形象，增强品牌知名度和认可度。通过持续更新和优化网站内容，分享行业内的最新动态和趋势，企业可以吸引更多的目标受众关注，进一步提升品牌影响力和行业地位。利用行业垂直门户网站展示物流服务和解决方案可以与其他行业专业人士建立联系。这些门户网站通常聚集了大量的行业内专业人士和意见领袖，通过在这些网站上展示自己的物流服务和解决方案，企业可以与其他行业专业人士进行交流和互动，分享经验和见解，建立良好的合作关系和合作网络，为业务发展和合作拓展打下基础。

利用行业垂直门户网站展示物流服务和解决方案还可以带来其他一些利益。例如，通过参与网站上的行业讨论和活动，企业可以了解行业内的最新动态和趋势，及时调整自己的营销策略和业务发展方向。同时，企业还可以利用这些门户网站发布行业内的新闻和公告，提升品牌曝光度和知名度，进一步拓展业务和市场份额。利用行业垂直门户网站展示物流服务和解决方案是一种有效的营销渠道拓展策略，可以吸引行业内的潜在客户，建立行业内的品牌影响力，并与其他行业专业人士建立联系。通过持续优化和更新网站内容，企业可以不断提升品牌知名度和行业地位，实现业务的持续发展和成功。因此，在物流营销策略中，利用行业垂直门户网站展示物流服务和解决方案是一种值得重视和采用的推广手段。

（四）物流行业展会和会议

参加物流行业的展会、会议和活动是一种重要的营销渠道拓展策略，可以帮助企业展示物流服务、建立行业关系网络，并与潜在客户、合作伙伴建立联系。这些展会、会议和活动通常吸引了大量的行业内专业人士和相关企业参与，提供了一个交流合作的平台，有助于企业扩大品牌影响力、促进业务发展。参加物流行业的展会可以让企业展示物流服务并吸引潜在客户。在展会上，企业可以设置展台展示自己的物流解决方案、技术设备、服务优势等，吸引参会者的关注。通过展示产品样品、提供演示、发布宣传资料等方式，企业可以直观地展示自己的实力和特色，吸引潜在客户的注意，并促使他们与企业展开进一步的交流和合作。参加物流行业的会议可以提供与行业专业人士交流的机会。在会议上，企业可以参与行业讨论、分享经验、探讨行业发展趋势等，与其他行业专业人士建立联系，并获取行业内的最新信息和动态。通过参与会议演讲、组织专题讨论、举办研讨会等方式，企业可以展示自己的专业知识和行业见解，提升品牌在行业内的影响力和认知度。

参加物流行业的活动也是与潜在客户、合作伙伴建立联系的重要途径。这些活动可以是行业协会组织的聚会、企业举办的客户交流会、合作伙伴策划的商务活动等。通过参加这些活动，企业可以与潜在客户、合作伙伴面对面交流，了解彼此需求和期望，探讨合作机会，并建立起长期稳定的合作关系。参加物流行业的展会、会议和活动还可以带来其他一些利益。例如，通过观察竞争对手的展示和表现，企业可以了解行业内的竞争格局和趋势，为自身业务发展提供参考和启示。同时，通过与行业专业人士和相关企业的交流和合作，企业可以获取行业内的资源和支持，提升自身竞争力和市场地位。

二、电子商务物流营销合作模式

（一）制造商合作

与制造商合作，提供物流解决方案，是一种相互合作的模式，可以帮助物流企业获得稳定的业务，同时也能够帮助制造商优化供应链和配送流程。这种合作模式不仅有利于双方业务的发展，还可以共同开发定制化的物流解决方案，满足客户的特定需求，提升市场竞争力。与制造商合作提供物流解决方案，可以为物流企业带来稳定的业务。制造商通常需要持续的物流服务支持，包括原材料的运输、成品的配送、仓储管理等方面。与制造商建立长期稳定的合作关系，可以确保物流企业获得持续稳定的业务来源，提升企业的盈利能力和市场地位。与制造商合作提供物流解决方案，可以帮助制造商优化供应链和配送流程。物流企业拥有丰富的物流管理经验和专业的物流技术，可以为制造商提供专业的物流咨询和服务，帮助其优化供应链管理、提高配送效率、降低物流成本。通过与物流企业合作，制造商可以获得更高效、更经济的物流解决方案，提升企业的竞争力和市场表现。

与制造商合作提供物流解决方案，可以共同开发定制化的物流服务。不同的制造商可能有不同的物流需求和特定的业务场景，因此需要定制化的物流解决方案来满足其需求。物流企业可以与制造商合作，了解其具体需求和业务流程，为其量身定制物流解决方案，满足其特定的物流需求，提供个性化的服务和支持。通过共同开发定制化的物流解决方案，双方可以更好地满足客户的需求，提升客户满意度和忠诚度。与制造商合作提供物流解决方案，还可以促进双方的业务发展和市场拓展。通过与制造商合作，物流企业可以进一步扩大业务范围，拓展市场份额，实现业务规模和收入的增长。同时，制造商也可以通过与物流企业合作，获得更好的物流服务和支持，提升企业的竞争力和市场地位，实现业务的持续发展和成功。与制造商合作提供物流解决方案是一种互利共赢的合作模式，可以帮助物流企业获得稳定的业务，同时也能够帮助制造商优化供应链和配送流程。通过共同开发定制化的物流解决方案，满足客户的特定需求，提升市场竞争力，促进业务发展和市场拓展。因此，在电子商务物流营销合作模式中，与制造商合作提供物流解决方案是一种值得推广和采用的合作方式。

（二）供应商合作

与供应商合作，共同推广物流服务，是一种有益于双方业务增长的合作模式。这种合作模式可以包括与产品供应商、原材料供应商等各种类型的供应商进行合作，为其提供物流配送服务，满足其供应链需求，并为其产品提供增值服务。通过与供应商的合作，物流企业可以拓展业务范围，增加收入来源，同时也可以为供应商提供专业的物流解决方案，提升其产品的竞争力和市场地位。与产品供应商合作提供物流配送服务，可以为物流企业带来稳定的业务来源。产品供应商通常需要持续的物流配送服务支持，包括原材料的运输、成品的配送等。与产品供应商建立长期稳定的合作关系，可以确保物流企业获得持续稳定的业务来源，提高企业的盈利能力和市场地位。同时，通过为产品供应商提供高效、可靠的物流配送服务，物流企业还可以增加客户满意度，建立良好的企业形象和口碑。与原材料供应商合作提供物流配送服务，可以帮助物流企业与供应商建立紧密的合作关系。原材料供应商通常需要将原材料从生产地运输到生产厂家，然后再将成品配送到客户手中。通过与原材料供应商合作提供物流配送服务，物流企业可以为其提供端到端的物流解决方案，帮助其优化供应链管理，提高配送效率，降低物流成本。与原材料供应商建立紧密的合作关系，可以增强双方之间的互信和合作意愿，为双方的长期发展奠定基础。

与供应商合作提供物流配送服务，还可以为其产品提供增值服务，提升产品的竞争力和市场地位。物流企业可以为产品供应商提供包装、标签、保险等增值服务，提高产品的品质和形象，满足客户的个性化需求，增强产品的市场竞争力。通过与供应商合作提供增值服务，物流企业可以与供应商建立长期稳定的合作关系，实现双方业务的共赢和持续发展。与供应商合作还可以帮助物流企业拓展业务范围，增加收入来源。通过与供应商合作提供物流配送服务，物流企业可以进一步扩大业务覆盖范围，开拓新的市场空间，实现业务规模和收入的增长。同时，通过提供高质量的物流服务和增值服务，物流企业还可以吸引更多的供应商合作，进一步拓展业务范围，增加市场份额和竞争优势。与供应商合作提供物流配送服务是一种有效的合作模式，可以为物流企业和供应商双方带来多方面的好处。通过与产品供应商、原材料供应商等各种类型的供应商合作，物流企业可以获得稳定的业务来源，拓展业务范围，增加收入来源；同时，物流企业还可以为供应商提供专业的物流解决方案和增值服务，帮助其优化供应链管理，提升产品的竞争力和市场地位。因此，在电子商务物流营销合作模式中，与供应商合作提供物流配送服务是一种值得推广和采用的合作方式。

（三）电商卖家合作

与电商卖家合作，提供物流服务，是一种具有潜力的合作模式，特别适用于个体电商、小型电商企业或大型电商平台上的卖家。这种合作模式不仅可以帮助电商卖家优化物流配送流程，提升服务质量，还可以为物流企业带来稳定的业务来源，拓展市场份额，实现互利共赢。与电商卖家合作提供物流服务可以帮助卖家优化配送流程，提升服务质量。对于个体电商和小型电商企业来说，物流配送是其经营过程中的重要环节，直接关系到客户的购物体验和满意度。通过与物流企业合作，卖家可以借助物流企业丰富的物流经验和专业的物流技术，实现订单的及时配送、货物的安全运输，提升配送效率和服务质量，从而提升客户满意度和忠诚度，增加回购率和口碑传播。与电商卖家合作提供物流服务可以为物流企业带来稳定的业务来源和收入。随着电商行业的蓬勃发展，越来越多的卖家选择将物流配送等环节外包给专业的物流企业，以降低成本、提升效率。通过与电商卖家建立长期稳定的合作关系，物流企业可以获得稳定的业务订单，保持业务的稳定增长，提高市场占有率和竞争力。

与电商卖家合作提供物流服务还可以为物流企业带来业务拓展和市场增长的机会。随着电商行业的不断发展和壮大，电商卖家的数量和规模也在不断增加，市场需求持续增长。通过与电商卖家合作，物流企业可以拓展新的业务渠道，进入电商市场，获取更多的业务机会，拓展市场份额，实现业务规模和收入的增长。除此之外，与电商卖家合作提供物流服务还可以为双方带来合作共赢的机会。在合作过程中，物流企业可以提供个性化的物流解决方案，满足电商卖家的特定需求，为其提供定制化的服务和支持。同时，电商卖家也可以借助物流企业的资源和优势，提升自身的竞争力和市场地位，实现业务的长期稳定发展。与电商卖家合作提供物流服务是一种具有潜力的合作模式，可以为电商卖家优化配送流程，提升服务质量，为物流企业带来稳定的业务来源和收入，拓展市场份额，实现双方的合作共赢。因此，在电子商务物流营销合作模式中，与电商卖家合作提供物流服务是一种值得重视和采用的合作方式。

（四）物流技术提供商合作

与物流技术提供商合作，共同开发物流解决方案，是一种有效的合作模式，可以帮助物流企业借助先进的物流技术提高效率和服务质量，同时也能够为物流技术提供商提供市场推广和应用场景。这种合作模式为双方带来了双赢的局面，加强了彼此的竞争力，推动了整个物流行业的发展。与物流技术提供商合作可以帮助物流企业借助先进的物流技术提高效率和服务质量。随着信息技术的发展，物流行业也在不断追求创新和提升效率。通过与物流软件公司、物流技术创业公司等合作，物流企业可以获取最新的物流技术和解决方案，如智能仓储管理系统、物流大数据分析平台、智能配送系统等，从而实现物流流程的优化和效率的提升，提高服务质量和客户满意度。与物流技术提供商合作可以为物流技术提供商提供市场推广和应用场景。物流技术提供商通常具有丰富的技术资源和创新能力，但缺乏实际的应用场景和市场验证。

通过与物流企业合作，物流技术提供商可以将自己的技术应用到实际的物流场景中，获取反馈和改进机会，提升自身技术的成熟度和市场竞争力。同时，物流企业也可以借助物流技术提供商的技术优势，实现业务的数字化转型和创新发展，提升自身的竞争力和市场地位。与物流技术提供商合作还可以带来其他一些利益。例如，通过共同开发物流解决方案，双方可以实现技术、资源、市场的共享和优势互补，提高合作效率和成果。同时，通过合作共赢的模式，双方还可以共同探索市场需求和行业趋势，不断创新和改进解决方案，推动整个物流行业的发展和进步。与物流技术提供商合作共同开发物流解决方案是一种具有广阔发展前景的合作模式，可以帮助物流企业借助先进的物流技术提高效率和服务质量，同时也能够为物流技术提供商提供市场推广和应用场景。这种合作模式强化了双方的竞争力，推动了整个物流行业的发展，为双方带来了双赢的局面。因此，在电子商务物流营销合作模式中，与物流技术提供商合作共同开发物流解决方案是一种值得重视和采用的合作方式。

（五）市场营销合作

与其他企业或机构进行市场营销合作，共同推广物流服务，是一种有效的合作模式，可以通过整合资源、共同制定营销策略和执行营销活动，吸引更多客户，提升品牌知名度和市场份额。这种合作模式为双方带来了共赢的局面，加强了彼此的竞争力，促进了业务的发展和增长。与广告代理商合作是一种常见的市场营销合作模式。广告代理商通常具有丰富的广告资源和渠道，能够帮助企业制定专业的广告策略和执行广告活动，提升品牌知名度和曝光率。通过与广告代理商合作，物流企业可以利用其广告资源和渠道，将物流服务推广到更广泛的受众群体中，吸引更多潜在客户，扩大市场份额，提升品牌影响力。与数字营销公司合作也是一种有效的市场营销合作模式。数字营销公司通常具有丰富的数字营销资源和专业的营销团队，能够帮助企业制定数字营销策略和执行数字营销活动，提升线上曝光和客户转化率。通过与数字营销公司合作，物流企业可以利用其数字营销渠道和技术手段，将物流服务推广到更广泛的在线受众中，吸引更多的潜在客户，拓展线上市场，实现业务增长和盈利增长。

除了与广告代理商和数字营销公司合作，与其他企业或机构进行市场营销合作的方式还有很多。例如，与行业协会、商会等机构合作，共同举办行业活动、展会或研讨会，提升品牌知名度和行业影响力；与行业媒体、网站等合作，进行品牌曝光和宣传报道，吸引更多受众关注；与相关行业企业或品牌进行跨界合作，共同推出联合营销活动，扩大客户群体，提高品牌认知度和美誉度。与其他企业或机构进行市场营销合作还可以带来其他一些利益。例如，通过共同制定营销策略和执行营销活动，双方可以共享资源、互相补充，提高合作效率和成果；通过整合资源和渠道，双方可以实现互利共赢，共同推动市场发展和行业进步；通过开展市场营销合作，双方还可以增强品牌影响力和市场竞争力，实现长期稳定的业务增长。

第四节　电子商务物流客户关系管理与维护

一、电子商务物流客户关系管理

（一）电子商务物流客户关系管理的含义

客户关系管理（Customer Relationship Management，CRM）起源于20世纪80年代初提出的“接触管理”（Contact Management），即专门收集整理客户与公司联系的所有信息，到20世纪90年代初期则演变成包括电话服务中心与支援资料分析的客户服务（Customer Care）。经历了近20年的不断发展，客户关系管理不断演变发展并趋向成熟，最终形成了一套完整的管理理论体系。

1. 客户是企业发展最重要的资源之一

企业发展需要对自己的资源进行有效的组织与计划。随着人类社会的发展，企业资源的内涵也在不断扩展，早期的企业资源主要是指有形的资产，包括土地、设备、厂房、原材料、资金等；随后企业资源概念扩展到无形资产，包括品牌、商标、专利、知识产权等；再后来，人们认识到人力资源成为企业发展最重要的资源；时至工业经济时代后期，信息又成为企业发展的一项重要资源。由于信息存在一个有效性问题，只有经过加工处理变为“知识”才能促进企业发展，为此，“知识”成为当前企业发展的一项重要资源，信息总监（CIO）让位于知识总监（CKO），这在知识型企业中尤显重要。在人类社会从“产品”导向时代转变为“客户”导向时代的今天，客户的选择决定着一个企业的命运，因此，客户已成为当今企业最重要的资源之一。CRM系统中对客户信息的整合集中管理体现出将客户作为企业资源之一的管理思想；在很多行业中，完整的客户档案或数据库就是一项企业颇具价值的资产，通过对客户资料的深入分析并应用销售理论中的二八法则将会显著改善企业营销业绩。

2. 对企业与客户发生的各种关系进行全面管理

企业与客户之间发生的关系，不仅包括单纯的销售过程所发生的业务关系，如合同签订、订单处理、发货、收款等，还包括在企业营销及售后服务过程中发生的各种关系。如在企业市场活动、市场推广过程中与潜在客户发生的关系，在与目标客户接触过程中，内部销售人员的行为、各项活动及其与客户接触全过程所发生的多对多的关系；还包括售后服务过程中，企业服务人员对客户提供关怀活动、各种服务活动、服务内容、服务效果的记录等，这也是企业与客户的售后服务关系。对企业与客户间可能发生的各种关系进行全面管理，将会显著提升企业营销能力、降低营销成本、控制营销过程中可能导致客户抱怨的各种行为，这是 CRM 系统的另一层重要含义。

（二）电子商务物流客户关系管理的新特点与优势

1. 电子商务物流时代客户关系管理的新特点

客户关系管理就是对客户关系进行管理的一种思想和技术，换句话说，客户关系管理是一种“以客户为中心”的经营理念，它借助于信息技术在企业的市场、销售、技术支持、客户关系管理等各个环节的应用，以改善和增进企业与客户的关系，实现以更优质、更快捷、更富个性化的服务保持和吸引更多客户的目标，并通过全面优化面向客户的业务流程使保留老客户和获取新客户的成本达到最低化，最终使企业的市场适应能力和竞争实力有一个质的提高。基于因特网的客户关系管理是一个完整的收集、分析、开发和利用各种客户资源的系统，它的新特点有：集中了企业内部原来分散的各种客户数据形成了正确、完整、统一的客户信息为各部门所共享；客户与企业任一个部门打交道都能得到一致的信息；客户可选择电子邮件、电话、传真等多种方式与企业联系都能得到满意的答复，因为在企业内部的信息处理是高度集成的；客户与公司交往的各种信息都能在对方的客户数据库中得到体现，能最大限度地满足客户个性化的需求；公司可以充分利用客户关系管理系统，可以准确判断客户的需求特性，以便有的放矢地开展客户服务，提高客户忠诚度。

2. 电子商务物流客户关系管理带给企业的主要优势

物流是国民经济的基础和动脉，其发展水平反映了一个国家的综合国力和企业的市场竞争能力。电子商务物流中客户关系管理作为一种全新的商务运作方式，不仅改变了现行的商业系统，而且改变了人们贸易和消费的方式。降低成本，增加收入。在降低成本方面，客户关系管理使销售和营销过程自动化，大大降低了销售费用和营销费用。由于客户关系管理使企业与客户产生高度互动，可帮助企业实现更准确的客户定位，使企业留住老客户，获得新客户的成本显著下降。在增加收入方面，由于客户关系管理过程中掌握了大量的客户信息，可以通过数据挖掘技术，发现客户的潜在需求，实现交叉销售，可带来额外的新收入来源。由于采用了客户关系管理，可以更加密切与客户的关系，增加订单的数量和频率，减少客户的流失。提高业务运作效率。由于信息技术的应用，实现了企业内部范围内的信息共享，使业务流程处理的自动化程度大大提高，从而使用业务处理的时间大大缩短，员工的工作也将得到简化，使企业内外的各项业务得到有效的运转，保证客户以最少的时间，最快的速度得到满意的服务。保留客户，提高客户忠诚度。客户可以通过多种形式与企业进行交流和业务往来，企业的客户数据库可以记录分析客户的各种个性化需求，向每一位客户提供“一对一”的产品和服务，而且企业可以根据客户的不同交易记录提供不同层次的优惠措施，鼓励客户长期与企业开展业务。有助于拓展市场。客户关系管理系统具有对市场活动、销售活动的预测，分析能力，能够从不同角度提供有关产品和服务成本，利润数据，并对客户分布，市场需求趋势的变化，做出科学的预测，以便更好地把握市场机会。挖掘客户的潜在价值。每一个企业都有一定数量的客户群，如果能对客户的深层次需求进行研究，则可带来更多的商业机会。客户关系管理过程中产生了大量有用的客户数据，只要加以深入利用即可发现很多客户的潜在需求。

（三）电子商务物流发展中的客户关系管理实施措施

对客户关系管理系统进行业务需求分析是整个项目实施过程中的重要环节，电子商务物流离不开因特网，网站是电子商务中企业与客户进行联系的特殊且重要的平台和沟通工具，为了和客户沟通，需在电子商务物流中采取一些措施。电子邮件链接，便于客户和网站管理者通过邮件联系，邮寄目录，请客户签署邮寄单。让所有在邮寄单上的人及时了解你所提供的最新产品，为了把客户放在邮寄单上，在做第一次交易的时候询问客户的电子邮件地址，可以提供给他们两种选择，一种是明确列在邮寄单上，一种是不明确的，一旦有了地址，勾画出他们的购买行为，就可以传送适当的信息了。

网络社区，培养稳定的客户群。社区建立的原则基于基本的心理学常识，人类不喜欢改变，不喜欢决策。一旦他们寻求某种大目标的时候，就会融入一个团体中去，他们不愿意轻易放弃。创造一种环境，让客户在其中培养良好的感觉，认识到他们是被理解的，成为了一种强势集团的成员；运用电子公告板，供客户在网上公开发表意见。通过邮件列表，定期或不定期向不同的客户群体发送不同信息。

客户购物专区，存放每一个客户的购物信息，便于客户跟踪、查询订单的执行。这种说明应该包括购买前、购买中、购买后，这样，提高了购物过程的透明度。企业进行客户服务的目的，就是要通过不断提高客户服务水平和客户满意程度，开发和培养忠诚客户，提高企业的市场竞争能力和企业的经济效益。在长期的客户关系中，客户导向的服务比产品的技术含量更加重要，服务管理模块应具有以下功能：客户对象管理、保修检查、服务合同管理、服务请求管理、服务订单处理、零配件供应、发票和报表管理。客户服务不再是解决售后问题，而是应该从刚刚接触客户的那一刻开始，良好的客户服务应该是在问题出现以前能预先处理和解决。快速响应是反映服务质量的第一表现，其次是容易退货和快速订单跟踪。这些服务对客户满意程度具有重要影响。其中包括存货水平、订货信息、订货周期、快速装运、运输、系统准确性、订货方便性以及产品替代性等。

二、电子商务物流客户关系维护

（一）提供优质的服务

在电子商务物流领域，提供优质的服务是吸引和保留客户的关键。随着电子商务的快速发展，消费者对于物流服务的要求也越来越高，因此物流企业必须注重客户关系维护，通过提供准时交付、订单跟踪、订单定制、灵活的配送选项等服务，来满足客户的需求，提升客户的满意度和忠诚度。准时交付是提升客户满意度的关键。对于电子商务客户来说，准时交付是衡量物流服务质量的重要指标之一。客户通常希望能够在承诺的时间内收到订单，因此物流企业必须保证订单能够按时送达。为了确保准时交付，物流企业需要优化自身的物流运作流程，提升仓储、分拣、运输等环节的效率，同时与配送员和物流合作伙伴保持密切合作，及时解决可能出现的问题，确保订单能够按时送达客户手中。订单跟踪是提升客户满意度的另一个重要方面。客户通常希望能够随时随地了解自己订单的状态和位置，因此提供及时、准确的订单跟踪信息对于增强客户体验至关重要。物流企业可以通过建立在线订单跟踪系统，让客户可以随时登录网站或手机应用程序查询订单状态，实时掌握订单的处理进度和配送情况。同时，物流企业还可以通过短信、邮件等方式及时向客户发送订单状态更新，提高订单跟踪的便捷性和及时性，增强客户对企业的信任和满意度。

订单定制也是提升客户满意度的重要手段之一。不同客户对于物流服务的需求可能存在差异，因此物流企业需要提供个性化的订单定制服务，满足客户的特定需求。例如，客户可能希望能够选择特定的配送时间、配送地址或配送方式，物流企业可以根据客户的要求提供相应的定制化服务，增加客户的选择权和满意度。通过订单定制，物流企业可以更好地满足客户的需求，提升客户体验和忠诚度。提供灵活的配送选项也是提升客户满意度的关键。不同客户可能有不同的配送需求和偏好，因此物流企业需要提供多样化的配送选项，以满足客户的需求。例如，客户可能希望能够选择不同的配送时间、配送速度或配送地点，物流企业可以根据客户的要求提供灵活的配送选项，提高客户的满意度和便捷性。通过提供灵活的配送选项，物流企业可以更好地满足客户的需求，增强客户体验和忠诚度。提供优质的服务是电子商务物流客户关系维护的关键。通过提供准时交付、订单跟踪、订单定制、灵活的配送选项等服务，物流企业可以满足客户的需求，提升客户的满意度和忠诚度，从而建立良好的客户关系，促进业务的长期发展和增长。因此，在电子商务物流领域，物流企业应该注重客户关系维护，不断提升服务质量，满足客户的需求，实现共赢局面。

（二）个性化的客户体验

在电子商务物流中，提供个性化的服务和定制化的解决方案是维护客户关系和增强客户忠诚度的重要策略之一。通过深入了解客户的需求和偏好，并根据其个性化需求提供定制化的服务和解决方案，可以让客户感受到被重视和关注，从而增强客户对企业的认同感和忠诚度。个性化的服务是满足客户不同需求和偏好的关键。每个客户都有独特的需求和偏好，对服务质量、配送方式、售后服务等方面都有不同的期待。通过提供个性化的服务，可以更好地满足客户的需求，提升其购物体验和满意度。例如，针对不同的客户群体，可以提供不同的配送选项，如普通快递、加急快递、定时配送等，以满足客户的不同需求；针对高端客户，可以提供增值服务，如礼品包装、定制贺卡等，提升其购物体验和满意度。

定制化的解决方案是满足客户特定需求的有效途径。在电子商务物流中，客户往往有各种不同的需求，如特殊的包装要求、特定的送货时间、定制化的配送方案等。通过提供定制化的解决方案，可以更好地满足客户的特殊需求，增强客户对企业的信任和忠诚度。例如，针对需要特殊包装的客户，可以提供定制化的包装服务，保证货物在运输过程中的安全性；针对需要定期配送的客户，可以提供定制化的配送计划，确保货物按时送达，满足客户的需求。个性化的推荐和定制化的服务也可以帮助企业提升销售额和客户忠诚度。通过分析客户的购买历史、浏览行为和偏好，可以为其提供个性化的推荐产品或服务，增加购买意愿和转化率。同时，通过根据客户的需求提供定制化的服务和解决方案，可以提升客户对企业的信任和满意度，增强其忠诚度和品牌认同感，从而促进客户的回购行为和长期合作关系的建立。通过个性化的服务和定制化的解决方案，可以满足客户不同的需求和偏好，增强客户对企业的认同感和忠诚度。这种个性化服务和定制化解决方案不仅可以提升客户的购物体验和满意度，还可以帮助企业提升销售额和客户忠诚度，实现业务的长期稳定发展。因此，在电子商务物流客户关系维护中，提供个性化的服务和定制化的解决方案是一种重要的策略和手段。

（三）提供多渠道沟通

1. 电话沟通

建立多渠道的沟通渠道对于维护客户关系、提升客户满意度和忠诚度至关重要。在电子商务物流领域，客户可能会有各种各样的问题、疑虑或建议，因此提供便捷和及时的沟通途径是至关重要的。通过电话、邮件、在线聊天等多种沟通方式，企业可以与客户建立更紧密的联系，帮助他们解决问题、提供咨询，并及时处理投诉，从而增强客户的满意度和忠诚度。电话是一种直接有效的沟通方式。通过电话沟通，客户可以直接与客服人员进行实时对话，解决问题或咨询相关事宜。电话沟通可以更直接地理解客户需求，及时提供解决方案，并能够在交流过程中传递更多的信息，增强客户对企业的信任和满意度。邮件是一种常用的书面沟通方式。客户可以通过邮件向企业提出问题、建议或投诉，并期待企业及时回复。邮件沟通具有记录性和便捷性的优势，可以方便客户随时查阅沟通内容，并能够及时传达重要信息，提升客户满意度和忠诚度。

2. 在线聊天

客户可以直接在企业网站上与客服人员进行实时对话，解决问题或咨询相关事宜。在线聊天具有便捷和即时性的优势，可以让客户在浏览网站时随时获得帮助和支持，提升客户的满意度和忠诚度。除了以上几种常见的沟通方式，还可以结合社交媒体等新兴渠道，如微信、微博、Facebook 等，与客户建立更加广泛和深入的联系。通过在社交媒体平台上设立官方账号，并定期发布企业动态、产品信息、客户案例等内容，可以吸引客户的关注，增强客户对企业的认知和信任，并为客户提供另一种便捷的沟通途径。为了更好地维护客户关系，企业还可以建立客户服务中心或客户关系管理系统，统一管理客户的信息和沟通记录，及时回复客户的咨询和投诉，提升客户满意度和忠诚度。通过建立多渠道的沟通渠道，并及时回复客户的咨询和投诉，企业可以更好地维护客户关系，增强客户的满意度和忠诚度，从而实现长期稳定的业务发展。

（四）持续的沟通和关怀

与客户保持密切的沟通和关系，了解他们的需求和反馈，并及时提供帮助和支持，是维护良好客户关系的关键。通过定期发送感谢信、节日祝福、优惠活动等方式，表达对客户的关心和重视，建立积极的客户关系，可以增强客户对企业的认同感和忠诚度，促进长期合作和持续发展。了解客户需求和反馈是维护客户关系的基础。企业需要通过各种渠道，如客户反馈调查、客户满意度调查、客户投诉处理等，及时获取客户的意见和建议，了解他们的需求和痛点，从而针对性地改进产品和服务，提升客户满意度和体验。通过建立客户服务团队，及时回复客户的咨询和投诉，解决客户的问题和困扰，可以增强客户对企业的信任和忠诚度，促进长期合作和持续发展。定期发送感谢信、节日祝福、优惠活动等，是维护客户关系的有效方式。通过定期向客户发送感谢信，表达对其长期支持和信任的感激之情，可以增强客户的认同感和忠诚度。同时，在重要节日或纪念日，向客户发送节日祝福，表达对其的关心和祝福，也能够增进企业与客户之间的情感联系。此外，定期举办优惠活动，如折扣促销、礼品赠送等，激励客户进行购买，同时也可以表达对客户的关心和重视，增强客户对企业的好感度和忠诚度。建立客户忠诚计划，为忠诚客户提供专属的服务和福利，也是维护客户关系的重要手段。通过建立客户积分制度、VIP 会员制度等，鼓励客户进行消费和参与活动，同时为忠诚客户提供更优质的服务和优惠，增强客户的忠诚度和满意度，促进长期合作和持续发展。因此，在电子商务物流客户关系维护中，定期沟通和关怀客户，建立积极的客户关系是至关重要的。

（五）客户培训和支持

为客户提供培训和支持服务，帮助他们更好地使用和理解物流服务，是维护客户关系的重要策略之一。通过提供在线培训课程、用户手册、视频教程等形式的支持，可以帮助客户解决问题、提高使用效率，增强客户对企业的信任和忠诚度，进而促进长期合作和业务发展。提供在线培训课程是一种常见的培训和支持方式。企业可以开设针对客户的在线培训课程，介绍物流服务的基本知识、操作流程、常见问题解决方法等内容，帮助客户更好地理解和使用物流服务。通过在线培训课程，客户可以随时随地学习，提高自己的专业知识和操作技能，从而更好地利用物流服务，提升工作效率和质量。提供用户手册是一种常见的支持服务方式。企业可以为客户提供详细的用户手册，包括物流服务的使用说明、操作步骤、常见问题解答等内容，以便客户在使用过程中随时查阅和参考。用户手册可以帮助客户更快地熟悉物流服务的操作流程和规则，减少出错和犯错的可能性，提高客户满意度和使用体验。提供视频教程也是一种生动直观的支持服务方式。企业可以制作相关的视频教程，以图文并茂、生动形象的方式展示物流服务的使用方法和操作技巧，帮助客户更直观地理解和掌握相关知识和技能。

通过视频教程，客户可以通过观看视频轻松学习，随时随地获取所需信息，提高学习效率和成效。除了以上几种形式的培训和支持服务，还可以通过其他方式，如举办线下培训活动、提供一对一咨询服务等，为客户提供更全面和个性化的支持。通过举办线下培训活动，企业可以面对面地与客户交流和互动，解答他们的疑问，帮助他们更深入地理解和掌握物流服务。同时，通过提供一对一咨询服务，企业可以根据客户的具体需求和问题，提供针对性的解决方案和支持，增强客户对企业的信任和满意度。为客户提供培训和支持服务，帮助他们更好地使用和理解物流服务，是维护客户关系的重要手段。因此，在电子商务物流客户关系维护中，提供培训和支持服务是一项至关重要的工作。

第六章　电子商务物流企业的风险管理与创新发展

第一节　电子商务物流企业的风险识别与评估

一、电子商务物流企业的风险识别

（一）供应链风险

1. 订单延误

在跨境物流中，海关清关、国际运输等环节的顺利进行对于保障货物及时交付至关重要。然而，由于文档不全、信息不准确或政策调整等原因，订单延误成为了一个常见的问题。这种延误可能会严重影响客户的交付期限，引发客户投诉，甚至损害企业的声誉。因此，企业在跨境物流中需要采取一系列有效措施来预防和应对这些潜在的问题。企业应确保文档的完整性和准确性。在跨境物流过程中，各种证明文件、报关单据等是海关清关和国际运输的关键。因此，企业需要建立健全的文件管理体系，确保所有必要的文件都得到及时准备和提交。为了降低文档不全或不准确带来的风险，可以利用信息化技术来实现文档的自动化生成和管理，提高工作效率和准确性。企业需要及时了解和适应相关政策调整。跨境物流涉及各国的贸易政策、海关规定等多方面因素，这些政策的调整可能会对物流过程产生重大影响。因此，企业需要密切关注国际贸易政策的变化，及时调整物流方案和流程，以确保业务的顺利进行。同时，建立良好的政府关系和行业协会联系，也有助于企业获取第一手政策信息，降低政策调整带来的不确定性。企业应加强与物流合作伙伴的沟通与合作。在跨境物流中，企业往往需要依赖于各种物流服务提供商，包括海关报关代理、国际货运代理等。因此，建立良好的合作关系，加强信息共享和沟通是至关重要的。通过与物流合作伙伴建立长期稳定的合作关系，可以提高合作效率、降低合作风险，共同应对订单延误等问题。企业还应建立健全的应急预案和危机管理机制。尽管企业已经采取了一系列措施来预防订单延误等问题，但仍然存在不可预见的风险因素。因此，建立应急预案，明确各种应对措施和责任人，对于企业应对突发事件至关重要。同时，建立健全的危机管理机制，及时应对客户投诉和声誉损害，保护企业的品牌形象和市场地位。跨境物流中订单延误可能会对企业造成严重影响，引发客户投诉，甚至损害企业声誉。因此，企业需要采取一系列有效措施来预防和应对订单延误等问题，包括确保文档的完整性和准确性、及时了解和适应相关政策调整、加强与物流合作伙伴的沟通与合作、建立健全的应急预案和危机管理机制等。通过这些措施的有效实施，企业可以降低订单延误带来的风险，保障跨境物流的顺利进行，提升客户满意度和企业竞争力。

2. 货物破损

在国际运输过程中，货物可能受到挤压、震动等因素影响而导致破损。特别是对于易碎品或高价值商品，破损可能会导致额外成本以及客户不满。因此，为了最大程度地减少这些风险，采取适当的预防措施至关重要。这可能包括使用特制的包装材料，如泡沫塑料、气囊、缓冲材料等，以提供额外的保护。此外，货物的装载和安排也应该经过精心规划，确保在运输过程中尽可能减少震动和挤压的影响。定期检查货物运输过程中的环境和条件也是必要的，以及时发现并解决潜在的问题。通过采取这些措施，可以有效地降低货物破损的风险，提高客户满意度，并减少额外的成本支出。

3. 货物丢失

在物流链路上，货物可能因为意外事件或失窃等原因而丢失。这种情况不仅会给企业造成直接的财务损失，还可能引发一系列问题，损害企业与客户之间的关系，甚至威胁企业的声誉和生存。因此，企业在管理物流过程中必须采取有效的措施来预防货物丢失，并及时处理任何不可避免的事件，以最大程度地保护货物和客户利益。企业应该在物流链路的每个环节建立健全的监控和控制系统。这包括在货物装载、运输、卸货等环节设置监控摄像头，确保实时监测货物的状态和位置。同时，应该建立严格的出入库管理制度，确保每一笔货物都有清晰的记录和追踪，以便及时发现任何异常情况。企业需要加强对物流人员的培训和管理。物流人员是物流链路中至关重要的一环，他们的素质和专业水平直接影响到货物的安全性。因此，企业应该加强对物流人员的岗位培训，提高其责任意识和安全意识，确保他们能够正确处理货物，并妥善应对突发事件。企业还可以考虑采用现代化的技术手段来提升物流安全水平。比如，可以利用物联网技术和GPS定位技术实时监控货物的位置和状态，及时发现并处理异常情况。同时，可以借助大数据分析和人工智能技术预测潜在的风险，并采取相应的措施加以应对。除了加强内部管理和监控外，企业还应该与物流合作伙伴建立良好的合作关系，共同努力保障货物的安全。这包括选择信誉良好、具有专业素质的物流服务提供商，并与其建立长期稳定的合作关系。在合作过程中，双方应该建立完善的沟通机制，及时交流信息，共同解决问题，确保货物在物流链路上安全顺畅地运输。企业还应该建立健全的保险制度，为货物丢失和损坏提供必要的保障。通过购买货物运输保险等相关保险产品，企业可以在货物丢失或损坏时获得合理的赔偿，减少直接的经济损失。同时，保险公司通常也会提供风险评估和管理服务，帮助企业识别和降低潜在的风险，提高物流安全水平。货物在物流链路上丢失是一个常见但又极具挑战性的问题。为了有效预防货物丢失，保护企业和客户的利益，企业必须采取综合性的措施，包括加强内部管理、利用现代化技术、与物流合作伙伴建立良好关系以及建立健全的保险制度等。只有这样，才能最大程度地保障货物在物流过程中的安全，确保企业的可持续发展和客户的满意度。

4. 海关风险

在跨境物流中，海关清关是一个至关重要的环节。然而，由于海关政策、监管要求以及国际贸易形势的不断变化，企业在进行进出口业务时可能面临着诸多风险。这些风险涉及进出口许可证、关税评估、检验检疫等方面，若处理不当可能会导致货物滞留、罚款甚至其他更为严重的问题，严重影响企业的经营和声誉。企业应该密切关注海关政策和法规的变化。海关政策的变化可能涉及进出口许可证的调整、关税税率的变更以及检验检疫标准的更新等方面。因此，企业需要定期关注相关部门发布的法规文件和通知，及时了解政策变化，确保自身业务的合规性。企业需要建立健全的内部管理制度，确保进出口业务的合规性。这包括建立清晰的进出口流程和文件管理制度，明确责任人和操作流程，确保每一笔进出口业务都能够按照法规要求进行操作。同时，企业还应该加强内部培训，提高员工的法律意识和专业水平，减少因为操作失误而导致的风险。企业可以考虑与专业的海关代理公司合作，共同应对海关清关过程中的风险。海关代理公司通常具有丰富的经验和专业知识，能够为企业提供全方位的海关代理服务，包括申报报关、协助办理进出口许可证、协商海关税率等。与海关代理公司合作，不仅可以减轻企业的工作负担，还能够确保进出口业务的合规性和顺利进行。

企业还可以通过采用现代化的信息技术手段来提高海关清关的效率和准确性。例如，可以利用电子报关系统进行报关申报，实现报关资料的快速传输和审核，减少人为错误的发生。同时，还可以利用大数据和人工智能技术对海关政策进行分析和预测，帮助企业及时调整业务策略，降低海关清关的风险。企业应该建立健全的风险应对机制，及时处理海关清关过程中出现的问题。一旦发生货物滞留、罚款等情况，企业应该立即与相关部门联系，积极配合处理，争取尽快解决问题，减少损失。同时，企业还应该及时调整业务策略，优化供应链布局，降低海关清关风险的发生。海关清关是跨境物流中一个至关重要的环节，但也是一个充满风险的环节。为了有效应对海关清关过程中可能出现的各种风险，企业需要密切关注政策变化，建立健全的内部管理制度，与专业的海关代理公司合作，采用现代化的信息技术手段，并建立健全的风险应对机制。只有这样，企业才能够顺利进行进出口业务，确保货物的安全快速通关，实现跨境物流的顺利进行。

（二）运营风险

在电子商务物流企业的运营中，除了法律合规方面的风险外，还存在着诸如人为失误、技术故障、设备损坏等各种运营风险。这些问题可能导致订单滞留、服务质量下降等诸多不良后果，对企业的声誉和经营造成严重影响。因此，电子商务物流企业必须认真评估并有效管理这些风险，以确保业务的稳健运营和客户满意度的提升。人为失误是电子商务物流企业面临的常见风险之一。由于人为操作不当、沟通失误或管理不善，可能导致订单处理错误、货物遗漏或配送延误等问题。例如，仓库工作人员错误拣货或装箱，导致客户收到错误的商品；物流人员在配送过程中因为路线规划不当或交通问题造成延误。这些人为失误不仅会增加企业的成本，还会降低服务质量，损害客户的信任和满意度。因此，企业需要通过加强员工培训、优化流程管理等措施，减少人为失误的发生，提升运营效率和服务水平。技术故障也是电子商务物流企业不容忽视的风险之一。

随着信息技术的广泛应用，企业的业务往往依赖于各种信息系统和软件平台，一旦出现技术故障，可能会导致订单系统崩溃、数据丢失或网络中断等问题，严重影响到业务的正常运转。例如，订单管理系统由于程序漏洞而出现错误，导致订单无法及时处理；物流跟踪系统由于服务器故障而无法更新货物位置信息，给客户造成困扰。为了降低技术故障带来的风险，企业需要加强信息技术基础设施建设，提升系统的稳定性和安全性，建立灵活的应急响应机制，及时处理技术故障并降低损失。设备损坏也是影响电子商务物流企业运营的重要因素之一。企业在仓储、运输等环节需要大量使用设备和工具，如货架、叉车、运输车辆等，一旦这些设备出现损坏或故障，可能会导致订单滞留、货物损坏或交通事故等问题。例如，仓库货架因老化或质量问题导致倒塌，造成货物损失和人员伤亡；运输车辆由于机械故障而无法正常运行，影响货物的及时配送。为了降低设备损坏带来的风险，企业需要加强设备维护和检修工作，定期对设备进行检查和维护，及时替换老化或损坏的设备，提升设备的可靠性和稳定性。电子商务物流企业在运营过程中面临着各种风险，包括人为失误、技术故障、设备损坏等问题，企业需要认真评估并有效管理这些风险，采取相应的预防和控制措施，提升运营效率和服务水平，确保业务的稳健发展和客户的满意度提升。只有在有效管理风险的基础上，企业才能应对市场竞争的挑战，实现长期可持续发展。

（三）法律合规风险

电子商务物流企业在今天的数字化时代扮演着关键的角色，它们连接着生产者与消费者之间的桥梁，为商品的流通提供了便捷的渠道。然而，随着电子商务的快速发展，企业不仅需要关注市场竞争和客户需求，还需要严格遵守各种法律法规，以保护消费者权益、维护隐私安全、确保交易公平。否则，企业可能面临严重的法律风险，包括罚款、诉讼甚至经营被受损等后果。消费者权益保护法是电子商务物流企业必须遵守的重要法律之一。该法规定了消费者的权利和义务，要求企业提供真实、清晰的商品信息，确保产品质量和售后服务。例如，企业需要明确标示商品的价格、质量、产地等信息，不能虚假宣传或误导消费者。此外，企业还需保障消费者的退换货权利，及时处理投诉和纠纷，保证消费者的合法权益不受侵犯。隐私保护法也是企业必须重视的法律法规之一。随着信息技术的迅速发展，个人数据的收集、存储和处理变得越来越普遍，因此隐私保护尤为重要。电子商务物流企业在处理消费者个人信息时必须严格遵守相关法律法规，包括明示目的、合法合理收集、安全保护等原则。例如，企业在收集用户信息时必须经过用户同意，并且不能超出事先明确的目的范围使用。另外，企业需要采取有效的技术和管理措施，保护用户信息的安全，防止信息泄露和滥用。

除了消费者权益保护法和隐私保护法外，电子商务物流企业还需遵守一系列其他法律法规。比如，电子商务法、广告法、合同法等都涉及电子商务领域的规范和要求。企业需要了解并遵守这些法律法规，以确保自身的合法经营，避免因违规行为而受到处罚或诉讼。此外，跨境电商企业还需要关注国际贸易法律法规，遵守进出口相关规定，确保跨境交易的合法性和安全性。为了保证企业的合规经营，电子商务物流企业需要建立健全的法律合规体系，包括制定内部管理制度、加强员工培训、建立风险防控机制等。企业还可以通过与律师事务所或法律顾问合作，及时了解最新的法律动态和法规变化，确保自身业务的合法性和稳健性。此外，企业还需注重社会责任和企业道德，积极履行社会责任，保护消费者权益，为社会和谐稳定做出贡献。电子商务物流企业在经营过程中需要严格遵守各种法律法规，特别是消费者权益保护法、隐私保护法等相关法律，以保护消费者权益、维护交易秩序、促进行业健康发展。只有依法经营，才能赢得消费者的信任和支持，实现长期稳健发展。因此，企业应该高度重视法律合规工作，不断加强法律意识，建立完善的合规管理体系，做到合法合规经营，赢得持续发展的机会与优势。

（四）竞争风险

在当今数字化时代，电子商务物流行业正处于竞争激烈的环境中。随着电子商务的迅速发展，物流企业不仅需要面对传统物流行业的竞争，还要应对来自同行业竞争对手的价格战、服务创新等挑战。在这样的背景下，企业需要不断调整策略，以保持竞争优势，确保在市场中立于不败之地。来自同行业竞争对手的价格战是电子商务物流企业常常面对的挑战之一。在价格敏感的市场环境中，企业往往会为了吸引客户、增加市场份额而进行价格竞争。这种价格战可能导致行业利润率下降，对企业的盈利能力造成影响。因此，企业需要审慎评估市场需求和竞争格局，制定合理的定价策略，避免盲目跟风降价，而是要通过提高服务质量、降低成本等手段来提升竞争力。服务创新是电子商务物流企业应对竞争挑战的关键之一。随着消费者对物流服务体验要求的不断提高，传统的价格竞争已经不能满足消费者的需求。因此，企业需要通过创新服务模式、提升物流效率等方式来增加竞争优势。例如，可以引入智能物流技术，优化配送路线，提高配送效率；或者推出定制化的物流服务，满足不同客户的个性化需求。通过不断创新，企业可以提升服务品质，赢得消费者的青睐，从而在竞争中占据领先地位。

电子商务物流企业还需要关注行业发展趋势，及时调整战略布局。随着技术的不断进步和消费者需求的变化，物流行业也在不断发生变革。例如，最近几年快递行业的“双11”大促期间的物流高峰已成为行业热点话题，因此，物流企业需要提前做好准备，加强设备投入、人员培训等方面，确保能够应对高峰期的挑战。另外，随着电子商务跨境贸易的快速增长，国际物流服务的需求也在不断增加，企业可以抓住这一机遇，拓展国际市场，提升全球物流服务水平。企业还需要注重品牌建设和客户关系管理，树立良好的企业形象，提升市场竞争力。通过积极参与社会公益活动、提供优质的客户服务等方式，树立企业的社会责任感和公信力，增强消费者对企业的信任度，从而在激烈的竞争中脱颖而出。电子商务物流行业竞争激烈，企业需要面对来自同行业竞争对手的价格战、服务创新等挑战。为了保持竞争优势，企业需要不断调整策略，通过制定合理的定价策略、推进服务创新、关注行业发展趋势等方式来提升竞争力。同时，注重品牌建设和客户关系管理，树立良好的企业形象，也是企业在竞争中取得成功的重要因素。通过这些努力，企业可以在激烈的市场竞争中立于不败之地，实现长期稳健发展。

二、电子商务物流企业的风险评估

（一）识别潜在风险

对于电子商务物流企业而言，进行全面的风险评估是确保企业持续稳健运营的关键步骤。这种评估需要覆盖企业所处的行业、市场环境以及内部运营等方面，以识别可能存在的各种风险。通过头脑风暴、专家咨询、历史数据分析等方式，可以全面深入地了解并评估这些风险，为企业制定有效的风险管理策略提供基础。对于电子商务物流企业而言，需要对行业特点和市场环境进行全面分析。在电子商务领域，市场竞争激烈，技术迭代快速，消费者需求多样化。因此，企业需要关注市场趋势、竞争对手的动态、技术创新等因素，并评估这些因素对企业运营的影响。例如，新兴技术的应用可能带来竞争优势，但同时也可能增加技术更新换代的风险；市场需求的变化可能导致产品结构调整，对供应链和生产运营提出新的挑战。通过全面了解行业和市场情况，企业可以更准确地识别潜在的市场风险和机遇，制定相应的应对策略。企业需要对内部运营进行深入分析，识别可能存在的各种风险。这包括供应链管理、生产运作、人力资源管理、财务管理等方面。例如，在供应链管理方面，企业可能面临供应商信用风险、原材料供应不稳定等问题；在生产运作方面，可能存在生产工艺不合理、设备故障、生产延误等风险；在人力资源管理方面，可能存在员工流失、技术人才短缺等风险。通过对内部运营的全面分析，企业可以识别潜在的问题和风险点，并采取相应的管理措施，确保企业运营的稳定和高效。

企业还需要考虑法律法规、政策变化等方面可能带来的风险。电子商务物流企业涉及多个法律领域，如消费者权益保护、隐私保护、知识产权保护等。企业需要关注相关法律法规的变化和政策调整，确保自身经营行为符合法律要求，避免因违规行为而面临法律风险。同时，政策变化也可能对企业的经营产生重大影响，如政府政策扶持、税收政策调整等，都可能带来机遇和挑战。因此，企业需要密切关注政策动态，及时调整战略和政策应对措施，降低政策变化可能带来的不确定性和风险。企业还需要考虑信息安全、市场营销、竞争压力等方面可能存在的风险。信息安全是电子商务物流企业必须关注的重要问题，涉及客户数据、交易信息等敏感数据的安全保护。市场营销方面可能面临市场推广效果不佳、竞争对手营销策略的挑战等风险。竞争压力可能来自于同行业竞争对手的价格战、服务创新等方面的挑战。通过对这些方面的风险进行全面评估，企业可以更好地把握市场机遇、应对市场挑战，保持竞争优势。电子商务物流企业需要对行业、市场环境以及内部运营等方面进行全面分析，识别可能存在的各种风险。通过科学的风险评估和管理，企业可以降低风险带来的损失，提升竞争力，实现持续稳健发展。

（二）风险事件分析

1. 网络安全风险

随着电子商务的快速发展，网络安全威胁日益增多，黑客攻击、数据泄露等事件频繁发生。网络安全事件可能导致客户数据泄露、系统瘫痪等严重后果，损害企业的声誉和信任度。网络安全事件的持续时间取决于事件的性质和企业的响应能力，可能持续数小时至数日不等。

2. 物流延误风险

由于物流环节中可能出现的自然灾害、交通事故等因素，导致货物延误的情况时有发生。物流延误可能导致订单无法按时送达，影响客户满意度，进而影响企业的声誉和销售额。物流延误的持续时间取决于延误原因的严重程度和解决方案的及时性，可能持续数小时至数天不等。

3. 支付风险

低至中等。在跨境电子商务交易中，存在支付风险，如付款失败、欺诈交易等情况偶尔会发生。严重。支付风险可能导致资金损失、客户不满等问题，影响企业的盈利能力和声誉。短至中期。支付风险的持续时间取决于风险事件的处理和解决时间，可能持续数小时至数周不等。

（三）评估风险影响

对于任何企业而言，面临的风险是不可避免的，因此有效地识别、评估和管理这些风险是确保企业可持续发展的关键步骤之一。在进行风险评估时，企业需要将风险进行定量或定性评估，以确定每种风险对企业的影响程度，包括财务损失、声誉损失、客户流失等方面。对于风险的评估需要考虑到其可能导致的财务损失。财务损失是企业在经营活动中最直接、最易于量化的风险之一。例如，市场波动、原材料价格波动、货币汇率波动等因素都可能导致企业的财务损失。在评估风险时，企业需要考虑到这些因素，并利用风险管理工具和技术对可能的财务损失进行预测和量化。通过对潜在损失的评估，企业可以制定相应的风险管理策略，减少风险对企业财务稳定性的影响。

声誉损失也是企业面临的重要风险之一。企业的声誉是其长期发展的关键，而一旦企业的声誉受损，往往需要付出巨大的代价来修复。声誉损失可能源于产品质量问题、管理不善、违反法律法规等各种因素。在评估声誉风险时，企业需要考虑到公众舆论、媒体报道、社交媒体等因素对企业声誉的影响，并及时采取措施进行应对和修复。通过建立有效的危机管理机制和公关策略，企业可以降低声誉风险带来的负面影响，并保护企业的品牌形象和市场地位。客户流失也是企业面临的重要风险之一。客户是企业发展的重要资源，而客户流失可能导致企业销售额下降、市场份额减少等问题。客户流失可能源于产品质量问题、服务不佳、竞争对手的挑战等因素。在评估客户流失风险时，企业需要分析客户满意度、客户忠诚度等指标，并及时采取措施提升产品质量、改善服务质量，以提升客户满意度和忠诚度，减少客户流失的风险。通过建立客户关系管理系统和客户反馈机制，企业可以更好地了解客户需求，提升客户满意度，降低客户流失风险。对识别出的风险进行定量或定性评估，并确定每种风险对企业的影响程度，包括财务损失、声誉损失、客户流失等方面，对企业的发展至关重要。通过有效的风险评估和管理，企业可以更好地应对外部环境的变化和不确定性，保障企业的稳定发展，并提升企业的竞争力和可持续发展能力。因此，企业应将风险评估纳入到日常管理的重要环节中，并不断完善风险管理体系，以应对不断变化的市场环境和竞争压力，实现长期可持续发展的目标。

（四）确定风险优先级

确定各种风险的优先级是风险管理过程中至关重要的一环。这一步骤有助于企业有效地分配资源，重点关注对企业影响最大的风险，从而更好地应对不确定性和挑战。在确定风险的优先级时，通常会考虑风险的影响程度和发生可能性两个方面。影响程度是评估风险重要性的关键指标之一。风险的影响程度反映了一旦风险发生，对企业可能造成的影响的严重程度。这种影响可以是财务损失、声誉损失、客户流失等多方面的，而且可能是直接的、间接的、短期的或长期的。影响程度的评估需要综合考虑风险对企业各方面的影响，并根据实际情况进行量化或定性评估。一般来说，对于可能导致重大财务损失、声誉受损或客户大规模流失的风险，其影响程度会被评定为较高，需要优先考虑。发生可能性是评估风险发生概率的关键指标之一。发生可能性反映了风险事件发生的概率大小，即风险事件在未来发生的可能性有多大。发生可能性的评估通常需要考虑到相关的内部和外部因素，包括市场环境、行业竞争、企业内部管理水平等。对于可能性较高的风险，即使其影响程度较小，也需要引起企业的高度关注，因为这些风险的实际发生可能性较大，对企业的稳定性和发展可能产生较大的影响。

在确定风险的优先级时，通常会将影响程度和发生可能性两个方面进行综合考虑。一种常用的方法是使用风险矩阵，将影响程度和发生可能性分别划分为几个等级，然后将它们结合起来确定风险的优先级。例如，可以将影响程度分为低、中、高三个等级，将发生可能性分为低、中、高三个等级，然后根据它们的组合确定风险的优先级，如高影响高可能性的风险优先级最高，需要优先考虑应对。确定风险的优先级不仅仅是一项定量的工作，更是需要结合专业知识和经验进行综合判断的过程。在实际操作中，企业可以借助风险管理工具和技术，如风险评估模型、决策树分析等，来辅助确定风险的优先级。同时，企业也应该注重与各部门和利益相关者的沟通和协作，共同评估和确定风险的优先级，以确保评估结果的客观和全面。确定各种风险的优先级是风险管理过程中的关键一步，有助于企业更有效地应对风险挑战，保障企业的稳定发展。通过综合考虑影响程度和发生可能性，结合专业知识和经验进行综合判断，企业可以确定出对企业影响最大的风险，从而重点关注和应对，降低风险带来的不利影响，提升企业的抗风险能力和竞争力。

（五）制定应对策略

制定有效的风险管理策略和措施对于企业的可持续发展至关重要。针对识别出的主要风险，企业需要采取相应的应对策略，包括风险规避、风险转移、风险控制、风险接受等，以确保企业能够及时有效地应对各种风险事件。风险规避是指通过采取措施避免风险事件的发生或降低其发生的可能性。企业可以通过多种方式进行风险规避，例如优化业务流程、加强内部控制、遵守相关法律法规、加强安全管理等。例如，为了规避市场风险，企业可以通过多元化经营、开发新产品、进入新市场等方式降低对单一市场的依赖性，从而分散市场波动对企业的影响。风险转移是指通过购买保险、签订合同等方式将风险转移给其他机构或个人。企业可以购买各种类型的商业保险，如财产保险、责任保险、业务中断保险等，以转移可能发生的财务损失风险。此外，企业还可以通过与供应商签订合同、采取担保措施等方式将风险转移给其他合作方，降低自身的风险承担。

风险控制是指通过采取措施降低风险事件发生后的影响程度。企业可以通过建立健全的内部控制制度、加强监管和检查、制定应急预案等方式进行风险控制。例如，为了控制供应链风险，企业可以与供应商建立长期稳定的合作关系，建立供应商评估和监管机制，确保供应链的稳定和可靠性。风险接受是指企业在评估风险后，主动选择承担风险并准备应对可能带来的损失。对于某些风险，企业可能无法完全规避或转移，因此只能选择接受风险并采取相应的措施进行管理。在接受风险时，企业需要充分评估风险带来的潜在损失，并制定相应的风险管理策略和预案。例如，在面临市场竞争风险时，企业可能选择接受一定的市场份额损失，但同时加强产品创新和市场营销，以提升竞争力和盈利能力。针对识别出的主要风险，制定相应的应对策略和措施是确保企业能够有效管理风险、保障业务持续发展的关键。企业应根据风险的性质、影响程度和发生可能性，灵活运用风险规避、风险转移、风险控制和风险接受等多种手段，全面提升风险管理水平，确保企业能够在竞争激烈、环境不确定的市场中稳步前行。同时，企业还应定期评估和调整风险管理策略，及时应对新出现的风险，并不断提升应对风险事件的能力和水平，以保持竞争优势并实现可持续发展。在进行风险评估时，企业可以借助各种工具和方法，如 SWOT 分析、PESTEL 分析、风险矩阵、敏感性分析等，以全面、系统地评估企业面临的各种风险（图 6-1、图 6-2、图 6-3、图 6-4）。

图 6-1　SWOT 分析

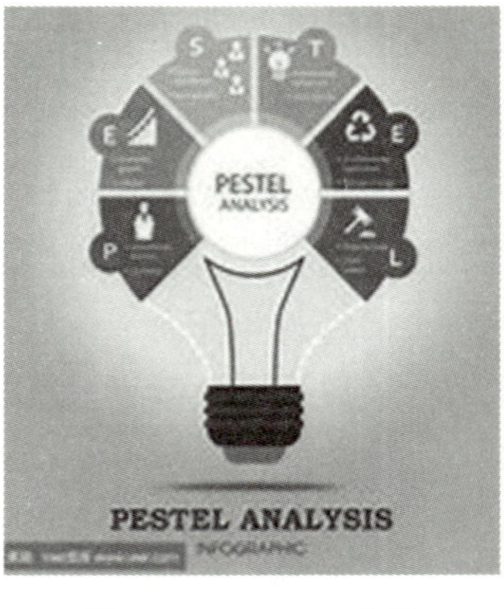

图 6-2　PESTEL 分析

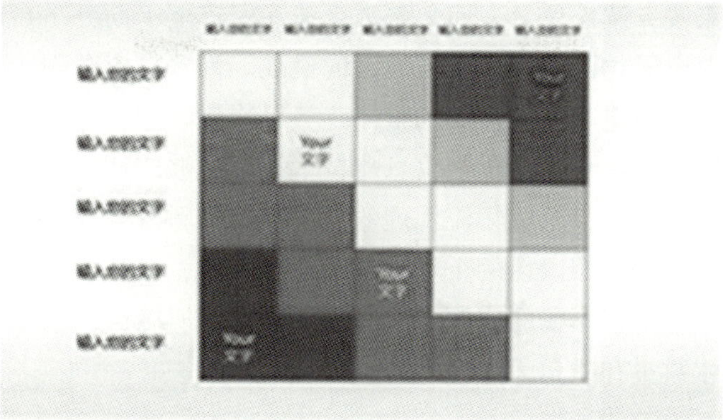

图 6-3　风险矩阵

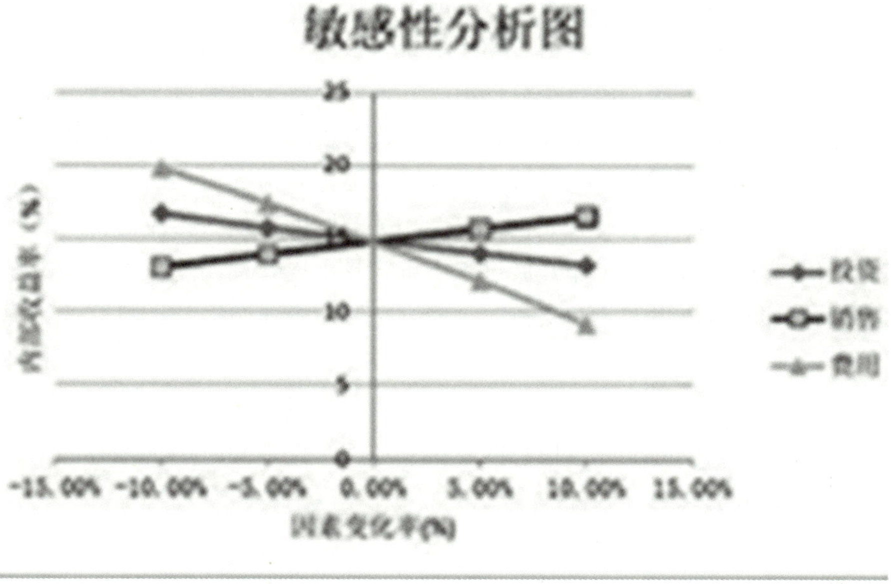

图 6-4　敏感性分析

同时，风险评估是一个持续的过程，企业需要不断地进行监控和更新，以适应外部环境和内部变化，确保企业的可持续发展。

第二节　电子商务物流企业的危机应对与应急管理

一、电子商务物流企业的危机应对

（一）电子商务环境下企业物流管理面临的挑战

1. 物流专业综合人才缺乏

电子商务具有便捷性、智能化和高效性等特点，其在引进物流管理的实际操作过程中需要从业人员设置系统、读取信息，而大多数企业在引进电子商务平台时，尚未培养出一批技能型人才，这给电子物流工作带来了极大的挑战。许多物流管理人员的管理理念较为落后，他们无法结合当前电子商务发展的整体趋势对物流管理工作进行创新，仍然延续了传统的物流管理思维。对各种自动化、信息化技术缺乏足够的认知，也无法有效打造智能化物流管理信息体系。而且，企业物流管理的发展形势日新月异，高校所开设的电子商务课程和物流管理课程只能按照以往的企业需求来培养人才，在教学目标与实践教育上存在与现代企业的物流管理衔接不畅的问题；平时高校与企业实施的产教融合项目和顶岗实习项目较少，专业人才数量和质量无法满足物流市场的需求。

2. 物流管理体系存在漏洞

在采购管理环节，许多企业尚未与商品供应商建立信息化的物流体系，整个物流服务仍采用半人工、半机械化的模式。采购环节需要工作人员先从网络上查询相关信息再实施采购行为，而由于企业缺乏完善的信息物流平台，无法与供应商及时交流信息状况，导致生产企业与供应商之间出现了信息不对称情况，错失了电子商务这一良机。在销售物流运输环节，部分企业片面追求高效快捷的物流配送，忽视了物流信息的更新，导致客户无法及时接收货品的运输信息，进而向物流中心追责或退单等情况。在制度建设层面，某些汽车制造企业在物流管理过程中没有完善与更新相关的制度条款。物流监督与管理过程也存在形式化的问题。相关人员在工作开展过程中也容易出现管理误差，无法为汽车制造和物流管理各项工作的开展提供保障和支持。某些汽车制造企业始终处于自营产销供一体化的封闭状态，信息化平台建设不统一、资源配置不合理，企业之间的信息交换和数据共享程度不足，阻碍了企业的物流发展。在较长时期内，汽车物流的发展是建立在传统汽车运输、仓储和搬运等体系上的，在对信息的收集、加工、处理和应用管理方面动力不足，也无法为客户提供物流的综合性服务。

3. 物流管理基础设施不全

由于物流企业起步较晚，因此其基础设施的配备也较为落后。一些大型的物流企业已经引进了完全自动化的物流服务设备，但一些中小企业的基础设施还比较落后，工作效率较低，与自动化基础设施差距明显。具体表现在：仓储设备数量不多。一些中小企业的物流管理仍然在使用仓储货架、仓储周转箱和堆垛架，智能仓储设备的数量较少。企业只能在订单量较少时采用智能仓储设备，一旦遇到订单量较多的情况，则需要使用仓储货架和周转箱来分流，暴露基础设施不健全的问题。对物流基础设施的管理缺乏整体性规划。具体包括铁路、公路、空运等运输方式之间的协同性较差，无法充分发挥铁路、公路、水路等不同运输体系的优势。另外，企业与电子商务相关的物流产业不够集中，跨区域物流规划建设也缺乏协同性；企业对物流园区和物流基地的建设不够重视；某些面向国际市场的汽车制造企业在国际运输物流通道建设方面存在不足，许多战略性运输通道和重要节点尚未打通，因此也无法更好地满足未来企业现代化物流发展的实际需要。

（二）电子商务环境下企业物流管理的应对之策

1. 培育物流信息人才

电子商务环境下，企业物流管理人才的培养工作十分重要。一方面，企业可构建完善的物流人才库，通过与高校合作，采取实习生计划、产教融合和人才顶岗实习培训等方式来培养和引进新型物流管理人才。企业还应加强对现有员工的培训，定期组织员工开展对电子商务相关法律和技术的学习，定期组织员工参与培训考核，鼓励员工到外进修，掌握更专业化的物流管理理念，同时提高物流管理人员对大数据技术和云平台的操作水平。同时，物流企业也需进一步提高薪酬水平，提升企业人才的内生动力，确保相关人员可以实现稳步成长，进而满足其自身工作发展的需要，同时积极对外吸纳人才，实现人才培养的专业化和科学化。另一方面，政府也需加大对物流行业的政策支持力度。通过出台人才扶持政策、人才补贴和优惠政策等方式，吸引社会各界的人才投身物流管理工作，壮大企业的物流管理队伍。

2. 建立物流管理系统

在企业物流管理中，建立信息化物流监控系统是企业在电子商务环境下作出的必然选择。目前智能化和机械化是现代物流的主要发展方向，因此企业可从这两方面出发，在货物储存、配送、运输服务等环节建立一套智能服务系统和机械化服务系统，前者负责线上平台的物流信息监测，后者负责与线下门店的货物对接，线上线下配合，全面监测货物的物流信息。或者在物流总系统中分设采购系统、生产系统和销售运输系统，采购系统负责电子物流采购，与供应商进行线上对接；生产系统负责监管物流细节、细化物流流程，记录库存信息；销售运输系统负责销售和配送监督工作，及时向客户传递物流信息。各系统平台每日上报数据信息，由总系统统一监管，如此也能逐步走出以往单一化管理的老路，将电子化技术融入物流管理的各个环节，提高物流管理与运营效率。企业还应当加强自身物流及供应链管理的信息化建设。首先要提高其数据管理能力。要搜集和对比企业物流的各种数据资料。例如汽车制造企业要选择信用水平高的汽车零部件供应商，要对客户群体的产品偏好及配送习惯进行分析，为客户提供更精准高效的物流服务，提升客户满意度。其次要将私有云服务、分布式平台、智慧电商等融入物流管理系统，提高信息技术建设水平，提升企业物流管理系统的稳定性。在内部管理过程中，企业还应从制度层面着手，对物流管理工作的人力、预算、风险等进行改进和优化。具体包括对物流管理相关部门人员的权责范围进行明确的制度规定，严格把控各项任务的落实情况。出现问题时，要能够实现责任到人，避免物流管理过程中员工相互推卸责任。要使专业人员能更好地操作和运行物流管理系统，带动整个供应链和生产链的高效运行。

3. 引入先进技术设备

电子商务环境下，市场对企业物流管理基础设施的要求也越来越高了，因此在新的物流管理体系中，企业需积极引进现代化技术和设备，为客户提供及时高效的信息化服务。比如，企业可购置智能机器人，在机器人系统中输入企业的物流管理流程和数据，设置定向程序和跟踪技术，对物流运输过程实施全程监测，及时向客户和管理者反馈物流信息，以便与下一步的物流工作对接。企业也可以引进电子识别设备和智能仓储设备，对货物进行信息扫描和识别，物流系统会自动保存货物信息，一旦货物运输出现偏差或延迟，系统就会提前预警，便于管理者及时启动应急方案。除此之外还需注意，企业需安排专业人员定期查验和维修这些设备，确保物流信息在设备中运行顺畅。

以汽车制造企业为例，可以进一步完善对信息条码技术的使用，利用光电扫描数字化技术自动生成相关汽车零部件、汽车生产订单的相关数据信息，使各项服务工作更便捷高效。企业可以将专属条码标签配备在每一项汽车零部件之上，相关人员通过机器扫码就能够将实际信息录入管理系统。既能减轻相关人员的工作压力，也能够提升物流管理信息的可靠性和准确性。企业还可以以信息条码技术为基础，加强对产品进出仓库及配送等多个环节的实时监控和问题溯源，提高汽车产品在物流运输管理过程中的安全性。可以引入供应链 BI（商业智能）可视技术，优化汽车制造仓储布局和数字化管理，提高整体配送效率，更好地适应电子商务智慧供应链发展需求。例如使用无人叉车、机械手臂，实现人工智能+互联网结合，实现库存在门店、配送中心、仓库之间的可视化分配，进而适应线上线下订单拣选，要将科技的发展与时代的进步同步到汽车供应链的方方面面。

4. 创新管理思路模式

电子商务时代的到来，不仅是商贸流通的必然趋势，更是实现物流转型的时代要求。在这一环境下，企业物流管理部门应改变思路和模式，认真分析电商行业和物流行业的对接点，协调电商行业与物流管理工作的差异。企业需在物流管理中加大对电子商务转型的宣传力度，向工作人员开展电子商务理论培训工作，引起工作人员的关注和重视。然后根据企业现今的工作状况，构建电子物流管理的模拟平台，进行为期一年的物流监测，指标合格后方将该平台投入使用。企业在引进电子商务物流服务体系后，要再开发一些新型物流管理模式，如绿色物流、开放式物流等模式，推动企业向更高水平转型。此外，为了更好地应对我国当前物流市场日益激烈的竞争环境，相关企业还应当从市场发展需求着手，开展第三方物流，积极构建规模性的物流联盟。企业管理者要创新物流管理思路，进一步提高对企业战略联盟管理的重视程度。尤其是要加强与一些小型物流企业的协作，提高信息数据的整合和共享水平，实现产品制造和物流的资源互补，提高物流产业供应链的科学性。物流联盟的构建有助于同类型企业之间加强协作，降低恶意竞争，实现强强联合，有助于提高整个行业发展的有效性。

二、电子商务物流企业的应急管理

（一）制定危机应急预案

1. 应急组织架构和责任分工

建立一个完善的应急组织架构是危机应急管理的基础。应成立危机应急管理领导小组，由公司高层管理人员组成，负责整体危机应对策略的确定和指导。针对不同类型的危机，设立相应的应急小组，包括但不限于自然灾害、供应链中断、信息安全等方面。每个应急小组都应有明确的责任范围和工作职责，确保在危机发生时能够迅速有效地应对。

2. 通信渠道

建立畅通的通信渠道是应对危机的关键。为此，应建立多元化的通讯系统，包括但不限于电话、短信、电子邮件、即时通讯工具等。此外，应建立与政府部门、合作伙伴和客户的紧急联系渠道，以便及时获取支持和协助。

3. 决策流程

明确的决策流程能够在危机发生时提高应对效率。在制定决策流程时，应考虑到不同层级和部门之间的协调与配合。建议采用分级授权的方式，将决策权限下放到各级应急小组，以便在紧急情况下能够快速做出决策。通过建立完善的应急组织架构、畅通的通信渠道、明确的决策流程以及针对不同类型危机的处理方案和行动计划，企业能够更加有效地应对各种突发事件，最大限度地降低损失，保障企业的可持续发展。因此，电子商务物流企业应将危机应急管理纳入日常管理体系，并不断完善和提升应对能力，以应对未来不确定性和挑战。

（二）培训与演练

1. 员工培训

员工是企业的重要资源，在危机事件中，他们的应对能力和应变能力将直接影响到企业的应急处置效果。因此，有必要对员工进行危机管理和应急处置的培训，提高他们的应对突发事件的能力。培训内容应涵盖危机应急预案的基本内容、危机类型与特征、应急处置流程、应对方法和技巧等。同时，针对不同岗位的员工，培训内容可有所区别，例如，对于物流人员可以加强对物流方面危机的处理技能培训，对于信息技术人员可以加强网络安全方面的培训。培训方式可以多样化，包括课堂培训、案例分析、角色扮演、实地考察等。通过多种形式的培训，可以提高员工的学习兴趣和参与度，更好地掌握应急处置的知识和技能。培训应定期进行，以确保员工的知识和技能能够持续更新和提升。特别是新员工入职时，应将危机管理和应急处置培训列为必备课程，以帮助他们尽快适应企业的应急管理体系。

2. 定期组织危机应急演练

针对不同类型的危机事件，制定相应的演练方案。演练方案应包括演练目的、流程、参与人员、时间安排等内容，并结合实际情况进行设计，以确保演练的真实性和有效性。演练可以采用桌面演练、模拟演练、实地演练等形式。桌面演练适合于对危机应急预案进行检验和评估；模拟演练可以通过模拟真实情景进行角色扮演，检验员工的应对能力；实地演练则可以在实际场地进行模拟演练，更贴近真实情况。演练结束后，应进行全面评估和总结，包括演练过程的顺利程度、预案执行的效果、存在的问题和不足以及改进措施等。通过演练评估，不断完善和优化危机应急预案，提高企业的应对能力和应变能力。通过员工培训和定期组织危机应急演练，电子商务物流企业可以有效提高员工的应对能力和应变能力，加强组织的危机应对能力，最大限度地减少危机事件对企业的损失和影响。因此，将这两项工作纳入企业的危机应急管理体系是非常必要的。

（三）建立危机应对团队

1. 成立危机管理团队或应急处置小组

根据企业规模和业务需求，确定危机管理团队或应急处置小组的成员，包括但不限于企业高管、相关部门负责人、安全部门代表、法律顾问、公关专员等。每位成员都应明确其在危机事件中的职责和联系方式，确保在紧急情况下能够及时沟通和协调。明确团队成员在危机事件中的职责和工作流程，包括但不限于以下几个方面：负责监测危机动态，及时收集、分析和评估相关信息，提前预警，为决策提供数据支持。协调各部门和外部资源，及时调配物资、人力和财力，以应对危机事件。根据危机情况制定应对策略和行动计划，做出应对决策，并组织实施。负责向内部员工、外部合作伙伴、媒体和公众发布信息，保持透明沟通，维护企业形象和声誉。

2. 团队运作机制

团队定期召开会议，总结近期工作，分析危机风险，讨论应对策略，推动应急预案的更新和完善。建立信息共享平台或系统，方便团队成员之间的信息交流和共享，确保信息的及时性和准确性。定期组织团队成员进行危机管理培训和应急处置演练，提高团队成员的应对能力和应变能力。建立应急响应机制，明确危机发生时团队成员的联系顺序和应急流程，确保能够快速有效地响应和处置危机事件。通过成立专门的危机管理团队或应急处置小组，并明确团队成员的职责和工作流程，电子商务物流企业可以更加有效地应对各类突发危机事件，保障企业的持续稳定运营。这样的举措有助于提高企业的危机管理水平，增强企业的抗风险能力，为企业的可持续发展提供有力保障。

（四）建立有效的沟通机制

1. 内部沟通机制

建立多渠道、高效畅通的内部通信体系，包括电子邮件、内部通信平台、电话会议等，以确保信息的及时传达和共享。定期组织内部沟通会议，及时了解员工的意见和反馈，共同研究解决方案，增强团队协作和凝聚力。建立内部通报机制，及时向员工通报危机信息、应对措施和工作安排，确保员工了解并配合公司的应急管理工作。

2. 外部沟通机制

建立定期的沟通机制，与供应商、合作伙伴和客户保持密切联系，及时了解他们的需求和关切，共同商讨解决方案，保障业务的持续运营。建立媒体关注处理机制，指定专人负责与媒体沟通，及时回应媒体的查询和报道，保护企业的声誉和形象。与政府部门和监管机构保持密切联系，及时向其报告危机情况和应对措施，寻求支持和协助。

3. 工作流程

建立信息收集和分析机制，及时了解危机动态，评估危机影响和风险程度。在危机管理团队或应急处置小组的领导下，制定应对策略和具体措施，明确责任人和工作任务。根据预先制定的沟通计划，及时向内部和外部相关方传达危机信息和应对措施，并监督执行情况，确保措施有效实施。通过建立健全的内部和外部沟通机制，电子商务物流企业能够更加迅速、有效地应对危机事件，最大程度地减少损失和影响，保护企业的利益和声誉。因此，将这一机制纳入危机应急管理体系是非常必要的。

（五）危机监测与评估

在电子商务物流企业的危机应急管理中，建立危机监测系统是非常重要的。这一系统可以帮助企业及时掌握各种潜在危机情况的动态和趋势，为危机应急响应提供及时准确的信息支持。同时，对危机应急响应的执行情况进行评估和反馈，可以帮助企业及时调整和改进应急预案和措施，提高危机应对效率和效果。

1. 建立危机监测系统

根据企业的特点和行业环境，确定关键的危机监测指标，包括但不限于市场变化、供应链情况、网络安全、自然灾害等。这些指标可以帮助企业全面了解危机的发生和发展趋势。建立数据收集和分析机制，通过监测市场动态、物流运作、信息安全等方面的数据，及时发现异常情况和潜在危机信号，为企业的决策提供数据支持。根据监测指标设定相应的预警和报警机制，一旦发现异常情况或潜在危机，及时发出预警信号，启动应急响应机制。

2. 对危机应急响应的评估和反馈

建立评估标准和指标体系，对危机应急响应的执行情况进行定量和定性评估，包括应对措施的及时性、有效性、协调性等方面。定期对危机应急响应进行评估，发现问题和不足之处，并及时向相关部门反馈。同时，对应急响应中取得的成功经验和良好做法进行总结和分享，为未来的危机应急管理提供借鉴和参考。根据评估结果，及时调整和改进应急预案和措施，弥补不足，提高危机应对能力和效率。在不断的评估和反馈中，逐步完善企业的危机应急管理体系，提高应对突发事件的能力和水平。通过建立危机监测系统，并对危机应急响应进行评估和反馈，电子商务物流企业可以及时发现和应对潜在的危机，保障企业的持续稳定运营。这一过程是持续不断的，需要企业不断改进和完善，以适应不断变化的外部环境和潜在风险。因此，将危机监测系统和应急响应评估纳入企业的危机应急管理体系是非常必要的。

第三节　电子商务物流企业的创新管理与业务拓展

一、电子商务物流企业的创新管理

（一）电子商务环境下企业物流管理创新的重要意义

电子商务的商业运营和物流管理相辅相成，物流管理是电子商务迅速成长的重要基础与保障，电子商务的发展带动物流管理的长效发展。在电子商务过程中，所有商品的仓储、搬运与配送都离不开物流管理系统，有效快捷的物流服务才能发挥电子商务的优越性。目前，电商贸易和现代物流管理与业务系统的结合态势已经越来越突出，在电子商务环境下，现代企业物流管理创新发展有着重要意义。可以改善企业的物流管理技术方法，促进传统物流产业的提升和转化，通过电子商务链条，在很大程度上可以拓展企业内部与下游企业之间以及用户间的沟通范围与交流渠道。企业的物流管理能够运用电子商务与网络技术来对企业的物流网络进行设计，通过对相关数据的采集来掌握其信息，并由此来确定其物流的发展走向，从而科学地提升了企业的业务量和物流范围，并以此来进行企业物流管理方法的革新和持续发展。通过对企业物流管理方法加以革新，可以逐步加大企业物流的信息化和现代化等基础建设步伐，对中小型企业的物流运输系统可以进行全方位地优化管理，并针对物流的发展状况及时给予信息更新和跟进，有效地满足相关利益者的发展需要。

（二）电子商务环境下企业物流管理的创新发展研究

1. 转变物流管理思路与创新管理模式

党的二十大报告中提到的“贸易强国”折射出物流既是商贸流通的一部分，更是核心支撑。在电子商务环境下，企业物流管理部门应该改变传统的管理思路，认真做好对电商行业的全面分析，进一步明晰电商行业发展趋势和企业物流管理工作之间的相互关系，并在此层面中，认识到企业当前物流管理工作的不足问题，从而推动企业物流管理思路的转变。认识到企业物流管理工作在电商行业发展中的重要意义，按照电商时代发展模式，积极调整当前物流管理制度。同时，加大物流管理工作的宣传推广力度，提高企业物流管理工作在社会发展中的影响力，进一步推动企业物流管理的良好实践。根据企业物流管理工作实际状况，逐步形成自动化、智能化、信息化的管理思想，并针对新型物流管理工作的特点，逐步改变管理者思路。企业在物流管理优化中，以绿色物流、环保型企业发展为驱动力，推动企业向企业生态化方向的转型，并以此推动企业更好发展。中国已经连续多年位居全球最大贸易国和全球最大货物贸易国，贸易就是流通，而电子商务环境下的流通离不开物流管理企业的不断创新。要加强物流管理同网络信息技术的深度结合，利用新型的信息技术来提升企业物流管理中各个环节的智能化程度，同时利用信息网络平台将企业及上下游企业的数据加以集成与分析，拓展企业获取数据的途径和增加数据的准确性，从而实现更加高效的企业物流管理。新模式也要求对经营结构加以革新，可以通过把“资金链”“产业链”等与物流经营加以结合，增加运输商品的附加价值，增强运输公司的自身比较能力，提升物流经营的整体能力。

2. 完善与创新物流管理制度

电子商务时代下的现代物流管理需要与时俱进，做好有关制度创新，以改变传统的管理工作观念，进而提升现代物流管理水平，以推动现代物流管理工作的高效发展。物流企业的各级管理人员都应当培养创新思维，创新物流配送管理制度，以完善其服务水平，促进客户满意度，让创新的物流管理体系能有效贯通于整个物流管理系统中，把各种资源有效整合起来，扩大其发展渠道，形成富有现代化特征的物流管理系统，形成物流企业良好的品牌形象，从而培养成具备创新、高端、专业特性的物流企业。另外，物流管理必须提高对于自动化、智能信息技术的应用，形成相关的物联网来高效地控制有关物流数据，并构建起健全的监督、监控制度，有效提高物流管理技能与管理水平。

3. 引进及培养专业化创新型物流人才

专业化的信息技术人员队伍在现代企业物流管理的发展中扮演着重要的角色，在创新型人才培养的探索下，现代物流管理的信息技术力量建设将会取得巨大的进展。物流企业要想得到快速发展就必须积极做好培养和引进工作，既要留住传统管理行业的人才，也要留住现代化的管理人员，才能促进现代物流管理的快速完善和成长。因此，企业可以积极地与高校进行合作，既要加入高校，也要在现代物流专业实践和研发环节中主动参与企业培养，为人才提供良好的教学条件和实训环境，并由此带动人才进行系统性培训，才能为现代物流系统的实现和开发奠定人力资源基础。而传统物流领域的相关人才既可通过高等院校进行培训，亦可运用网络技术进行再培训。企业人员可以经过系统化训练，进一步提高自己的认知技能，并以此提高创新能力，还能够利用系统化训练为传统物流行业培养具备新型技术技能的人才。同时，物流企业在积极吸收物流人才的基础上也将进一步提高薪酬待遇层级水平，并争取企业优先培养人才后再积极吸纳人才，从而通过吸引人员到企业内实现就业，这样一来，物流企业的人才培养将越来越专业化和科学化。

4. 积极采用现代化信息技术

在当前的经济发展模式中，电子商务发展飞快，现代企业物流管理的发展需要广泛运用先进技术。在物流管理流程上，利用现代信息化系统的卫星定位系统技术和条形码等技术，能够随时随地对货物进行定位和追踪，并详细记载商品的流向。另外，现代企业的物流管理还应积极推广并开发智能化物流配送技术，通过智能化信息技术进行商品的自动分类与管理，如使用电动引导车辆进行商品导向，利用移动机器人进行货物运输等，在极大地提高效率的同时，也能够从一定意义上降低生产成本。

二、电子商务物流企业的业务拓展

（一）仓储和配送网络扩展

电子商务物流企业在业务拓展中通常会着眼于建立更广泛的仓储和配送网络，以覆盖更多地区和城市，并提高配送速度和服务范围。这种扩展旨在满足不断增长的市场需求，提高客户满意度，并保持竞争优势。为了实现这一目标，与物流合作伙伴或第三方仓储服务提供商的合作是至关重要的。通过共同合作，企业可以实现资源共享、优势互补，进一步拓展其仓储和配送网络，提升服务质量和效率。建立更广泛的仓储和配送网络是电子商务物流企业业务拓展的重要举措之一。随着电子商务市场的不断扩大，消费者对快速、可靠的配送服务的需求也日益增加。因此，企业需要将仓储设施和配送网络覆盖更多的地区和城市，以便及时满足客户的需求。通过与物流合作伙伴或第三方仓储服务提供商合作，企业可以借助其现有的物流基础设施和资源，在更广泛的区域内建立起高效的仓储和配送网络。

与物流合作伙伴或第三方仓储服务提供商合作，可以实现资源共享和优势互补。这些合作伙伴通常拥有丰富的物流经验和先进的技术设备，能够为企业提供专业的仓储和配送服务。通过与这些合作伙伴合作，企业可以充分利用它们的资源和经验，提升自身的竞争力和服务水平。同时，合作伙伴之间还可以相互分享信息和技术，共同解决物流中的挑战，实现优势互补，实现共赢局面。扩展仓储和配送网络还可以帮助企业降低物流成本，提高运营效率。通过在更广泛的地区建立仓储设施，企业可以减少货物运输距离，缩短配送时间，降低运输成本。与此同时，利用合作伙伴的物流网络，企业可以更灵活地调配物流资源，应对订单量的波动，提高运营效率。这样一来，企业不仅可以提供更快速、更可靠的配送服务，还可以降低物流成本，提升整体竞争力。与物流合作伙伴或第三方仓储服务提供商合作，共同拓展仓储和配送网络，对于电子商务物流企业业务拓展具有重要意义。通过建立更广泛的仓储和配送网络，企业可以提高配送速度和服务范围，满足客户需求，保持竞争优势。同时，实现资源共享和优势互补，降低物流成本，提高运营效率。因此，合作伙伴关系的建立和维护是电子商务物流企业拓展业务的关键之一，值得重视和深入推进。

（二）增值服务拓展

电子商务物流企业在业务拓展中不仅需要建立更广泛的仓储和配送网络，还需要开发和提供更多样化的增值服务，以提升客户满意度和黏性。这些增值服务包括货物保险、仓储管理、订单处理、售后服务等，旨在为客户提供全方位的物流解决方案，增强客户与企业的合作关系。货物保险是一项重要的增值服务，能够为客户提供货物运输过程中的保障。在物流运输过程中，货物可能面临各种风险，如损坏、丢失等。因此，为客户提供货物保险服务，可以有效降低客户的运输风险，提升客户对物流服务的信任度。企业可以与保险公司合作，为客户提供灵活的保险方案，满足其不同的保险需求，增强竞争力。仓储管理是另一个重要的增值服务，能够帮助客户有效管理其库存，并提高库存周转率。通过提供先进的仓储管理系统和专业的仓储管理团队，企业可以帮助客户实现库存的精细化管理，降低库存成本，提高资金利用效率。此外，企业还可以为客户提供定制化的仓储管理方案，根据其不同的业务需求和特点，提供个性化的服务，增强客户满意度。订单处理是电子商务物流企业另一个重要的增值服务。随着电子商务市场的不断发展，客户的订单量也在不断增加，订单处理效率直接影响到客户的满意度和体验。因此，企业需要建立高效的订单处理系统和流程，确保订单能够及时准确地处理和交付。同时，企业还可以为客户提供定制化的订单处理服务，根据其不同的订单需求和特点，提供个性化的处理方案，满足其多样化的需求。

售后服务也是电子商务物流企业必须重视的增值服务之一。在物流运输过程中，客户可能会遇到各种问题和需求，如货物损坏、延迟配送等。因此，企业需要建立健全的售后服务体系，及时解决客户的问题和投诉，提升客户的满意度和忠诚度。通过提供优质的售后服务，企业可以赢得客户的信任和支持，建立良好的企业形象，增强竞争力。除了以上提到的增值服务之外，根据客户需求，开展定制化服务也是电子商务物流企业拓展业务的重要策略之一。定制化服务包括包装定制、礼品包装、定制化运输方案等，能够满足不同客户的个性化需求，提升客户体验和满意度。企业可以根据客户的需求和要求，提供定制化的服务方案，为其量身定制最适合的物流解决方案，增强客户的黏性和忠诚度。开发和提供更多样化的增值服务，包括货物保险、仓储管理、订单处理、售后服务等，以及定制化服务，是电子商务物流企业业务拓展的重要战略之一。通过提供全方位、个性化的物流解决方案，企业可以提升客户满意度和黏性，保持竞争优势，实现可持续发展。因此，企业应该不断创新服务，满足客户不断变化的需求，提升市场竞争力。

（三）多渠道销售和合作

电子商务物流企业在业务拓展中需要不断拓展多渠道销售和合作方式，以扩大销售渠道和市场份额。这些渠道包括线上销售、线下代理、合作伙伴渠道等，通过与电商平台、线下零售商等合作，共同推广物流服务，实现互利共赢。线上销售是电子商务物流企业拓展业务的重要渠道之一。随着互联网的普及和电子商务市场的不断发展，越来越多的消费者倾向于在线购物。因此，通过与电子商务平台合作，企业可以将自身的物流服务直接对接到线上销售渠道，为在线商家提供高效、可靠的物流解决方案。通过与电商平台的合作，企业可以直接接触到大量的潜在客户，拓展销售渠道，提升市场份额。线下代理是另一个重要的销售渠道。尽管电子商务在近年来蓬勃发展，但仍有一部分消费者更倾向于线下购物，尤其是一些传统消费群体。因此，通过与线下零售商或代理商合作，企业可以将物流服务直接提供给线下商家和消费者，满足其对物流服务的需求。通过与线下代理的合作，企业可以进一步拓展销售渠道，覆盖更广泛的客户群体，提高市场渗透率。

除了直接销售，与合作伙伴渠道的合作也是电子商务物流企业业务拓展的重要策略之一。通过与其他相关行业的合作伙伴建立长期稳定的合作关系，企业可以共同推广物流服务，实现互利共赢。例如，与电商平台、生产企业、物流公司等合作，共同推广物流服务，提供一体化的物流解决方案，为客户提供更全面、便捷的服务。通过与合作伙伴的合作，企业可以充分利用各方的资源和优势，共同打造强大的物流生态系统，提升市场竞争力。在与合作伙伴的合作中，重要的是实现互利共赢。双方应该充分理解对方的需求和利益，积极探讨合作的方式和内容，建立起互信、互利的合作关系。通过共同推广物流服务，双方可以实现业务的快速增长，共同分享市场机会和收益，实现双赢局面。拓展多渠道销售和合作方式是电子商务物流企业业务拓展的重要战略之一。通过与电商平台、线下零售商等合作，企业可以拓展销售渠道，扩大市场份额；通过与合作伙伴的合作，共同推广物流服务，实现互利共赢。因此，企业应该积极寻找合适的合作伙伴，建立长期稳定的合作关系，共同实现业务的持续增长和发展。

（四）国际市场拓展

电子商务物流企业在业务拓展中面临着进一步拓展国际市场的挑战与机遇。随着全球化进程的不断推进，跨境电商市场不断蓬勃发展，海外消费者对跨境购物的需求也日益增加。因此，开展国际物流服务，覆盖更多的国家和地区，开拓海外客户成为了企业拓展国际市场的重要战略。拓展国际物流服务是企业进军国际市场的关键举措之一。随着跨境电商的兴起，海外消费者对于快速、可靠的国际物流服务需求日益增加。因此，通过建立专业的国际物流团队和网络，企业可以为海外客户提供高效、可靠的物流解决方案，满足其对于国际物流的需求。同时，通过开展国际物流服务，企业可以拓展海外市场，开拓海外客户，实现业务的快速增长。针对不同国家和地区的市场需求，提供定制化的国际物流解决方案是企业拓展国际市场的关键之一。不同国家和地区的市场环境、法规政策、消费习惯等存在差异，因此，企业需要根据目标市场的特点和需求，提供定制化的物流服务方案，以满足海外客户的个性化需求。例如，在一些发展中国家，消费者可能更注重价格和物流速度；而在一些发达国家，消费者可能更注重品质和服务。因此，企业需要根据不同市场的特点，灵活调整物流服务方案，提升服务水平，增强市场竞争力。

在拓展国际市场的过程中，建立稳定的海外物流网络是至关重要的。企业可以通过与国际物流公司、跨境电商平台、海外代理商等建立合作关系，共同拓展海外物流网络，覆盖更多的国家和地区。通过与合作伙伴的合作，企业可以充分利用其在海外的资源和渠道，实现物流资源的共享和优势互补，提升物流服务的覆盖范围和效率。同时，建立海外仓储设施，提高物流配送效率，降低物流成本，进一步增强市场竞争力。除了物流服务，企业还可以通过与跨境电商平台、国际贸易展会等合作，共同推广产品和服务，增强品牌知名度和影响力。通过参与国际贸易展会，企业可以与海外客户直接接触，了解其需求和反馈，促进业务合作。同时，通过与跨境电商平台的合作，企业可以直接将产品推广到海外市场，拓展海外客户群体，增加销售渠道，提升市场竞争力。拓展国际市场是电子商务物流企业业务拓展的重要战略之一。通过开展国际物流服务，覆盖更多的国家和地区，开拓海外客户；针对不同国家和地区的市场需求，提供定制化的国际物流解决方案；与国际物流公司、跨境电商平台、海外代理商等建立合作关系，共同拓展海外物流网络。通过这些举措，企业可以进一步拓展国际市场，增强市场竞争力，实现可持续发展。

第四节　电子商务物流企业的可持续发展战略

一、电子商务发展战略提出的重要作用

随着我国现代化建设与发展进程的不断推进，电子商务在经济市场中的整体利用和发展得到了前所未有的提升，同时对推动社会经济发展起着有效促进作用。具体而言，一方面企业针对电子商务战略进行有效实施，不仅可以帮助企业从网络信息平台中获取更多的客户，增加每个月的产品服务营销量，收获更多的经济收益，实现企业市场竞争力的进一步发展和提升。另一方面，电子商务的形成与落实，与其自身的互动性和便捷性息息相

关，当企业正式针对电子商务与日常经营和管理工作相结合的过程中，便可以借助电子商务中的互动性特点，来对现如今的互联网经济市场进行科学调研，从最终数据的统计情况，来对企业未来发展方向进行及时的调整和转变，借此来满足不同客户、时代发展的共同需求。此外，电子商务与市场物流行业彼此之间相辅相成，无法分离。因此，电子商务的大力发展，对于物流企业而言，是前所未有的机遇，在推动物流企业全面发展的同时，也提供了相应的科学技术保障，将企业经济的可持续发展理念进行有效落实。

二、电子商务物流战略可持续发展的具体影响因素

（一）基础方面

科学建设与企业经营发展相符的电子商务专属网站。网站，作为网络信息服务平台，是连接电子商务物流企业主页和消费者群体的核心渠道，在日常经营和管理活动中，企业理当充分结合自身的运营体系，来建立起更为便捷的客户消费和体验服务网站。其中网站的设计和规划性能以及相关内容布置，要保障能够满足消费者和经济市场的不同发展需求，借此来全面提高电子商务物流企业战略实施的可行性与持续性。此外，对于企业而言，电子商务战略发展活动的相关实施环节，主要依靠的还是专属网站的建立和实行。因此，为了能够有效提高电子商务物流企业战略实施的有效性与科学性，企业还应该将专属网站的建设和市场营销发展策略进行全面结合，在融入市场经济发展需求指数的同时，实现电子商务战略实施路径的可持续发展。建立物流传输基础。众所周知，当电子商务物流企业信息购物平台搭建之后，消费者所购买的产品需要通过物流方式来进行输送，将商品交付到买家手上。而这整个商品流通过程，需要物流传输服务的全面支撑和帮助。这是因为，物流服务的形成和发展，与电子商务物流企业战略实施的成功与否有着直接影响关系，于企业而言借助合理方式科学建立“有效、安全、便捷”的物流传输机制，才能更好地实现电子商务物流企业产品的销售与全面推广，对电子商务物流企业战略实施发展目标进行有效把握。

（二）企业产品（服务）的研发方面

企业要深入明确电子商务平台产品的定位。所谓的产品定位，从本质上来讲，是为了能够切实满足不同消费者的消费欲望，并依照消费者所提供的不同消费需求，来生产相应的多元化产品，或者是提供多元化的产品服务。这是因为，现代化经济发展趋势下的当代社会企业，由于长期身处于经济市场发展环境中，因此整个电子商务战略实施和应用工作离不开对产品的精准定位。同时企业也要对当前市场竞争趋势和主体内容进行深度分析和研究，只有“高质量、高品质”的产品（服务）才能更好地吸引消费者目光，才能获得消费者的一致好评，才能全面提高消费者的购物忠诚度，为企业创造二次收益，最终实现电子商务物流企业经济体系的长效稳定发展。企业要格外注重企业品牌的影响作用。品牌形象作为企业经营发展过程中的无形资产，与企业的文化宣传工作息息相关，是企业运营内涵的本质所在。这是因为，品牌影响效应对电子商务物流企业战略实施发展活动的推动

和落实环节起着决定性影响作用。正因如此，企业才更应该针对自身产品（服务）进行品牌的宣传活动，以“高质量”的产品（服务）形象为核心，并将消费者的消费体验和消费需求涵盖其中，借此来为消费者提供更为完善的品牌文化宣传内容，以优质产品进行呈现，从而帮助企业树立优良文化形象，全面提高消费者满意度筑牢扎实基础。

（三）企业客户关系管理方面

1. 保障销售的服务水平

电子商务作为一种现代化的商业交易模式，在企业的战略发展中发挥着重要的作用。其产品销售和服务水平直接影响着消费者与企业之间的交易发展关系，进而影响着企业的可持续发展。为了有效确保企业能够成功将电子商务战略发展策略进行落实，需要全面提高产品的销售服务水平，并在企业和消费者之间构建优良的互动与交流机制。在日常运营和管理中，积极采取“一对一”的产品销售与服务模式，激发消费者的自主消费欲望，实现消费服务和产品质量的双向结合发展。电子商务的可持续发展受到产品销售和服务水平的影响。随着电子商务行业的竞争日益激烈，产品销售和服务水平的提升已成为企业在市场中脱颖而出的重要竞争因素之一。高质量的产品销售和服务可以提升消费者的购买体验，增强消费者对品牌的信任和忠诚度，促进再次购买和口碑传播，从而为企业持续发展创造了良好的基础。构建优良的互动与交流机制对电子商务企业的可持续发展至关重要。在电子商务的发展过程中，与消费者的互动和交流是建立信任和增强消费者忠诚度的重要途径。通过建立多样化的沟通渠道，包括在线客服、社交媒体、电子邮件等，企业可以及时了解消费者的需求和意见，及时回应和解决消费者的问题，增强消费者的满意度和忠诚度，推动企业持续发展。采取“一对一”的产品销售与服务模式有助于激发消费者的自主消费欲望，提升产品销售水平。通过个性化的推荐和定制化的服务，满足消费者的个性化需求，提升消费者的购买体验和满意度，增加交易量和销售额。同时，个性化的销售和服务也有助于建立良好的消费者关系，增强消费者对企业的信任和忠诚度，促进企业的可持续发展。电子商务物流战略的可持续发展受到产品销售和服务水平、互动与交流机制以及个性化销售与服务模式等因素的影响。只有通过提升产品质量和服务水平，构建良好的互动与交流机制，采取个性化的销售与服务模式，企业才能够更好地满足消费者的需求，增强市场竞争力，实现可持续发展的目标。在实践中，企业需要不断创新和优化自身的经营模式和管理机制，不断提升服务质量和消费者体验，不断加强与消费者之间的互动和沟通，为电子商务物流战略的可持续发展奠定坚实的基础。

2. 合理的营销推广策略

营销推广策略在电子商务领域的重要性不言而喻。随着电子商务的快速发展和市场竞争的加剧，制定多元化的营销推广策略成为企业实施电子商务战略的关键内容之一。电子商务通过网络平台进行产品或服务的营销推广，因此，营销推广策略必须结合信息技术，充分利用网络平台，展示产品的特点和优势，满足消费者的需求，促进产品的顺利销售。在电子商务领域，消费者的购物渠道多样化，因此，企业需要制定多渠道营销策略，通过不同的渠道进行产品或服务的推广，包括电子商务平台、社交媒体、搜索引擎优化（SEO）、电子邮件营销等。多渠道营销策略能够有效扩大企业的曝光度，提高品牌知名度，吸引更多的潜在客户，从而促进销售额的增长。个性化营销是利用大数据和人工智能技术，根据消费者的偏好、行为和历史数据，为其量身定制的营销推广策略。通过分析消费者的购买行为和偏好，企业可以精准地推送个性化的产品推荐和优惠信息，提高消费者的购买转化率和满意度，增强品牌忠诚度，促进销售业绩的提升。内容营销是通过发布高质量的内容，吸引潜在客户的关注，提升品牌知名度和影响力，从而促进产品或服务的销售。企业可以通过撰写博客、发布视频、举办网络直播等形式，分享行业资讯、产品知识和使用技巧，与消费者建立良好的沟通和互动关系，提升消费者的信任度和忠诚度，促进产品的销售。积分营销是通过积分制度，激励消费者进行购买行为，提高消费者的忠诚度和消费频率。企业可以通过电子商务平台建立积分制度，鼓励消费者注册会员、购买产品、参与活动等行为，赠送积分或优惠券作为奖励，吸引消费者重复购买，促进销售增长。口碑营销是利用消费者的口碑和推荐，影响其他消费者的购买决策。通过提供优质的产品和服务，积极回应消费者的反馈和投诉，营造良好的消费体验，企业可以获得消费者的口碑推荐，吸引更多的潜在客户，促进销售增长。电子商务物流战略的可持续发展受到营销推广策略的影响。多渠道营销、个性化营销、内容营销、社交媒体营销、积分营销和口碑营销等营销推广策略可以帮助企业提高品牌知名度、吸引潜在客户、提升销售额，从而推动企业在电子商务领域的可持续发展。在实践中，企业需要根据自身的发展阶段和市场特点，制定适合的营销推广策略，不断创新和优化，提升市场竞争力，实现长期稳健发展的目标。

三、可持续发展背景下，我国电子商务物流企业战略实施过程中所存在的问题

从电子商务物流企业战略发展实施过程中的信息搜索方面而言。电子商务物流企业发展，主要是以电子信息技术为核心，顾客可以通过线上网络平台搜索的方式找到店主的网页，并通过关键信息检索查找功能来找到自己所需的实际商品，从而与其他商家进行产品质量和服务的对比，从中进行择优购买。在此网络电子商务货物流通过程中，信息平台搜索引擎的设置很明显是为了方便客户更为简便地定位到自己想要的产品，并同时弹出相关链接，让顾客货比三家择优选购。而在实际的调查过程中发现，目前我国信息网络平台中的索引至少有十几亿，但是搜索引擎中也只能对 5 亿的索引进行关键字搜索。此外，企业和商家，在电子商务运营期间，要对关键词的索引内容进行隐私保护，从而导致网络平台的搜索功能不够齐全，搜索过程不够便利，搜索结果不够满意。在此情形下，企业客户不得不逐一针对门店网页进行查询，过程不仅繁琐，同时也给电子商务产品的交易和流通造成一定影响。

在电子商务发展意识形成和塑造方面，部分的企业尚未形成明确的思想意识，且对电子商务战略的制定与落实过程欠缺必要重视度，从而导致电子商务物流企业发展质量不

高、程度有待提高。虽然近些年来，在市场经济与现代信息化发展趋势的影响下，电子商务模式在企业经营与管理工作中得到了全面应用，但是却并非所有的企业都已经认识到电子商务的重要性与必要性，尤其是近些年来，经济市场中的部分企业，忙于针对内部的经济发展体系进行优化与改革，将所有的发展目光都放在了产品研发和设计之上，反而忽视了对电子商务活动的有效利用过程，从而导致电子商务物流企业战略实施进度缓慢，所能起到的经济推动作用微乎其微。甚至还有一些企业，由于对电子商务战略发展存在一定思想认知上的误区，错误地认为电子商务虽然是当前的热门发展领域，但是整个实施过程却充满了不确定性，无法得到长效稳定的保障，从而错失了发展良机，对企业的电子商务战略实施与应用过程造成一定影响。

第七章　电子商务物流企业国际化经营与发展

第一节　电子商务物流企业国际市场分析与选择

一、电子商务物流企业国际市场分析

（一）市场规模和增长趋势

电子商务和物流行业在国际市场上的规模和增长趋势是当今全球经济中备受关注的话题。随着全球互联网普及率的提高和消费者对在线购物和便利性的追求，电子商务交易规模和物流业务量持续增长，成为国际贸易中不可或缺的一部分。

1. 电子商务市场规模与增长趋势

在全球范围内，电子商务市场的规模不断扩大，成为各国经济增长的重要引擎之一。根据最新的数据显示，全球电子商务市场在过去几年中保持了稳健增长的态势，预计未来仍将继续保持高速增长。主要的国际电商平台如亚马逊、阿里巴巴、京东等在全球范围内持续扩张，推动了电商交易规模的增长。亚太地区是全球电子商务市场的主要增长引擎之一。中国、印度、日本等国家在电子商务领域的发展迅速，消费者对在线购物的需求不断增加，促进了电商市场规模的扩大。另外，拉美地区和非洲地区的电子商务市场也呈现出快速增长的态势，尤其是移动支付等新兴技术的普及推动了这些地区电商市场的发展。同时，全球跨境电商也是一个快速增长的领域。随着国际贸易壁垒的不断降低和物流技术的不断提升，越来越多的消费者选择跨境购物，促进了跨境电商市场的快速扩张。跨境电商平台如亚马逊全球购、速卖通等成为了跨境贸易的主要渠道，推动了全球电子商务市场的国际化进程。

2. 电子商务物流行业规模与发展趋势

随着电子商务市场的不断扩大，物流行业也随之蓬勃发展。电商物流作为电子商务的重要组成部分，发挥着关键作用，保障了商品的快速配送和顺畅交付。全球范围内，电商物流行业规模巨大，呈现出稳健增长的趋势。各大电商企业纷纷加大对物流基础设施的投资，构建了覆盖全球的物流网络，提高了配送效率和服务质量。同时，物流科技的不断创

新也为电商物流行业带来了新的发展机遇，智能化、自动化的物流设备和系统大幅提升了物流效率，降低了成本。在国际市场上，电商物流的国际化程度不断加深。各大跨境电商平台纷纷扩展海外仓储和配送网络，提供更快速、更便捷的跨境物流服务。同时，国际的物流合作也日益加强，跨境物流企业之间展开合作，共享资源，共同提升物流服务水平。

（二）市场细分和定位策略

1. 目标国际市场细分与消费群体识别

在制定电子商务物流企业的国际市场战略时，首先需要对目标市场进行细分，识别不同的消费群体和需求细分。这有助于确定适合的市场定位和定位策略，从而提高市场占有率和盈利能力。根据地域不同，消费者的购物习惯、文化背景、支付习惯等有很大差异。因此，可以将目标市场按地域进行细分，针对不同地区的消费者提供定制化的服务。比如，在欧洲市场，消费者更注重产品质量和环保，而在亚洲市场，价格和快递速度可能更受重视。根据消费者的特征进行细分，如年龄、性别、收入水平、购买偏好等。不同群体对产品和服务的需求有所不同，因此可以针对性地开展营销活动和产品定制。例如，针对年轻人的快速时尚品牌，在线社交媒体的营销可能更有效。根据产品类型的不同进行市场细分，针对不同类型的产品制定相应的市场策略。例如，针对电子产品的物流服务可能需要更快速的配送和更严格的包装保护，而针对生鲜食品的物流服务则需要更严格的温控和冷链配送。根据消费者的购买动机进行细分，如性价比、品牌口碑、产品质量等。不同的消费者可能受到不同的购买动机驱动，因此可以针对不同的购买动机开展定位和营销策略。

2. 目标市场和定位策略确定

在识别了不同的消费群体和需求细分之后，可以确定目标市场和相应的定位策略。根据企业的资源和实力，选择一个或多个目标市场进行深耕。可以根据市场规模、增长潜力、竞争情况等因素进行评估和选择。例如，选择欧洲市场作为目标市场，因为该市场的消费者对高品质产品和快速配送有较高需求，同时竞争相对激烈，但市场规模大。根据目标市场的特点和消费群体的需求，确定相应的市场定位策略。可以通过产品差异化、价格定位、品牌定位等方式进行定位。例如，将产品定位为高品质、高端的物流服务提供商，在价格上提供相应的溢价服务。

3. 产品定价、品牌推广和销售渠道调整

根据不同的目标市场和消费群体的需求，对产品定价进行调整。可以根据市场定位和竞争情况确定定价策略，以实现市场份额和盈利最大化。选择适合目标市场的品牌推广方式，如线上广告、社交媒体营销、线下活动等。可以通过提升品牌知名度和美誉度来吸引更多的消费者。选择适合目标市场的销售渠道，如自营平台、第三方电商平台、线下零售渠道等。可以根据市场特点和消费者习惯选择最合适的销售渠道，以实现销售额的最大化。通过以上调整和优化，可以提高企业在目标国际市场的市场占有率和盈利能力。不断满足消费者的需求，提供优质的产品和服务，加强品牌建设和推广，扩大销售渠道，是提升市场占有率和盈利能力的关键。同时，持续关注市场动态和消费者反馈，及时调整策略和优化服务，也是保持竞争优势的重要手段。针对电子商务物流企业在国际市场的竞争环境，需要综合考虑市场细分、定位策略、产品定价、品牌推广和销售渠道等方面因素。通过深入分析目标市场和消费群体的需求，制定合适的市场定位策略，并不断调整和优化产品和服务，可以提高企业在国际市场上的竞争力和盈利能力。

（三）政策法规和市场环境

1. 目标国际市场的政策法规分析

目标国际市场的海关进出口政策对电子商务物流企业的经营至关重要。这包括关税政策、进出口许可证要求、报关要求等。了解并遵守目标国家的海关政策，可以避免因违规操作而导致的罚款和延误，保证货物的顺利通关。目标国际市场的物流监管规定涉及货物的运输、仓储、包装等方面。例如，对于特殊品类的货物可能有特殊的运输要求，对于涉及食品、药品等的物流需要严格的温度控制和质量监管。了解并遵守目标国家的物流监管规定，可以保证物流操作的合规性和安全性。

2. 目标国际市场的经济、政治、社会环境分析

目标国际市场的经济环境对电子商务物流企业的发展具有重要影响。经济状况良好的国家可能消费能力强，市场需求大，但竞争也相对激烈；而经济不稳定的国家可能市场规模较小，但也可能存在较少的竞争。此外，汇率波动、通货膨胀率等经济指标也会影响企业的盈利能力和成本管理。政治环境的稳定性对企业的经营影响深远。政治动荡可能导致法律法规的频繁变动，不稳定的政治环境也可能导致投资环境恶化，企业面临更多的不确定性。因此，了解目标国家的政治状况，保持敏感，及时调整经营策略至关重要。社会环境包括文化、人口结构、消费习惯等方面。了解目标国家的社会环境有助于企业更好地定位产品和服务。例如，在一些国家，消费者对品牌忠诚度较高，而在另一些国家，消费者更注重产品的性价比。同时，社会环境也涉及劳动力市场的情况，包括劳工权益保护、人力成本等因素，这也会直接影响到企业的生产成本和运营效率。

3. 评估对企业经营的影响和挑战

对于电子商务物流企业而言，遵守目标国际市场的政策法规至关重要。这需要企业建立完善的法律合规体系，及时了解并适应不同国家的政策变化，以减少潜在的合规风险。一些国家可能存在较高的市场准入壁垒，包括行业准入门槛、外资限制等。企业需要认真评估目标市场的准入条件，制定相应的市场进入策略，以降低市场准入的风险。国际市场上的竞争压力往往较大，来自于本土企业和国际竞争对手。企业需要不断提升自身的竞争力，通过产品创新、服务优化等方式，树立自己的品牌优势，获得更多市场份额。国际市场的外部环境不确定性较大，包括政治风险、经济波动、自然灾害等因素。企业需要建立灵活的应对机制，及时调整经营策略，以应对外部环境的变化。在国际市场经营中，文化差异和语言障碍可能成为企业面临的挑战。企业需要加强跨文化沟通能力，了解目标市场的文化特点，调整产品和服务以符合当地消费者的需求和习惯。电子商务物流企业在目标

国际市场的经营面临着诸多挑战和机遇。通过深入了解目标市场的政策法规、经济、政治、社会环境，企业可以更好地制定经营策略，降低风险，把握机遇，实现长期稳健发展。同时，不断提升自身的竞争力和适应能力，加强与当地政府、合作伙伴和消费者的沟通与合作，也是企业在国际市场中取得成功的关键因素。

（四）物流基础设施和配送网络

1. 目标国际市场的物流基础设施调研

目标国际市场的港口是货物进出口的重要枢纽，其效率和规模直接影响着物流运输的速度和成本。调研目标国际市场的主要港口，包括其吞吐量、装卸效率、服务水平等。了解港口的运输网络、设施设备和海关清关流程，有助于企业选择最优的进出口港口，提高物流效率。航空运输在国际物流中扮演着重要角色，尤其对于跨洋或跨大陆的货物运输。调研目标国际市场的主要机场，包括其货运吞吐量、航线网络、货运设施等。了解机场的货运流程、安检程序和转运能力，有助于企业选择最适合的航空运输方案，提高物流速度和服务质量。货运中心是物流运输的重要节点，承担着货物的集散、分拨和转运任务。调研目标国际市场的主要货运中心，包括其面积、设施设备、运输网络等。了解货运中心的仓储容量、自动化水平和供应链管理系统，有助于企业优化物流配送方案，提高仓储和配送效率。

2. 物流环节效率与成本评估

评估目标国际市场的物流运输环节的效率和成本，包括海运、空运、铁路运输等。了解不同运输方式的运输时间、成本和可靠性，有助于企业选择最经济、最适合的运输方案，降低物流成本，提高配送速度。评估目标国际市场的物流仓储环节的效率和成本，包括仓储设施、仓储管理系统和货物处理流程等。了解仓储设施的容量利用率、货物周转速度和库存管理效率，有助于企业优化仓储方案，减少库存成本，提高物流效率。评估目标国际市场的物流配送环节的效率和成本，包括配送网络、配送车辆和配送人员等。了解配送网络的覆盖范围、配送速度和配送准时率，有助于企业优化配送路线和配送计划，提高配送速度和服务质量。

3. 优化物流方案与提升配送服务

采用多种运输方式联合运输，如海运与铁路运输、空运与公路运输等，以减少运输时间和成本，提高物流效率。引入物联网、大数据和人工智能技术，实现仓储设施的智能化管理，提高仓储效率和库存管理精度。建立快速响应的配送网络，采用实时路由规划和智能调度系统，实现即时配送，提高配送速度和服务质量。根据客户需求定制物流方案，提供个性化的配送服务，满足客户不同的配送要求，增强客户满意度和忠诚度。积极推动绿色物流理念，采用环保型运输工具和节能减排技术，降低碳排放，实现可持续发展。在目标国际市场，电子商务物流企业面临着巨大的竞争压力和物流挑战。通过深入调研物流基础设施和配送网络，评估物流环节的效率和成本，制定优化的物流方案，可以有效提高配送速度和服务质量，增强企业在国际市场的竞争力。同时，建立长期稳定的物流合作伙伴关系，不断提升物流管理水平和技术创新能力，也是企业在国际市场取得成功的关键因素。

二、电子商务物流企业国际市场选择

（一）文化和语言因素

在当今全球化的商业环境下，企业的国际市场选择不仅涉及经济因素，还需要考虑到目标国家或地区的文化差异和语言障碍。这些因素对企业的文化和运营模式都有着重要的影响。特别是对于电子商务物流企业而言，选择适合文化和语言沟通的国家或地区，不仅有利于市场拓展，还可以提升客户服务质量。因此，在进行国际市场选择时，企业需要综合考虑多方面因素，以确保选择的目标市场能够最大程度地促进企业的发展。企业需要考虑目标国家或地区的文化差异。不同的国家和地区拥有独特的文化传统、价值观念和行为习惯，这些因素会直接影响到企业在当地的运营模式和市场表现。例如，一些国家更加注重个人主义和自由市场经济，而另一些国家则更加强调集体主义和政府干预。因此，企业需要深入了解目标市场的文化特点，调整自身的经营策略和营销方式，以适应当地消费者的需求和偏好。语言沟通也是企业在国际市场选择过程中需要重点考虑的因素之一。有效的语言沟通是企业与客户、合作伙伴以及当地政府之间顺利开展业务的基础。选择与企业母国语言相近或者有较好的英语普及率的国家或地区，可以降低语言沟通障碍，提高业务效率。此外，一些国家或地区的消费者更倾向于使用本地语言进行交流和购物，因此，掌握当地语言将有助于企业更好地与客户进行沟通，提升客户满意度。

针对电子商务物流企业而言，在国际市场选择中，还需要考虑到物流环境和配送网络的因素。不同国家或地区的物流基础设施、运输成本和配送服务水平存在差异，这直接影响到企业的供应链管理和客户体验。选择物流发达、配送网络完善的国家或地区，可以帮助企业提高订单处理速度和配送效率，增强竞争力。同时，企业还需要关注目标市场的海关政策和进出口规定，确保货物顺利通关，避免因为物流问题导致的运营风险。除了文化差异、语言沟通和物流环境外，企业在国际市场选择时还需要考虑市场规模、竞争情况、法律法规以及政治稳定等因素。选择市场规模庞大、竞争程度适中、法律环境稳定的国家或地区，有利于企业实现长期可持续发展。此外，政治和经济稳定也是企业考虑的重要因素之一，因为政治动荡和经济不稳定可能会对企业的运营产生重大影响。企业在选择国际市场时需要综合考虑文化差异、语言沟通、物流环境以及市场规模等多方面因素。选择与企业文化和运营模式相近、语言沟通方便、物流配送便利的国家或地区，有利于企业的市场拓展和客户服务，促进企业在国际市场的成功发展。因此，企业在进行国际市场选择时应该认真分析目标市场的特点，制定相应的市场进入策略，并不断优化和调整以适应不断变化的国际商业环境。

（二）客户需求和市场定位

在电子商务物流企业的国际市场选择中，了解客户需求和市场定位是至关重要的一环。只有深入了解目标市场的消费者群体、他们对物流服务的需求和偏好，才能够有效地调整企业的产品和服务策略，提供符合市场需求的定制化服务，从而获得竞争优势并实现长期可持续发展。企业需要进行深入的市场调研，以了解目标国际市场的客户需求和市场定位。这包括对当地消费者群体的人口结构、消费习惯、购物偏好以及对物流服务的需求进行分析。通过市场调研，企业可以了解到客户对于物流服务的关注点，比如配送速度、货物安全、售后服务等方面的需求，以及对于价格、品质和便利性等方面的偏好。企业需要根据市场调研结果调整自身的产品和服务策略，提供符合市场需求的定制化服务。这可能涉及产品的包装和配送方式、配送时间和速度、售后服务的改进等方面的调整。例如，在一些快节奏的城市，消费者更加关注配送速度和时间的准确性，因此企业可以考虑提供快速配送服务或者准时送达的承诺，以满足客户的需求。另外，在一些追求环保和可持续发展的市场，消费者可能更加关注物流服务的环保性和可持续性，因此企业可以考虑采用环保包装材料、优化物流路线等方式来减少碳排放，提升企业的社会责任形象。

企业还可以通过个性化定制的方式，提供更加个性化的物流服务，以满足不同客户群体的需求。比如，根据客户的购买历史和偏好，提供个性化的配送方案或者定制化的包装服务，增强客户的购物体验和忠诚度。此外，企业还可以通过引入技术创新和智能化物流系统，提升物流服务的效率和质量，满足客户对于便利性和智能化的需求。除了针对消费者需求的调整，企业还需要根据市场定位和竞争环境，不断优化自身的品牌形象和营销策略，提升在目标市场的竞争力。这包括建立良好的品牌声誉和信誉、加强与当地合作伙伴的合作、优化营销渠道和推广方式等方面的工作。通过有效的市场定位和品牌建设，企业可以在目标国际市场上建立起良好的品牌形象和市场地位，从而吸引更多的客户并实现业务增长。了解客户需求和市场定位是电子商务物流企业进行国际市场选择的关键一步。通过深入的市场调研和分析，企业可以更好地理解目标市场的消费者群体和物流服务需求，从而调整产品和服务策略，提供符合市场需求的定制化服务。同时，企业还需要根据市场定位和竞争环境，不断优化自身的品牌形象和营销策略，以提升在目标国际市场上的竞争力和市场地位，实现长期可持续发展。

（三）市场进入难度和成本

在电子商务物流企业的国际市场选择中，综合考虑市场进入难度和成本是至关重要的。不同的国际市场存在着各种不同的准入条件、推广费用以及人力资源成本等因素，影响着企业进入市场的难易程度和成本负担。为了最大程度地降低风险并实现可持续发展，企业应选择进入相对容易且成本较低的国际市场，通过逐步积累经验和市场份额，再逐步拓展到其他市场。企业需要评估不同国际市场的准入条件。不同国家和地区对于外国企业的准入条件和规定存在差异，有些市场可能对外资企业开放程度较高，准入条件相对宽松，而另一些市场则对外资企业设置了较高的准入门槛和限制。因此，企业需要对目标国际市场的政策法规、行业政策以及市场竞争情况进行深入了解，评估市场准入的难易程度。企业需要考虑市场推广费用。市场推广是企业进入国际市场的重要手段之一，但不同市场的推广费用存在着差异。有些市场的广告费用和市场推广成本较低，而另一些市场则需要耗费大量的资金进行品牌宣传和市场推广。因此，企业需要综合考虑市场推广费用和预期市场收益，选择成本相对低廉且效果明显的市场进行进入。

人力资源成本也是企业考虑的重要因素之一。进入国际市场需要企业投入大量的人力资源进行市场调研、业务拓展以及客户服务等工作。不同国家和地区的人力资源成本存在着差异，有些市场的人力资源成本相对较低，而另一些市场则需要支付较高的人力资源成本。因此，企业需要评估目标国际市场的人力资源市场情况，选择人力资源成本相对较低的市场进行进入。基于上述考虑，企业可以选择进入相对容易和成本较低的国际市场，逐步积累经验和市场份额，再逐步拓展到其他市场。在进入市场之前，企业需要进行充分的市场调研和分析，评估市场准入的难易程度、市场推广费用以及人力资源成本等因素，制定合适的市场进入策略。同时，企业还需要不断优化自身的产品和服务，提升市场竞争力，以应对激烈的国际市场竞争，实现长期可持续发展。电子商务物流企业在选择国际市场时应综合考虑市场进入难度和成本，选择进入相对容易和成本较低的市场进行初期拓展，通过积累经验和市场份额逐步拓展到其他市场。这样不仅可以降低市场进入的风险，还能够有效地利用有限的资源，实现国际市场的持续增长和发展。

（四）合作伙伴和渠道资源

在电子商务物流企业选择进入国际市场时，考虑合作伙伴和销售渠道资源是至关重要的一环。与当地物流公司、电商平台、零售商等建立合作关系，不仅可以降低市场进入难度，还能够加速市场渗透和品牌推广。通过与合作伙伴的协作，企业可以充分利用其在当地的资源和经验，拓展市场份额，提高市场竞争力，实现共赢发展。企业需要进行充分的市场调研和分析，了解目标国际市场的合作伙伴和销售渠道资源。这包括当地物流公司、电商平台、零售商等的情况，以及它们在当地的市场地位、用户规模、服务质量等方面的情况。通过对市场现状的深入了解，企业可以确定合适的合作伙伴和销售渠道，为进入目标市场做好充分准备。企业需要积极寻找与当地合作伙伴的合作机会，建立稳固的合作伙伴关系。这可以通过多种方式实现，比如与当地物流公司签订合作协议，共同开展物流配送服务；与知名电商平台合作，将产品销售到平台上；与当地零售商合作，建立线下销售渠道等。通过与合作伙伴的合作，企业可以充分利用其在当地的资源和渠道优势，快速打开市场，提高品牌知名度和市场份额。与合作伙伴建立合作关系还可以降低市场进入难度。在进入新的国际市场时，企业可能面临诸多挑战，比如不熟悉当地的市场环境和法律法规、缺乏品牌知名度等。通过与当地合作伙伴的合作，企业可以借助其在当地的经验和资源，快速适应当地市场，降低市场进入难度，减少市场风险。

通过与合作伙伴共同合作，企业可以迅速将产品推广到目标市场，并利用合作伙伴的渠道优势，扩大品牌知名度和市场份额。同时，合作伙伴也会通过其自身的渠道和资源推广企业的产品，加速市场渗透和品牌推广的进程，为企业带来更多的销售机会和业务增长。在与合作伙伴建立合作关系的过程中，企业需要注重合作伙伴选择的策略性和长期性。选择与企业发展战略相符、具有良好信誉和口碑的合作伙伴，可以为企业带来更多的发展机会和市场优势。同时，建立稳固的合作关系，并不断加强合作伙伴之间的沟通和合作，共同制定市场拓展和营销策略，实现双方的共赢发展。考虑目标国际市场的合作伙伴和销售渠道资源是电子商务物流企业选择进入国际市场的关键一步。通过与当地物流公司、电商平台、零售商等建立合作关系，企业可以充分利用其在当地的资源和渠道优势，降低市场进入难度，加速市场渗透和品牌推广，实现企业的快速发展和长期可持续发展。因此，在选择进入国际市场时，企业应充分考虑合作伙伴和销售渠道资源的重要性，并积极寻找合适的合作机会，建立稳固的合作关系，共同拓展市场，实现共赢发展。

第二节　电子商务物流企业跨境物流供应链管理

一、物流供应链管理对跨境电商发展的影响

物流供应链管理是跨境电商产业发展的重要环节，对提高跨境电商产品销售及管理服务水平具有直接影响。目前，我国跨境电商物流供应链管理，主要涉及产品运输、仓储及海关审批三个方面。在产品营销与管理服务方面，则大部分由当地代理公司、政府职能部门进行负责。跨境电商运输涵盖陆运、海运及空运三个方面。对于涉及生鲜类行业及大型跨境电商企业来说，采用空运方式能更好地提高服务效率，满足消费者消费需求，加强跨境电商产品销售的时效性。对于中小企业及非特殊行业跨境电商而言，采用陆运及海运更便于控制销售管理成本，是提高经济收益的重要方式。虽然三种运输模式需要跨境电商根据自身产品销售需求合理选择，但在保证运输安全性及运输产品质量方面，空运则更具有实际优势，能更好地为跨境电商营销服务提供多元化的运输管理保障。

跨境电商仓储大部分采用自行管理及承包管理两种模式。自行管理是基于自身对产品定位及产品销售稳定性，选择固定港口、补给中心进行仓储管理服务，这一方式能有效降低仓储成本，并保证产品仓储管理的安全性。承包管理则是由第三方企业为跨境电商提供仓储服务，该方式虽成本相对更高，但更具有管理灵活性，跨境电商能根据产业定位合理选择仓储区域，对提高仓储管理效率及强化运输管理能力有着一定帮助作用。受政治、经济及宗教等诸多因素影响，世界各国对外进出口贸易发展策略存在本质差异，跨境电商需要结合产品销售所属地区及营销服务地区管理政策与政府机构进行对接，根据当地政策要求开展物流管理服务，确保跨境电商海关审批能按照不同地区基本要求及时调整物流供应链管理策略，为跨境电商更好地开展产品销售、管理服务提供有力保障。

二、跨境电子商务背景下国际物流供应链管理现状及问题

（一）跨境电商企业国际物流供应链管理干预能力不足

跨境电商企业管理干预能力不足，始终是我国跨境电商企业发展面临的首要问题。这

一问题的产生原因主要有以下两个方面。一是跨境电商企业规模相对较小，无法将更多的资源投入对物流供应链管理干预，相关管理工作大部分局限于电商营销及销售服务，不能实现对物流供应链的全方面监控。二是跨境电商企业管理职权不明确，未能基于海外电商业务做好管理规范，加之未能与国际物流公司形成长期合作关系，导致供应链服务并不稳定，难以构建完整的管理体制。正是由于跨境电商公司不能对物流供应链管理形成有效干预，使跨境电商企业服务管理质量有所下降，影响跨境电商公司对外贸易发展。

（二）跨境电子商务公司物流供应管理体系不完善

建立完善跨境电商公司物流供应链管理体系，对于跨境电商公司提高管理能力至关重要。但受限于不可抗力因素及外界因素干扰，我国大部分中小型跨境电商公司，均未能建立完善供应链管理体系，对于供应链的管理服务也仅限于部分简单内容，难以做到对物流供应链全过程掌握，使跨境电商公司在物流供应链管理上话语权日渐式微。从国际贸易发展角度看，导致跨境电商公司物流供应管理体系不完善基础因素相对较多，必须要从多个角度做好对跨境电商公司物流供应链管理体系的完善，不能仅依托于现有物流供应链管理制度，要积极做好对外管理合作，提高跨境电商公司综合管理水平，使跨境电商公司在物流供应链管理方面能充分掌握管理主动权。

（三）跨境电商企业缺乏专业物流供应链管理人才、技术支持

跨境电商物流供应链管理涉及多个环节，跨境电商企业需要在人才引进、技术应用两个维度做好充分管理布局。但我国大部分跨境电商企业，均存在缺乏专业管理人才及良好技术支持基本问题。导致这一问题导向因素，是由于跨境电商公司对管理模式应用并不合理，未能针对跨境电商公司发展需求做好科学管理决策，相关管理制度及管理规范的落实，并不能对物流供应链管理形成有效制约。在这一形势下，跨境电商企业对物流供应链管理势必困难重重，无法根据管理需求实现管理目标，最终将使跨境电商物流供应链管理陷入恶性循环，对跨境电商未来发展形成重大阻碍。

（四）政府机构海关贸易监管能力缺失

政府机构海关审查，是提高物流供应管理规范性的重要策略。对于跨境电商企业而言，政府机构海关审查，主要问题来源于不同国家审查机制存在较大差异，相关管理制度及管理环境并不相同，导致跨境电商企业必须要根据产品销售区域不同，随时改变物流供应链管理策略，对于跨境电商来说将进一步增加管理压力，不利于跨境电商企业物流供应链管理工作长效化推进。与此同时，各国在跨境电商管理策略上的差异，也对跨境电商在物流供应链管理干预形成影响，使跨境电商企业必须要从多个角度开展管理布局，进而加剧了跨境电商企业物流供应链管理问题的产生。

三、跨境电子商务背景下国际物流供应链管理模式创新及优化策略

（一）建立完善物流供应链管理信息共享机制

建立完善信息共享机制，能帮助跨境电商企业更好地掌握物流供应链管理信息，使物

流管理服务可以始终在企业管理监控之下稳步推进。物流供应链管理信息共享机制建立，可以依托于大数据共享平台或通信服务机构进行建设，通过与当地电信服务机构进行合作，实现远程信息实时反馈，提高跨境电商企业物流供应链管理效率，使跨境电商企业能在第一时间内了解跨境产品运输及仓储状况，对于跨境电商企业解决电商管理服务问题及提高服务管理效率有着一定帮助。另外，信息共享机制的建立，能切实保证物流运输管理安全性，使跨境电商企业可以及时与当地服务机构进行对接，为跨境电商企业有效进行物流供应链问题处理提供实际帮助。

（二）加强跨境电商企业物流供应链管理能力

针对跨境电商企业物流供应链管理能力的强化，需要从以下两个方面做好规划。一是积极开展跨境电商企业服务管理对接，通过与第三方平台、企业开展合作，实现对物流供应链管理服务监督，提高服务管理质量及水平。在此过程中，跨境电商企业不仅要加强与政府机构信息互通，同时，也要做好管理服务的管理联动，利用不同平台及企业有效协作，加强跨境电商企业对物流供应链管理能力，使跨境电商企业可以基于对多方管理资源运用，建立完善物流供应链管理体系。二是跨境电商企业应做好对不同地区的管理决策，根据政府政策、管理要求的差异性，及时地调整跨境电商物流供应链管理方案，使跨境电商在物流供应链管理方面，能更好地掌握管理主导权，为跨境电商企业有效开展物流供应链管理工作创造有利条件。

（三）构建境外物流公司及境内电商企业协同监管评价机制

电商企业的发展，不仅要把握好时代机遇，同时也要基于市场反馈树立良好口碑，通过消费者服务评价建立良好的企业形象。跨境电商公司也基于这一模式，建立协同监管评价机制，对不同物流公司、企业服务进行评价，根据服务质量及服务能力在行业内进行服务信息共享，使境外物流公司能基于企业形象，更好地对服务质量进行提升。在此过程中，跨境电商企业负责对物流供应链管理规范制定，物流服务公司则负责对管理规范进行执行，运用物流供应链管理双向协作，实现对物流供应链管理的共同监督，以管理评价机制为载体，提高跨境电商企业对物流供应链管理能力，使跨境电商企业能更好地在物流供应链管理方面掌握主导优势。

（四）提升跨境电商企业管理创新能力

目前，我国跨境电商企业针对国际物流供应链管理，大部分是基于传统双方、多方协作模式加以实现。未来阶段跨境电商企业，应在物流供应链管理方面做好管理创新，将不同管理形式纳入现有管理机制，使之形成完备管理体系。例如，针对远距离跨境电商物流供应链管理，可以采用在服务终端设计服务管理中心方式对物流供应链管理服务进行监督，根据服务管理中心信息反馈，掌握物流供应链管理服务动向，避免在中间环节的过度干预，对物流供应链管理服务形成负面影响。此外，跨境电商企业亦可运用与当地政府机构进行对接策略开展物流供应链管理工作，由当地政府机构为跨境电商企业提供物流供应链管理支持，使跨境电商在物流供应链管理方面，能更好地利用自身优势实现全过程管控，为跨境电商更好地提高物流供应链管理服务奠定坚实基础。

第三节　电子商务物流企业的国际贸易合规与风险管理

一、电子商务物流企业的国际贸易合规管理

（一）了解目标国家或地区的法律法规

电子商务物流企业在选择进入国际市场时，需要认真研究目标国家或地区的进出口政策、海关法规、税收政策等相关法律法规，以确保企业的贸易活动符合当地法律规定，避免违反法律法规而产生法律风险。贸易壁垒、进口限制、禁止出口品目等相关规定都可能对企业的国际贸易活动产生重大影响，因此，企业需要重视合规管理，建立健全的国际贸易合规体系，以确保企业的稳健发展和可持续经营。企业需要深入了解目标国家或地区的进出口政策和海关法规。不同国家或地区的进出口政策和海关法规存在差异，包括进出口许可证申请流程、报关报检要求、关税税率、进口限制品目等方面的规定。企业需要对这些规定进行逐一了解，并制定相应的合规措施，以确保企业的贸易活动符合当地法律规定。企业需要关注目标国家或地区的税收政策。税收政策是影响企业国际贸易活动的重要因素之一，包括关税、增值税、消费税等方面的税收规定。企业需要了解目标市场的税收政策，并合理规划贸易结构和运营模式，以最大程度地减少税负，提升企业的竞争力和盈利能力。企业还需要重视目标国家或地区的贸易壁垒和进口限制。一些国家或地区可能会对特定产品实施贸易壁垒或者进口限制，比如关税配额、进口许可证、贸易配额等。企业需要认真研究这些贸易壁垒和进口限制的相关规定，并采取相应的应对措施，以确保企业的贸易活动能够顺利进行。

企业还需要关注目标国家或地区的禁止出口品目等相关规定。一些国家或地区可能会对特定产品实施出口管制或者禁止出口，企业需要了解这些规定，并确保企业的产品不违反相关法律法规。同时，企业还需要关注目标市场的标准和认证要求，确保产品符合当地的标准和要求，以避免因产品不符合要求而导致的市场风险和法律风险。为了确保企业的国际贸易活动合规，企业需要建立健全的国际贸易合规管理体系。这包括建立合规管理制度和流程、培训员工合规意识、加强内部控制和监督、建立合规风险评估和管理机制等方面的工作。通过建立健全的合规管理体系，企业可以及时识别和应对潜在的合规风险，确保企业的贸易活动符合相关法律法规，避免因违反法律法规而产生的法律责任和经济损失。电子商务物流企业在选择进入国际市场时，需要认真研究目标国家或地区的进出口政策、海关法规、税收政策等相关法律法规，以确保企业的贸易活动合规。

（二）建立合规流程和标准操作程序

建立和完善国际贸易合规管理制度对于电子商务物流企业在国际市场中的稳健发展至关重要。通过明确贸易合规的责任部门和人员，并制定标准操作程序（SOP），企业可以

规范贸易活动，降低合规风险，提升企业的竞争力和可持续发展能力。建立国际贸易合规管理制度需要明确贸易合规的责任部门和人员。企业可以设立专门的合规管理部门或者委派专人负责贸易合规事务，明确各自的职责和权限。贸易合规责任部门应该具备专业的合规知识和技能，能够有效地指导和监督企业的贸易活动，并及时应对潜在的合规风险。制定标准操作程序（SOP）是建立国际贸易合规管理制度的关键步骤之一。SOP 应该涵盖合同签订、订单处理、报关报检、支付结算等贸易活动的各个环节，规范企业的操作流程，确保贸易活动符合相关法律法规和政策要求。例如，在合同签订方面，企业应该制定明确的合同模板，明确合同条款和责任，确保合同的合法性和有效性；在订单处理方面，企业应该建立订单管理系统，规范订单处理流程，提高订单处理效率和准确性。企业还应该建立合规培训机制，加强对员工的合规培训和教育。合规培训应该覆盖贸易合规的基本知识、法律法规和政策要求、操作规程和应对措施等内容，帮助员工提高合规意识和能力，减少合规风险。同时，企业还可以定期组织合规培训和考核，及时更新员工的合规知识和技能，确保员工始终保持合规行为。

建立国际贸易合规管理制度还需要加强内部控制和监督。企业可以通过建立内部审计机制、制定合规检查和评估制度等方式，加强对贸易活动的监督和管理，及时发现和纠正合规问题，确保企业的贸易活动合规性和稳健性。同时，企业还可以建立合规风险评估和管理机制，定期对贸易活动进行风险评估和分析，及时采取相应的应对措施，降低合规风险的发生概率和影响程度。建立国际贸易合规管理制度需要不断完善和优化。随着国际贸易环境的变化和法律法规的更新，企业应该及时调整和更新合规管理制度，以适应新的环境和要求。同时，企业还可以借鉴行业内的最佳实践和经验，不断提升合规管理水平，确保企业的国际贸易活动稳健、高效、合法。建立和完善国际贸易合规管理制度对于电子商务物流企业在国际市场中的稳健发展至关重要。通过明确贸易合规的责任部门和人员，并制定标准操作程序（SOP），加强合规培训和教育，加强内部控制和监督，及时发现和纠正合规问题，不断完善和优化合规管理制度，企业可以规范贸易活动，降低合规风险，提升企业的竞争力和可持续发展能力。

（三）加强进出口合同管理

确保进出口合同的合法性和有效性对于电子商务物流企业在国际市场中的贸易活动至关重要。合同作为双方权利和义务的约定，对于规避合同纠纷和法律风险具有关键作用。因此，企业需要对合同条款进行审查和协商，确保合同内容符合法律法规要求，并能够有效保护企业的合法权益。审查合同条款是确保进出口合同合法性和有效性的重要步骤之一。企业需要对合同中的各项条款进行仔细审查，确保合同内容符合当地的法律法规和国际贸易惯例。这包括对合同的格式、内容、条款等方面进行全面的检查，特别是关于价格、数量、质量、支付方式、交货期限、违约责任等重要条款的规定，确保合同内容明确、具体、合法有效。企业需要与合作伙伴进行充分的协商，就合同条款进行谈判和沟通。在合同谈判过程中，企业应该明确双方的权利和义务，就合同条款进行合理的商讨和调整，以达成双方满意的协议。在谈判过程中，企业应该注重平等互利原则，尊重合作伙伴的意见和需求，建立良好的合作关系，共同维护合同的合法性和有效性。

企业还可以借助法律专业人士的帮助，对合同条款进行专业审查和咨询。法律专业人士可以帮助企业全面了解合同条款的法律含义和影响，指导企业在合同谈判和签订过程中合理维护自身的合法权益，规避合同纠纷和法律风险。在需要的情况下，企业还可以委托法律专业人士起草合同，以确保合同的合法性和有效性。企业还需要关注合同履行过程中可能存在的风险和问题，并及时采取相应的应对措施。例如，企业应该密切关注合同履行的进展和变化，及时与合作伙伴进行沟通和协调，确保合同的顺利履行。同时，企业还应该建立完善的合同管理机制，及时记录合同履行的相关信息和数据，以备后续查证和纠纷处理。企业还可以通过引入电子合同签订系统等信息化手段，提高合同管理的效率和便利性。电子合同签订系统可以帮助企业实现合同的在线签署、存档和管理，提高合同签署的效率和准确性，降低合同管理的成本和风险。同时，电子合同签订系统还可以提供合同履行监控和提醒功能，帮助企业及时跟踪合同履行情况，减少合同纠纷的发生。通过审查合同条款、与合作伙伴进行协商、借助法律专业人士的帮助、关注合同履行过程中可能存在的风险和问题，并通过引入电子合同签订系统等信息化手段，企业可以有效保护自身的合法权益，规避合同纠纷和法律风险，实现贸易活动的稳健发展。

（四）建立合规数据管理系统

建立合规数据管理系统是电子商务物流企业在国际市场中进行贸易活动的重要举措之一。通过建立合规数据管理系统，企业可以确保贸易数据和交易记录符合法律法规的要求，便于合规监控和报告，同时加强数据保护和隐私保护，避免敏感信息泄露和非法使用，确保数据安全和合规性。建立合规数据管理系统需要明确贸易数据和交易记录的内容和要求。企业应该了解目标国家或地区的相关法律法规和政策要求，确定贸易数据和交易记录的范围、格式、保存期限等具体规定。这包括对进出口报关单、合同文件、支付记录、货物运输信息等贸易数据的管理要求，以及对交易记录的保存和备份规定等方面的规定。企业需要建立完善的数据采集、存储和管理体系。这包括建立统一的数据采集平台和数据库，确保贸易数据和交易记录的准确、完整和及时性。同时，企业还应该建立合规数据管理流程和制度，明确数据采集、存储、备份、归档等各个环节的责任部门和人员，规范数据管理操作，确保数据的合规性和安全性。

企业还应该加强数据保护和隐私保护，防止敏感信息泄露和非法使用。企业可以通过加密技术、访问控制、权限管理等手段，加强对贸易数据和交易记录的保护，防止未经授权的访问和使用。同时，企业还应该建立数据安全管理制度和应急响应机制，及时发现和处置数据安全风险，确保数据的安全和完整性。企业还应该建立合规监控和报告机制，及时监测贸易数据和交易记录的合规性，发现和解决潜在的合规问题。企业可以通过建立数据监控系统和报告机制，定期对贸易数据和交易记录进行检查和分析，及时发现和纠正数据错误和异常，确保数据的准确性和合规性。同时，企业还应该加强与相关部门和机构的合作和沟通，及时报告贸易数据和交易记录的情况，确保企业的贸易活动符合法律法规的要求。企业还应该不断完善合规数据管理系统，根据市场变化和法律法规的更新，及时调整和优化数据管理制度和流程，提高数据管理的效率和合规性。企业可以定期开展数据管理的内部审计和评估，发现和解决存在的问题和不足，不断提升数据管理水平和能力，确保企业的贸易活动稳健发展和可持续经营。建立合规数据管理系统是电子商务物流企业在国际贸易活动中确保合规性的重要举措。通过建立完善的数据管理体系，加强数据保护和隐私保护，建立合规监控和报告机制，企业可以有效确保贸易数据和交易记录的合法性、安全性和准确性，规避合规风险，提高企业的竞争力和可持续发展能力。

二、电子商务物流企业的国际贸易风险管理

（一）汇率风险

汇率波动对于电子商务物流企业的国际贸易经营具有重要影响，可能导致企业成本和收入的变化，从而影响企业的盈利能力。为了应对汇率风险，企业可以采取多种金融工具和策略进行对冲，同时通过多元化货币结算方式来降低单一货币风险，从而保障企业的稳健经营和盈利能力的持续增长。企业可以利用远期外汇合约或期货等金融工具进行汇率风险对冲。远期外汇合约允许企业以固定的汇率在未来某一特定日期交换货币，从而锁定未来的汇率风险。期货合约则允许企业以固定价格买入或卖出货币，通过对冲头寸来规避汇率波动带来的风险。通过使用这些金融工具，企业可以有效管理汇率风险，降低汇率波动对企业盈利能力的影响。企业可以采取多元化货币结算方式，降低单一货币风险。传统上，大多数国际贸易交易通常以美元作为结算货币，这可能会使企业受到美元汇率波动的影响。为了降低这种风险，企业可以考虑多元化货币结算方式，例如与客户协商使用其他货币进行结算，或者使用外汇账户进行多种货币的结算，从而分散汇率风险，保护企业的盈利能力。企业还可以通过经营地域多元化来降低汇率风险。在不同国家或地区开展业务，以多种货币进行结算，可以有效分散汇率风险，降低对单一货币汇率波动的依赖性。通过拓展国际市场和多元化经营，企业可以更好地应对汇率波动带来的风险，保护企业的盈利能力和稳健经营。

企业还可以通过制定汇率风险管理策略和流程来规避汇率风险。例如，建立专门的汇率风险管理团队，负责监控汇率波动和制定应对策略；建立灵活的汇率风险管理框架，根据市场情况和企业需求调整对冲策略；定期进行汇率风险评估和分析，及时调整对冲头寸，降低汇率波动的影响。企业还可以考虑利用金融衍生品市场进行汇率风险管理。金融衍生品市场提供了多种产品，如期权、互换合约等，可以帮助企业对冲汇率风险。企业可以根据自身的需求和风险偏好选择合适的金融衍生品产品，进行汇率风险管理。电子商务物流企业在国际贸易中面临着汇率波动带来的风险，影响着企业的盈利能力和稳健经营。为了规避汇率风险，企业可以采取多种金融工具和策略进行对冲，如远期外汇合约、期货等；通过多元化货币结算方式，降低单一货币风险；通过经营地域多元化和制定汇率风险

管理策略等方式，保护企业的盈利能力和稳健经营。通过合理的汇率风险管理策略，企业可以有效规避汇率风险，保护企业的利益和长期发展。

（二）政治风险

在国际贸易中，企业面临着各种各样的风险，其中包括目标国家或地区的政治不稳定、政策变化、贸易纠纷等，这些风险可能对企业的经营和投资环境造成不利影响。为了有效管理这些风险，电子商务物流企业需要采取一系列的管理措施，包括密切关注政治情况和法律法规变化，制定应对政治风险的应急预案，以及多元化国际市场布局，分散政治风险。企业需要密切关注目标国家或地区的政治情况和法律法规变化。政治不稳定和政策变化可能会对企业的经营活动产生重大影响，比如政府可能会出台新的贸易政策、关税调整或者制定新的法律法规，这些变化都可能会导致企业面临额外的成本、合规风险或者市场准入难题。因此，企业需要建立起一套敏锐的监测机制，定期跟踪目标国家或地区的政治动态和法律法规变化，并及时评估其对企业经营的潜在影响。

企业应该制定应对政治风险的应急预案。这些预案应该考虑到各种可能的情况，包括政府政策调整、政治动荡、紧急状态等，以及针对每种情况的相应措施和应对策略。例如，企业可以建立紧急沟通渠道，及时与政府部门或者当地合作伙伴进行沟通和协商；制定灵活的业务计划，根据情况调整产品定价和市场策略；以及建立备用供应链和备选市场，以降低因政治风险而导致的生产和销售中断的风险。多元化国际市场布局也是降低政治风险的有效途径之一。通过在多个国家或地区开展业务，企业可以分散政治风险，减少对单一市场的依赖，从而降低受到政治变化影响的风险。多元化市场布局不仅可以提高企业的业务稳定性，还可以拓展企业的市场份额和业务增长空间。在选择国际市场时，企业应该综合考虑各种因素，包括政治稳定性、市场规模、市场增长潜力、竞争情况等，并制定相应的市场进入策略和发展计划。除了以上措施，企业还可以积极参与政治风险管理与应对的国际性组织和平台，例如，加入国际贸易协会、商会等组织，以获取及时的政治风险信息和专业的风险管理建议，与其他企业和政府部门进行经验交流和合作，共同应对政治风险带来的挑战。电子商务物流企业在国际贸易中面临着各种各样的风险，特别是政治风险可能对企业的经营和投资环境造成重大影响。

（三）金融风险

支付风险和信用风险是电子商务物流企业在国际贸易中常见的金融问题，可能导致资金损失和经营风险。为了有效管理这些风险，企业需要建立健全的财务管理制度，加强对客户信用评估和风险管理，同时选择可靠的支付工具和金融机构，以降低支付风险和信用风险。建立健全的财务管理制度是管理支付风险和信用风险的基础。企业需要建立完善的财务管理流程和制度，包括资金管理、账户管理、财务报告和审计等方面的规定和程序。这些制度可以帮助企业及时了解自身的财务状况，有效管理资金流动，降低支付风险和信用风险的发生概率。加强对客户信用评估和风险管理是管理信用风险的关键。在与客户进行合作之前，企业应该对客户的信用状况进行全面评估，包括客户的信用记录、支付能力、经营状况等方面的情况。通过对客户信用状况的评估，企业可以及时识别潜在的信用风险，采取相应的措施降低风险。

企业还可以通过建立合理的信用管理制度，规范客户的信用额度和付款条件，有效控制信用风险。例如，企业可以根据客户的信用状况和交易历史确定信用额度，并建立定期评估机制，根据客户的经营状况和支付情况调整信用额度。同时，企业还可以要求客户提供担保或者采取预付款方式，以降低信用风险。选择可靠的支付工具和金融机构也是管理支付风险和信用风险的重要措施之一。企业可以选择多种支付工具，如信用证、托收、信用卡等，根据具体情况选择最合适的支付方式，并选择信誉良好的金融机构进行资金结算和支付。同时，企业还可以采取多种支付方式组合的方式，以分散支付风险和降低信用风险。

（四）网络安全风险

在电子商务物流企业参与国际贸易的过程中，网络安全问题是一项极具挑战性的风险之一。网络攻击、数据泄露等问题可能导致企业财产损失、声誉受损，甚至破坏企业的正常运营。因此，为了有效管理这些风险，企业需要采取一系列的管理措施，加强信息安全保护，提高网络安全意识，防范网络安全风险。加强信息安全保护是保障企业网络安全的重要措施之一。企业可以采用各种技术手段，如加密技术、防火墙、入侵检测系统等，建立安全防护体系，保护企业的网络和信息系统免受恶意攻击和非法访问。通过对网络流量、数据传输等关键环节进行加密和监控，企业可以有效防范网络安全威胁，确保企业的网络安全和信息安全。建立网络安全管理制度和规范是保障企业网络安全的重要保障。企业应该建立健全的网络安全管理制度和规范，明确网络安全的责任部门和人员，规范网络安全的操作流程和行为规范，确保网络安全管理工作的有序进行。同时，企业还应该定期组织网络安全培训和演练，提高员工的网络安全意识和应急处置能力，加强对网络安全问题的预防和应对能力。

加强对第三方服务提供商和合作伙伴的信息安全管理是保障企业网络安全的重要措施之一。企业在与第三方服务提供商和合作伙伴合作时，应该签订信息安全保护协议，明确双方的信息安全责任和义务，加强对第三方服务提供商和合作伙伴的信息安全审核和监督，确保其信息安全管理制度和措施符合要求，降低信息安全风险。建立网络安全事件应急响应机制是保障企业网络安全的关键措施之一。企业应该建立健全的网络安全事件应急响应机制，明确网络安全事件的分类和处理流程，建立网络安全事件应急响应团队，提前制定网络安全事件的应急预案和处置方案，以应对突发的网络安全事件，最大程度地减少损失和影响。网络安全问题是电子商务物流企业在国际贸易中面临的重要风险之一，可能导致企业财产损失、声誉受损等严重后果。为了有效管理这些风险，企业需要加强信息安全保护，采用加密技术、建立安全防护体系，提高网络安全意识，加强对第三方服务提供商和合作伙伴的信息安全管理，建立网络安全事件应急响应机制，以确保企业的网络安全和信息安全，保障企业的正常经营和发展。

第四节　电子商务物流企业在国际市场中的竞争策略与实践

一、电子商务物流企业在国际市场中的竞争策略

（一）差异化服务

在国际市场中，电子商务物流企业需要制定差异化的竞争策略，以满足客户不同的需求，并提供独特的增值服务，以提升客户体验和满意度，从而在激烈的竞争中脱颖而出。提供差异化的物流服务是电子商务物流企业竞争的关键之一。随着电子商务的发展，消费者对物流服务的要求也越来越高，他们希望能够享受更快的交付速度、更高的运输可靠性以及更灵活的配送方案。因此，企业可以通过优化物流网络、提升运输效率、采用先进的物流技术等手段，提供更快、更可靠、更灵活的物流服务，以满足客户的不同需求，赢得客户的信赖和支持。开发独特的增值服务是电子商务物流企业提升竞争力的重要途径之一。除了基本的物流服务外，企业可以开发一系列的增值服务，如定制包装、特殊配送要求、商品定制等，以提升客户的购物体验和满意度。通过提供个性化、定制化的服务，企业可以与竞争对手区分开来，吸引更多的客户并提高客户忠诚度，从而在市场中占据更有利的竞争地位。

加强技术创新和数字化转型也是电子商务物流企业竞争的重要策略之一。随着物流行业的不断发展和技术的不断进步，企业可以通过引入先进的物流技术和信息技术，提升物流服务的效率和质量，实现智能化、数字化的物流管理和运营，为客户提供更优质的服务体验。例如，企业可以通过物联网技术实现货物实时追踪和监控，通过大数据分析实现智能化的库存管理和订单配送，通过人工智能技术提升客户服务的个性化和定制化水平，从而不断提升竞争力，赢得市场份额。加强国际市场拓展和战略合作也是电子商务物流企业竞争的重要策略之一。企业可以通过加强国际市场的拓展和战略合作，扩大市场份额，提升品牌知名度和影响力。通过与当地物流公司、电商平台、零售商等的合作，共同拓展市场，共享资源和优势，实现互利共赢，促进企业的快速发展和持续增长。电子商务物流企业在国际市场中竞争激烈，需要制定差异化的竞争策略，提供差异化的物流服务，并开发独特的增值服务，以满足客户不同的需求，提升客户体验和满意度。同时，加强技术创新和数字化转型，加强国际市场拓展和战略合作，也是企业提升竞争力和赢得市场的重要途径。通过不断创新和优化，企业可以在国际市场中取得更大的成功和发展。

（二）成本领先

1. 优化仓储设施的布局和管理

在国际市场中，电子商务物流企业需要制定一系列竞争策略，以提高竞争力并赢得市场份额。优化物流网络和流程、谈判获取更优惠的运输费率和服务条件等是关键策略之

一。通过优化物流网络和流程，降低物流成本，提高运营效率，是电子商务物流企业在国际市场中提升竞争力的重要举措之一。企业可以通过优化仓储布局、加强运输组织和管理、提升配送效率等手段，降低物流成本，缩短交付时间，提高服务水平，以更具竞争力的价格吸引客户。例如，企业可以优化仓储设施的布局和管理，提高仓储利用率和操作效率；优化运输路线和方式，选择更经济高效的运输方式，减少运输成本和时间；采用先进的物流技术和信息系统，实现物流网络的智能化和数字化管理，提高运营效率和响应速度。

2. 降低采购成本

与供应商谈判获取更优惠的运输费率和服务条件，降低采购成本，提高利润率，也是电子商务物流企业在国际市场中提升竞争力的重要策略之一。企业可以与物流服务供应商进行充分的谈判和合作，争取更优惠的运输费率和服务条件，降低采购成本，提高运营效益。通过与供应商建立长期稳定的合作关系，企业可以获得更灵活、更便捷的物流服务，提高运输可靠性和客户满意度。同时，企业还可以通过集中采购、批量采购等方式，降低采购成本，提高采购效率，进一步提高利润率和竞争力。除了以上两点，电子商务物流企业还可以通过提供优质的客户服务、不断优化产品和服务、开发新的市场和业务模式等方式，进一步提升竞争力和市场地位。例如，企业可以建立全天候的客户服务体系，提供及时、个性化的客户服务，增强客户黏性和忠诚度；不断优化产品和服务，满足客户不同的需求和偏好，提高产品竞争力和市场占有率；开发新的市场和业务模式，拓展新的业务领域和市场空间，实现企业的可持续发展和增长。优化物流网络和流程、谈判获取更优惠的运输费率和服务条件等是电子商务物流企业在国际市场中提升竞争力的重要策略。通过降低物流成本、提高运营效率、降低采购成本、提高利润率等措施，企业可以提高竞争力，赢得市场份额，实现长期稳健的发展。

（三）建立品牌优势

在国际市场中，建立强大的品牌形象和声誉是电子商务物流企业提升竞争力的关键之一。通过树立良好的品牌认知度和美誉度，企业可以吸引更多客户，提高市场份额，增强市场竞争力。为了实现这一目标，企业可以采取一系列品牌营销和推广活动，加强与客户的互动和沟通，提高品牌忠诚度和客户黏性。建立强大的品牌形象和声誉需要企业注重品牌战略的规划和执行。企业需要明确品牌定位、品牌理念和核心价值观，塑造独特的品牌形象，与竞争对手区别开来。同时，企业还需要加强品牌管理和监控，确保品牌形象和声誉得到有效维护和提升。通过对品牌的持续投入和管理，企业可以逐步树立起强大的品牌形象和声誉，在国际市场上赢得更多客户和市场份额。进行品牌营销和推广活动是提升品牌认知度和美誉度的重要手段之一。企业可以通过多种渠道和媒介进行品牌营销和推广，包括广告、宣传、促销、公关活动等。通过在主流媒体、社交媒体、行业展会等平台开展品牌宣传和推广活动，企业可以有效提升品牌知名度和曝光度，吸引更多客户的关注和关注，树立良好的品牌形象和声誉。加强与客户的互动和沟通是提高品牌忠诚度和客户黏性的重要途径之一。

企业可以通过建立健全的客户关系管理系统，与客户建立密切的联系和互动，了解客户的需求和反馈，提供个性化的服务和支持，增强客户的满意度和忠诚度。同时，企业还可以通过定期举办客户活动、提供优惠和福利、开展客户调研等方式，加强与客户的沟通和互动，建立长期稳定的合作关系，提高品牌忠诚度和客户黏性企业还可以通过加强社会责任活动和公益事业，树立良好的企业形象和社会形象，提升品牌美誉度和公众信任度。通过参与环保、公益慈善等活动，企业可以向社会传递积极的社会价值观和企业文化，赢得公众的认可和支持，提升品牌形象和声誉，增强市场竞争力。建立强大的品牌形象和声誉是电子商务物流企业在国际市场中提升竞争力的重要战略之一。通过品牌战略的规划和执行、品牌营销和推广活动、加强与客户的互动和沟通、加强社会责任活动等手段，企业可以树立起良好的品牌形象和声誉，在国际市场上赢得更多客户和市场份额，实现长期稳健的发展目标。

（四）拓展市场和渠道

1. 设立线上店铺

在国际市场中，拓展多元化的销售渠道是电子商务物流企业提升竞争力和实现持续增长的关键策略之一。通过覆盖更广泛的客户群体，扩大市场份额，提高销售额，企业可以实现更具竞争力的地位。为了实现这一目标，企业可以与跨境电商平台、零售商、批发商等合作伙伴展开合作，共同拓展销售渠道，实现互利共赢。与跨境电商平台合作是拓展国际市场销售渠道的重要途径之一。跨境电商平台具有庞大的用户基础和全球化的销售网络，通过与跨境电商平台合作，企业可以迅速进入国际市场，覆盖更广泛的客户群体。企业可以在跨境电商平台上设立线上店铺，展示和销售产品，借助平台的品牌影响力和推广资源，吸引更多客户，实现销售额的增长。同时，企业还可以通过与跨境电商平台进行深度合作，共享数据和资源，优化产品推广和销售策略，进一步提升销售效果和市场占有率。

2. 与零售商合作

零售商拥有丰富的销售渠道和客户资源，通过与零售商进行合作，企业可以将产品销售到更多的线下门店和线上平台，实现销售网络的扩展。企业可以与零售商签订合作协议，将产品引入零售商的销售渠道，共同开展促销和营销活动，提升产品的曝光度和销售量。同时，企业还可以通过与零售商合作进行品牌推广和宣传，提高品牌知名度和美誉度，进一步拓展市场份额和销售额。与批发商合作也是拓展国际市场销售渠道的有效途径之一。批发商在国际市场中具有广泛的销售网络和客户资源，通过与批发商进行合作，企业可以将产品销售到更多的批发市场和渠道，实现销售覆盖面的扩大。企业可以与批发商签订合作协议，建立长期稳定的合作关系，共同开展市场开拓和销售推广，提升产品的市场份额和销售额。同时，企业还可以通过与批发商合作进行产品定制和优化，满足客户的个性化需求，提高产品竞争力和市场占有率。与跨境电商平台、零售商、批发商等合作伙伴合作，共同拓展销售渠道，是电子商务物流企业在国际市场中提升竞争力和实现持续增长的重要策略之一。通过与合作伙伴进行深度合作，共享资源和优势，实现互利共赢，企业可以实现更广泛的销售覆盖面，提高市场占有率和销售额，实现长期稳健的发展目标。

二、电子商务物流企业在国际市场中的实践

（一）跨境物流服务提供

在国际市场中，电子商务物流企业通过为跨境电商提供全球物流解决方案，构建跨境物流网络，为客户提供高效可靠的物流服务，是一种重要的实践策略。这些企业通过提供国际运输、海关通关、最后一公里配送等服务，为跨境电商提供了便利且完整的物流解决方案，有助于促进国际贸易发展，满足客户的需求，提高市场竞争力。为跨境电商提供全球物流解决方案，是电子商务物流企业在国际市场中的实践策略之一。这些企业通过建立全球物流网络，覆盖主要的贸易线路和国际市场，为跨境电商提供了全方位、多样化的物流服务。无论是从国际运输、海关通关、到最后一公里配送，这些企业都能提供专业、高效、可靠的物流服务，帮助跨境电商实现全球化经营，拓展国际市场。建立跨境物流网络是电子商务物流企业在国际市场中的实践之一。这些企业通过与国际航运公司、物流合作伙伴等建立合作关系，构建起覆盖全球的物流网络，实现国际物流的全球化覆盖。他们在全球主要贸易线路和国际市场设立物流中心、仓库和配送中心，实现货物的快速、安全地运输和配送，提高物流效率，满足客户的多样化需求。这些企业通过提供海关通关服务，帮助跨境电商解决跨境贸易中的海关清关问题。他们与各国海关部门建立合作关系，提供专业的海关报关和报检服务，确保货物顺利通过海关检查，减少货物滞留和延误，保证物流运输的顺利进行。最后一公里配送是电子商务物流企业在国际市场中的重要实践之一。他们通过与国内物流公司和配送合作伙伴建立合作关系，实现最后一公里配送服务。无论是城市配送、乡村配送，还是同城配送、异地配送，这些企业都能提供快速、准时、安全的配送服务，满足客户的送货需求。电子商务物流企业通过为跨境电商提供全球物流解决方案，建立跨境物流网络，提供海关通关服务和最后一公里配送服务等实践策略，为客户提供了便利且完整的物流解决方案，促进了国际贸易的发展，提高了市场竞争力。这些实践策略不仅有助于推动企业的国际化发展，也为客户提供了更便捷、更高效的物流服务体验。

（二）跨境电商平台合作

在国际市场中，电子商务物流企业与跨境电商平台合作，为平台上的卖家和买家提供物流服务支持，是一种重要的实践策略。这种合作关系不仅可以促进跨境贸易的发展，还可以提升企业在国际市场中的竞争力，满足客户的特定需求，为企业和平台用户共同创造价值。与跨境电商平台合作是电子商务物流企业在国际市场中的实践策略之一。这些企业与跨境电商平台建立合作关系，成为平台上的物流服务提供商，为平台上的卖家和买家提供物流服务支持。通过与跨境电商平台合作，这些企业可以扩大业务范围，拓展客户群

体，提高市场占有率。与此同时，跨境电商平台也可以通过与物流企业合作，提升平台服务水平，增加用户黏性，实现双方的共赢。为跨境电商平台用户提供定制化的物流解决方案是电子商务物流企业的重要实践之一。这些企业通过了解用户的特定需求和要求，提供定制化的物流服务方案，满足用户的个性化需求。例如，针对不同的商品类型、目的地国家、配送时效等因素，提供灵活多样的物流服务选择，以满足用户的特定需求。通过定制化的物流解决方案，企业可以提升用户体验，增强客户满意度，提高市场竞争力。

与跨境电商平台合作还可以通过技术创新和信息化建设，提升物流服务水平和效率。这些企业可以借助跨境电商平台的信息化平台和技术支持，实现物流信息的实时跟踪和监控，提高物流运输的可视化和透明度，提升服务水平和用户体验。通过技术创新和信息化建设，企业可以实现物流流程的优化和自动化，提高物流效率，降低成本，增强市场竞争力。与跨境电商平台合作还可以通过共享资源和优势，实现互利共赢。这些企业可以与跨境电商平台共享客户资源、市场资源、信息资源等，充分发挥各自的优势，实现资源互补和优势互补，共同推动跨境贸易的发展。通过共享资源和优势，企业和跨境电商平台可以实现互利共赢，提升竞争力，实现长期稳定的合作关系。电子商务物流企业与跨境电商平台合作，为平台上的卖家和买家提供物流服务支持，是一种重要的实践策略。通过与跨境电商平台合作，提供定制化的物流解决方案，借助技术创新和信息化建设，共享资源和优势，企业可以提高市场竞争力，实现双方的共赢。这种合作关系不仅有助于推动跨境贸易的发展，还可以提升企业在国际市场中的地位和影响力，实现可持续发展。

（三）国际市场营销和推广

1. 国际市场营销和推广的意义

通过积极参加国际物流展会、行业论坛等活动，企业可以提高在国际市场的知名度和影响力，拓展业务渠道，建立业务关系，促进业务发展。加强国际市场营销和推广能够提高企业在国际市场的知名度和影响力。国际市场是一个竞争激烈的环境，各个企业都在争夺有限的客户资源和市场份额。通过积极参加国际物流展会、行业论坛等活动，企业可以将自身的品牌和产品推广给更多的潜在客户和合作伙伴，增强客户对企业的认知和信任度，提高企业在国际市场的知名度和影响力。参加国际物流展会、行业论坛等活动可以拓展企业的业务渠道和建立业务关系。这些活动是企业与潜在客户、合作伙伴以及同行业企业进行交流和合作的重要平台，可以促进商业合作和业务交流。通过参加这些活动，企业可以与潜在客户建立联系，了解客户的需求和偏好，提供定制化的解决方案；与合作伙伴开展合作，共同拓展业务，实现互利共赢。加强国际市场营销和推广可以促进企业的业务发展和增长。国际市场是一个充满机遇和挑战的市场，通过积极参与国际市场营销和推广活动，企业可以扩大业务范围，开拓新的市场空间，增加销售额和利润。同时，这也有助于企业不断提升自身的竞争力，加强在国际市场中的地位和影响力，实现长期稳健的发展。

2. 国际市场营销和推广方式

积极参加国际物流展会，展示企业的产品和服务，与潜在客户和合作伙伴进行面对面的交流和沟通，促进业务合作和项目签约。参加行业论坛和研讨会，分享企业在物流领域的经验和见解，提升企业在行业内的知名度和影响力，寻找合作机会和业务伙伴。通过企业网站、社交媒体平台等渠道，发布企业新闻、产品信息和活动通知，与客户和合作伙伴保持密切联系，扩大企业的品牌影响力和市场知名度。发布行业报告和白皮书，分享企业在物流领域的研究成果和专业知识，提升企业在行业内的权威性和声誉度，吸引更多的关注和认可。开展促销活动和营销推广，推出优惠政策和活动，吸引客户和合作伙伴的关注，促进业务合作和项目合作。通过以上方式，电子商务物流企业可以加强国际市场营销和推广，提高在国际市场的知名度和影响力，拓展业务渠道，建立业务关系，促进业务发展和增长。这有助于企业抢占市场先机，提升竞争力，实现长期稳健的发展目标。

（四）国际化团队建设

建立国际化团队是电子商务物流企业在国际市场中的关键实践之一。一个具有跨文化沟通能力和国际业务经验的团队可以更好地适应国际市场的竞争环境和业务需求，为企业在国际舞台上取得成功提供重要支持。在国际化团队的建设过程中，不断提升团队的国际化水平，加强对国际市场的了解和适应能力至关重要。建立国际化团队需要拥有跨文化沟通能力和国际业务经验的人才。这些人才不仅具备良好的外语能力，还具有深厚的跨文化沟通能力，能够有效地与不同文化背景的人员进行沟通和合作。同时，他们还应具备丰富的国际业务经验，熟悉国际贸易规则、市场动态和业务流程，能够在国际市场中熟练操作和应对各种挑战。建立国际化团队需要注重团队建设和人才培养。企业可以通过招聘具有国际背景和经验的人才，引进国际化人才团队；同时，还可以通过培训和培养计划，提升现有团队成员的国际化水平，增强团队整体的竞争力。此外，建立多元化的团队，吸引来自不同文化背景和国家的人才加入，有助于提升团队的创新能力和适应能力。加强团队的国际化水平需要注重对国际市场的了解和适应能力。团队成员应积极参与国际市场的学习和研究，了解国际市场的最新动态、政策变化和行业趋势，为企业在国际市场中的战略决策和业务拓展提供支持和指导。同时，团队成员还应保持开放的心态，勇于尝试和创新，不断提升自身的适应能力和竞争力。建立国际化团队还需要重视团队的组织架构和管理机制。企业可以建立国际化团队的专门部门或岗位，统筹规划和协调国际业务，确保团队成员的工作有序开展；同时，还可以建立灵活高效的工作机制，激励团队成员的积极性和创造性，促进团队的共同发展和成长。

在实践中，电子商务物流企业可以通过以下具体举措和策略建立国际化团队：积极招聘具有国际背景和经验的人才，包括外籍员工、海归人才等，为团队注入新鲜血液，拓展国际视野。组织团队成员参加国际贸易培训、外语培训、跨文化沟通培训等，提升团队成员的国际化水平和竞争力。建立国际化团队交流平台，促进团队成员之间的交流和合作，分享经验和资源，提升团队整体的竞争力。加强团队对国际市场的研究和了解，定期组织团队成员参加国际物流展会、行业论坛等活动，深入了解国际市场的最新动态和趋势。加强团队内部的协作和沟通，建立高效的工作机制和团队文化，提升团队整体的执行力和战斗力。通过以上举措和策略，电子商务物流企业可以建立具有跨文化沟通能力和国际业务经验的国际化团队，提高在国际市场的竞争力和影响力，实现持续健康发展。建立国际化团队不仅有助于企业把握国际机遇，还有助于提升企业的核心。

参 考 文 献

[1] 李杰. 基于电子商务平台的物流企业营销策略探讨［J］. 商业经济研究，2024（06）：96-98.
[2] 吴琼. 电子商务环境下企业物流与供应链管理创新研究［J］. 中国物流与采购，2024（03）：116-117.
[3] 陈琳. 电子商务时代物流企业的增值空间探究［J］. 中国储运，2024（01）：125-126.
[4] 房雪. 数字经济背景下电子商务与物流企业协同发展研究［J］. 商场现代化，2023（24）：36-38.
[5] 李斐. 电子商务环境下企业物流与供应链管理优化路径［J］. 全国流通经济，2023（23）：29-32.
[6] 史雪绒. 电子商务环境下的企业物流管理策略研究［J］. 中国航务周刊，2023（47）：191-193.
[7] 赖广强. 跨境电子商务与物流融合现状及优化策略［J］. 商场现代化，2021（24）：23-25.
[8] 贺宏宇，赵翰臣，金鑫泽等. 浅析我国电子商务物流发展现状及对策［J］. 广西质量监督导报，2021（06）：200-202.
[9] 李伟，隋昊伦，高杨依依. 电子商务背景下物流企业创新管理模式路径探究［J］. 中国市场，2022（02）：167-168.
[10] 廖夏菲. 电子商务环境下企业物流管理面临的挑战和应对之策［J］. 现代企业文化，2023（23）：73-76.
[11] 张海瑞. 电子商务环境下企业物流管理模式的改变［J］. 中国管理信息化，2021，24（11）：78-80.
[12] 宋科. 电子商务环境下的物流管理创新策略探讨［J］. 中小企业管理与科技（上旬刊），2021（04）：73-74.
[13] 张慧聪. 电子商务时代企业物流与供应链管理研究［J］. 理财，2021（04）：51-52.
[14] 钟菁. 跨境电子商务物流模式的创新与发展趋势［J］. 现代营销（下旬刊），2022（12）：164-166.
[15] 尹健，王佳鑫，孔炜琳. 电子商务背景下物流企业经济管理分析［J］. 中国储运，2022（12）：150-151.
[16] 梁人友. 电子商务环境下企业物流与供应链的管理创新［J］. 现代企业文化，2022（35）：28-30.
[17] 魏平娟. 电子商务环境下的物流配送管理研究［J］. 中国商论，2022（17）：46-48.
[18] 刘莹. 电子商务环境下企业物流与供应链管理创新分析［J］. 中国航务周刊，2022（34）：51-53.
[19] 杜小丽. 电子商务环境下企业物流与供应链管理的创新模式研究［J］. 商展经济，2022（04）：87-89.
[20] 莫敏朋. 经济新常态下电子商务企业的成本管理［J］. 财经界，2021（02）：72-73.